한국
지방교육자치론

나민주·고전·김병주·김성기·김용·박수정·송기창 공저

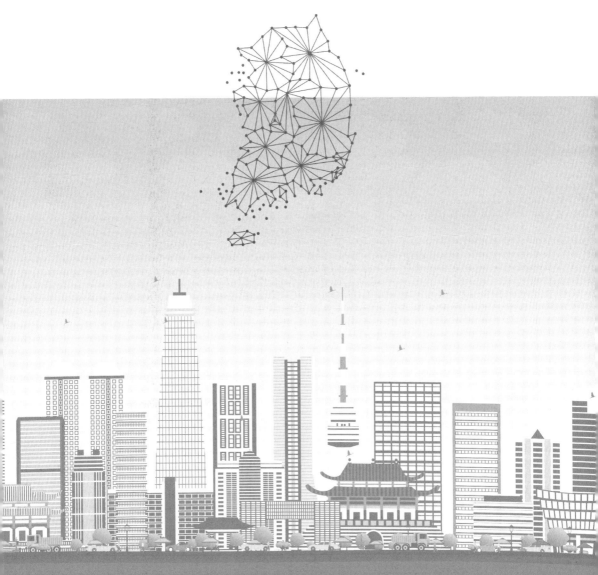

학지사

머리말

한국에서 '교육'은 모든 국민이 관심을 두고 있는, 그야말로 초미의 관심사입니다. 우리 교육은 국가의 성장과 발전에 크게 기여하여 왔습니다. 고속성장기에 우리는 중앙정부를 중심으로 국가적 수준에서 발전계획을 수립하고 표준교육과정을 설정하고 다양한 평가를 통해서 교육발전을 도모하는 중앙집권적 체제를 유지해 왔습니다. 그러나 최근 10여 년 이상 양적 성장의 한계에 직면하면서 학교교육에 대한 불만이 더욱 고조되었고, 다른 한편으로는 지식 정보화나 4차 산업혁명과 같은 시대적 환경 변화에 적극 대응하면서 교육의 질적 성장과 성숙을 도모하기 위해 갖은 노력을 다하고 있습니다. 이를 위해서는 교육내용이나 교육방법, 교육환경을 어떻게 바꿀지에 관한 논의가 필요하지만, 변화의 방향과 목표, 교육정책을 결정하는 방식이 무엇보다도 중요합니다.

우리에게 '지방교육자치'라는 용어는 그다지 익숙하지 않은 것 같아도 사실 매우 가까운 제도입니다. '지방교육'은 우리가 살고 있는 지역의 유아, 초등, 중등 단계에 있는 학교의 교육을 말하고, '교육자치'는 이러한 교육이 중앙정부의 결정에 따라 일률적인 방식으로 운영되는 것이 아니라 지역별 특수성과 지역주민의 요구에 따라 운영되는 것을 의미합니다. 지방교육자치는 교육의 자주성, 전문성과 지방교육의 특수성을 살리고 궁극적으로는 지방교육의 발전을 도모하기 위한 제도입니다. 한국의 지방교육자치제는 1949년에 제정된「교육법」에 근거하여 1952년부터 시작되었으나, 1991년에「지방교육자치에 관한 법률」이 제정되면서 본격적으로 시행되고 있습니다. 현재 전국 17개 시·도별로 교육감을 주민직선으로 선출하고, 교육청을 중심으로 지역의 학교와 교육을 전문적으로 관장하도록 하고 있습니다. 지방교육예산은 60조 원을 상회하고 있고, 학교의 교원 이외에 지방교육행정 인력도 20만 명이 넘습니다. 이렇게 방대한 인적·물적 자원을 어떻게 관리하느냐에 따라 지역별로 학교와 교육의 모습은 크게 달라질 수 있습니다.

이렇게 중요하고 학교교육과 밀접하게 관련되어 있는 지방교육자치가 본격적으로 시행된 지 20여 년이 되었지만, 지방교육자치가 본질적으로 지향하고 있는 교육참여자에 대한 교육서비스와 지역특성에 맞는 교육활동의 측면에서 어떠한 성과가 있었는지에 대한 논의를 거의 찾아보기 힘든 실정입니다. 우리가 경험하고 있는 학교교육의 질적·양적 성장은 지방교육자치라는 제도의 일정한 성과임에도 불구하고, 그동안 '제도' 자체의 문제점에 집중하여 법과 제도를 바꾸는 것에만 골몰했던 점도 있었습니다. 한편으로는 교육감과 교육의원 선출방식, 교육위원회의 성격과 위상과 같은 지방교육자치의 핵심적인 구성요소들이 지방선거를 전후하여 4~5년마다 법률 개정을 통해 변경되기도 하였습니다. 또 지방교육자치의 성과와 과제에 관한 종합적이고 체계적인 분석과 논의보다는 선거 과정의 문제점이나 운영 과정에서 나타나는 단기적인 갈등이 세간의 주목을 더 많이 받아 온 측면이 있습니다.

사회적 실재로서 '제도'는 구성원의 행동과 의식에 영향을 주지만, 우리가 그것을 어떻게 이해하고 어떤 생각을 공유하느냐에 따라 제도가 구현되는 실제적 양상이 달라지고, 제도 자체도 변화될 수 있습니다. 한국 지방교육자치가 본래의 취지를 살리고 지방교육의 발전 동력으로 제기능을 발휘하기 위해서는 지방교육자치에 관한 체계적이고 심층적인 이해가 필요합니다. 좀 더 구체적으로 보면, 우리나라의 사회문화적·정치적 특수성에서 발달해 온 지방교육자치가 뿌리내리고 성장하도록 하기 위해서는 교육감, 교육위원회, 지방교육행정기관, 지방교육재정이 어떻게 운영되어 왔는지, 각 제도를 둘러싼 쟁점은 무엇인지, 그리고 성과와 과제가 무엇인지를 꼼꼼히 분석하고 정리할 필요가 있습니다. 또한 지금까지의 성과와 문제점을 객관적으로 분석하고 이를 바탕으로 지방교육자치의 발전방향을 모색해야 할 것입니다.

이 책은 한국지방교육연구소에서 기획하고 있는 『지방교육총서』의 첫 번째 책입니다. 한국지방교육연구소는 교육부 지정 정책중점연구소로, 2008년 설립 이래 한국 지방교육자치에 관한 연구와 정책의 개발·시행과정에서 중추적인 역할을 해 왔습니다. 특히 지방교육자치의 성과를 정리하는 차원에서 2014년에 학술대회를 개최하였고, 2016년에 연구보고서를 출간하였습니다. 이후에도 지방교육자치에 관한 법제, 행정기관, 자치역량에 관한 연구와 사업을 통해 지방교육자치에 관한 이해 심화와 발전방안 모색을 위한 논의 성숙에 기여하고 있습니다. 한국지방교육연구소의 총서는 그간의 연구와 활동 내용들을 학계와 교육계, 일반 국민들에게 널리 알린다는 차원에서 기획된 것으로, 이 책은 전문 학술서이면서도 학사과정 상급 학년과 대학원의 교과서로서, 그리고 현장 실무자의 연수교재 및 참고도서로 활용될 수 있도록 기존 연구보고서의 내용을 이해하기 쉽게 수정·보완하였습니다.

이 책이 나오기까지 연구와 토론에 참여해 주신 학계와 교육현장의 전문가들께 감사드립니다. 또한 출판의 전 과정을 친절하게 챙겨 주신 학지사의 한승희 부장님과 박지영 선생님, 그리고 한국지방교육연구소의 유호준 선생에게도 감사의 말씀을 전합니다. 아무쪼록 이 책이 한국 지방교육자치의 과거와 현재를 이해하고, 더 나은 미래를 구안하는 데 조금이나마 도움이 되기를 소망합니다. 감사합니다.

2018년 6월
저자를 대표하여
나인주

차례

제2장 교육감 제도의 성과와 과제 ● 63

제5장 지방교육재정의 성과와 과제 ● 183

제6장 지방교육자치와 일반지방자치의 관계 ● 233

제7장   **지방교육자치의 발전방안** ● 279

표 차례

그림 차례

제1장
지방교육자치와
지방교육의 변화

박수정

한국에서 지방교육자치제가 법률로 규정된 것은 1949년, 실시된 것은 1952년으로, 70년 가까운 역사를 가지고 있다. 지방교육자치제에 관한 기존 연구에서 지방교육자치의 '역사'를 정리한 경우는 적지 않으나 대부분 부분적으로 다루어졌다. 지방교육자치의 제도적 내용과 변화에 대한 종합적인 이해와 분석이 이루어질 필요가 있다. 최근 송기창(2015a)의 연구가 지방교육자치제의 역사를 종합적으로 정리한 연구 성과로 주목할 만하며, 교육자치와 일반지방자치의 역사적 관계에 대한 연구(송기창, 1996a), 1991년부터 20년간 이루어진 지방교육자치 연구의 동향 분석 연구(박수정, 박선주, 박진영, 2011) 등이 역사적으로 의미 있는 연구로 볼 수 있다.

 여기에서는 지방교육자치제의 변천 과정을 종합적으로 살펴보고, 그동안 제기되었던 주요 이슈의 흐름을 정리하도록 한다. 그리고 최근 25년간 지방교육자치를 통해 변화된 지방교육의 양상을 통계와 자료를 통하여 확인하도록 한다.

1. 지방교육자치의 변천 과정

한국의 지방교육자치는 1949년 「교육법」의 제정으로 본격적으로 도입되었다.[1] 그러다가 1961년 5·16 군사정변으로 인해 교육자치가 폐지되었고, 2년 만에 다시 부활되었으나 명목상의 교육자치가 오랫동안 운영되었다. 1991년에 「지방교육자치에 관한 법률」의 제정과 함께 실질적인 교육자치가 시작되었고, 2010년부터 교육감 직선제 전면 실시, 2014년부터 교육위원회 폐지 등 큰 변화를 맞고 있다.

지방교육자치제의 시기 구분은 관점에 따라 여러 방식이 가능하나, 여기에서는 다음과 같이 다섯 단계로 구분하고자 한다.[2]

가. 「교육법」 제정 및 적용 시기(1952. 5.~1961. 5.)

1949년에 제정된 「교육법」은 제2장에서 교육구와 교육위원회에 관한 사항을 규정하였다. 여기에 규정된 지방교육자치는 시행령 제정을 거쳐 1952년 5월 교육위원 선거가 실시되었고, 6월에 교육위원회가 출범하였다.

「교육법」 제정과정에서 '동일 구역에 지방자치단체와 교육자치단체를

---

1) 광복 후 미군정기와 정부수립기에 지방교육자치가 법제화되는 과정에 대한 정리와 분석 또한 필요하다. 이 시기에 대한 자료로는 김용일(1995), 이호성(1953), 정태수(1992)의 자료가 있다. 특히 미군정기에 초등교육과장이었던 이호성(1953)의 저서는 자료적 가치가 있다.

2) 지방교육자치의 역사에 대한 체계적인 연구 성과를 발표하고 있는 송기창(2015a)은 1949년 「교육법」 적용기, 교육자치 폐지 시기, 형식적 교육자치 시기, 실질적 교육자치 시기, 교육자치 일부 폐지, 교육위원회 폐지기로 구분하고 있다. 필자는 2010년 이후의 시기 구분을 약간 다르게 제시하였다. '1절의 가~라'는 송기창(2015a)의 내용을 상당부분 인용하여 작성하였다.

동시에 둘 수 없다.'는 원칙에 대한 논란이 있었고, 이에 따른 절충의 결과로 교육위원회는 지역별로 복잡한 양상을 지니게 되었다. 구체적으로 살펴보면, 군에는 교육구를 두고 교육구에는 의결기관으로서 구교육위원회를, 집행기관으로서 교육감을 두었다. 시의 경우 교육에 관한 의결기관은 시의회였고, 시교육위원회는 합의제 집행기관이었다. 시교육위원회의 교육감은 시교육위원회의 사무를 대행하는 사무장이었다.

1949년에 제정된 「교육법」의 지방교육자치 관련 내용은 기본적으로 1991년까지 적용되지만, 법률 제정 후 적용된 첫 시기라는 점에서 시기 구분을 앞과 같이 할 수 있다. 이 시기는 일반행정의 교육행정 통합 주장이 계속적으로 제기되었고, 교육자치 측면에서는 교육위원회가 독립형 의결기관이 되지 못하고 교육구라는 위임형 의결기관의 형태로 귀결된 것이 불완전한 출발이었다고 평가된다.

나. 교육자치 폐지 시기(1961. 5.～1963. 12.)

1961년 5·16 군사정변으로 교육위원회의 기능이 정지되었고, 1962년 1월 6일 개정된 「교육법」에 의하여 교육자치제가 법적으로 폐지되었다. 개정 「교육법」에서는 종전의 교육구 및 시교육위원회를 폐지하고 서울특별시장·시장 또는 군수로 하여금 지방의 교육·학예에 관한 사무를 담당하게 하였고, 이는 곧 교육자치제의 폐지를 의미하였다.

또한 교육의 전문성과 지방교육의 특수성을 살리기 위해 서울특별시, 도, 시와 군에 교육 및 학예에 관한 의결기관으로 교육위원회를 두도록 하였다. 그러나 실제로는 심의기관 내지 자문기관 역할을 했던 것으로 이해되며, 교육구를 폐지한 후 시·군교육위원회는 1961년 10월 28일에, 시·도교육위원회는 1962년 11월 3일에 구성되었다.

다. 형식적 교육자치 시기(1964. 1.~1991. 6.)

1962년 개정된 대한민국 「헌법」은 제27조 제4항에 "교육의 자주성과 정치적 중립성은 보장되어야 한다."고 규정하였고, 이는 교육자치제를 부활시키는 1963년 11월 1일의 「교육법」 개정으로 이어졌다. 이에 따라 1964년부터 지방교육행정을 일반행정기관으로부터 분리하여 교육자치제를 실시할 수 있게 되었다.

교육·학예에 관한 행정사무의 집행기관으로서 서울특별시·부산시 및 도에 교육위원회를, 시 및 군에 교육장을 두어 그 사무에 관하여 당해 지방자치단체를 대표하게 하였다. 지방교육에 관한 의결기관은 시·도의회 또는 시·군의회였으나 지방자치가 실시되지 않아 시·군의회 기능은 시·도교육위원회가, 시·도의회 기능은 문교부장관이 대행하였다. 시·도교육위원회는 합의제 집행기관, 시·군의 교육장은 독임제 집행기관으로서 위상을 가지게 되었고, 시·도교육위원회에는 교육행정사무를 처리하기 위하여 사무장으로 교육감을 두었다.

이 시기는 교육자치의 내용 측면에서는 대단히 암울한 시기였으나, 일반행정기관과 교육행정기관을 명목상으로는 분리하였다는 점에서 교육자치가 일단 형식으로나마 명맥을 유지하였다고 볼 수 있다.

라. 「지방교육자치에 관한 법률」 제정 및 적용 시기(1991. 6.~ 2010. 6.)[3]

1991년부터 지방자치가 본격적으로 실시됨에 따라, 「교육법」에 규정되어 있던 지방교육자치 및 지방교육 관계 조항을 분리하여 독자적인

---

3) 1991년에 제정된 「지방교육자치에 관한 법률」은 지금도 적용되고 있지만, 법률 제정 후 적용된 첫 시기라는 점에 주목하여 시기 구분을 이와 같이 표기하였다.

법률로「지방교육자치에 관한 법률」이 제정되었다. 이 법률에서는 시·도의 교육·학예에 관한 중요사항을 심의·의결하기 위하여 시·도에 교육감을 두도록 하였다. 교육위원회는 합의제 집행기관에서 위임형 의결기관 성격으로 바뀌고, 교육감은 교육위원회의 사무장에서 독임제 집행기관으로 바뀌었다.

교육위원은 시·도의회에서 선출하고 교육감은 교육위원회에서 선출하였으나, 1997년 12월의 개정으로 교육위원과 교육감을 학교운영위원회 선거인과 교원단체 선거인으로 구성된 교육위원선거인단과 교육감선거인단에 의한 선출방식으로 변화하였다. 2000년 1월 개정에서는 학교운영위원회의 구성원 전원으로 선거인단을 구성하여 교육위원과 교육감을 선출하게 하였다.

이 시기는 지방교육자치에 대한 독립된 법률을 규정하고 실질적인 교육자치를 할 수 있는 토대를 구축한 시기로 평가할 수 있으나, 불완전한 교육위원회의 성격, 계속된 일반행정의 교육행정 통합 주장 속에서 지방교육자치의 존폐가 논란이 되었고, 참여정부부터 정부 차원에서 많은 논의가 있었다.

마. 2010년 교육감 민선 시기(2010. 6.~현재)

2006년 12월에 개정된「지방교육자치에 관한 법률」에서 교육감의 성격은 변화가 없었으나 선출방법은 학교운영위원에 의한 간선제에서 주민직선제로 바뀌었다. 2010년 6월부터 모든 시·도의 교육감이 직선제로 선출되었고, 2014년에 2기 민선교육감 시대가 열렸다.

한편, 교육위원회의 구성은 크게 변화되었는데, 2006년 개정에서 시·도의 교육·학예에 관한 의안과 청원 등을 심사하기 위한 교육위원회를 시·도의회 내 상임위원회로 두도록 하였고, 시·도의회의원과 교육의원으로 교육위원회를 구성하되, 교육의원이 과반수가 되도록 규정하였다. 2010년 선거에서 주민직선제로 교육의원을 선출하였고, 상임위원회 성격의 교육위원회가 구성되었다. 그런데 선거 전에 이루어진 2010년 2월 개정에서 교육의원 주민직선제를 2014년 6월 말까지 유지하도록 규정함에 따라 2014년 7월부터 교육의원제가 폐지되고 법률에 교육위원회 관련 규정이 삭제되었다. 현재 시·도의회의 교육 및 학예에 관한 상임위원회 명칭이 교육위원회로 되어 있어서 종전의 교육상임위원회와 구분되지 않지만 조례에 의한 것이므로 교육자치기관으로 보기 어렵다. 한편, 제주특별자치도는 「제주특별자치도 설치 및 국제자유도시 조성을 위한 특별법」 제79조에 의해 예외적으로 교육의원 제도와 교육위원회를 두고 있다.

이 시기는 현재 진행 중으로 평가를 하기는 아직 이르나, 교육감 직선제에 관심이 집중되면서 이에 대한 논란이 일고, 교육의원의 시·도의회 통합에 이어 교육의원 제도가 폐지됨에 따라 '교육자치 일부 폐지기(2010. 7.~2014. 6.), 교육위원회 폐지기(2014. 7.~)'와 같이 교육자치가 중대한 위기를 맞은 것으로 평가받고 있기도 하다(송기창, 2015a).

지금까지 살펴본 내용들을 자세하게 정리한 표를 제시하면 〈표 1-1〉과 같다.

〈표 1-1〉 지방교육자치제도 변천 과정 요약

연도	의결기관	교육위원 자격	교육위원 선출	집행 기관	교육감 자격	교육감 선출
1952~1961	교육구 교육위원회	지방의원 피선거권(6개월 거주, 만 25세 이상)	각 읍 · 면의회에서 1인씩 선출, 군수(당연직)	교육구 교육감	교육 · 교육행정경력 5년 이상	교육위원회의 추천, 도지사의 문교부장관 경유 특별시 교육감은 문교부장관 제청, 대통령 임명
	특별시 · 시의회		특별시 · 시의회에서 선출한 9인, 특별시장 · 시장(당연직)	특별시 · 시교육위원회(교육감)		
1964~1990	시 · 도의회 미구성[문교부장관]	학식과 덕망, 교육 · 교육행정경력	지방의회에서 선출한 5인, 교육감	시 · 도교육위원회(교육감)	학식과 덕망, 교육 · 교육행정경력	교육위원회의 추천, 문교부장관 제청, 대통령 임명
1991~1997	시 · 도의회(중요) / 시 · 도교육위원회 (기타)	학식과 덕망, 시 · 도의원 피선거권, 정수의 1/2 이상은 교육 · 교육행정경력 15년(1995년부터 10년) 이상	시 · 군 · 자치구의회 추천, 시 · 도의회 선출(정수의 1/2 이상은 교육 · 교육경력자)	교육감	학식과 덕망, 시 · 도의 피선거권, 비정당인, 교육경력 20년(1995년 이후 15년) 이상	교육위원회 선출
1998~2006	시 · 도의회(중요) / 시 · 도교육위원회 (기타)	학식과 덕망, 시 · 도의원 피선거권, 비정당인(2000년 1월 이후 비정당인 2년), 정수의 1/2 이상은 교육 · 교육행정경력 10년 이상	학교운영위원과 교원단체(2000년 1월 이후 운영위원 전원으로 구성)의 교육위원선거인단의 선출	교육감	학식과 덕망, 시 · 도의 피선거권, 비정당인(2000년 2년), 교육 · 교육전문직 경력 5년 이상	학교운영위원과 교원단체(2000년 1월 이후 운영위원 전원으로 구성)의 교육감선거인단에서 선출
2007~2010	시 · 도의회(중요) / 시 · 도교육위원회 (기타)	학식과 덕망, 시 · 도의원 피선거권, 비정당인 2년, 정수의 1/2 이상은 교육 · 교육행정경력 10년 이상	학교운영위원이 전원으로 구성된 교육위원선거인단의 선출	교육감	시 · 도지사 피선거권, 비정당인 2년, 교육 · 교육전문직 경력 5년 이상	주민의 보통 · 평등 · 직접 · 비밀선거에 따라 선출
2010~2014	시 · 도의회 (교육상임위원회)	교육위원: 시 · 도선거권, 비정당인 1년, 교육 · 교육행정경력 5년 이상	교육위원: 주민의 보통 · 평등 · 직접 · 비밀선거에 따라 선출	교육감	시 · 도지사 피선거권, 비정당인 1년, 교육 · 교육행정경력 5년 이상	주민의 보통 · 평등 · 직접 · 비밀선거에 따라 선출
2014. 6.	시 · 도의회	교육위원제 폐지	교육위원제 폐지	교육감	시 · 도지사 피선거권, 비정당인 1년	주민의 보통 · 평등 · 직접 · 비밀선거에 따라 선출
2014. 7.				교육감	시 · 도지사 피선거권, 교육 · 교육행정경력 3년 이상	주민의 보통 · 평등 · 직접 · 비밀선거에 따라 선출

출처: 승기창(2015a: 119).

2. 지방교육자치의 주요 이슈

지방교육자치와 관련된 이슈는 지방교육자치의 도입으로부터 지금까지 동일하게 제기되는 근본적인 이슈들로부터, 시기와 제도의 변화에 따라 제기되는 상황적인 이슈들에 이르기까지 매우 다양하다. 지방교육자치제의 주요 이슈가 무엇이고 어떠한 학문적·실제적 논의가 전개되었는지를 분석하기 위하여, 지방교육자치 이슈의 구조를 [그림 1-1]과 같이 설정하였다.[4)]

[그림 1-1] 지방교육자치 이슈의 구조와 쟁점

지방교육자치제 이슈의 쟁점 분석을 위하여, 지방교육자치의 차원을 크게 이념, 관계, 구조로 구분한다. 각 차원에서 구체적인 쟁점 사항을 살펴보면, 1) 지방교육자치의 원리, 2) 중앙과 지방의 관계, 3) 일반자치와 교육자치의 관계, 4) 집행기관의 선출 및 권한, 5) 의결기관의 위상 및 구성으로 정리할 수 있다. 이 밖에도 교육자치의 실시단위, 학교자치론 등이 논란의 대상이 되고 있으나 여기에서는 논외로 한다. 이 중 1)은 지방교육자치의 이념적 차원, 2)와 3)은 관계적 차원, 4)와 5)는 구조적

---

4) 이것은 지방교육자치 연구의 구조와 쟁점을 분석한 박수정(2012)의 논의를 기초로 하고, 최근 변화된 내용을 보완하였다.

차원의 쟁점이라고 볼 수 있다.

　각 이슈에 대하여 최근의 논의와 연구 성과를 중심으로 주요 내용을 정리하도록 한다.

가. 지방교육자치의 원리

　지방교육자치의 원리[5]는 김종철이 제기한 1) 지방분권, 2) 주민통제, 3) 일반행정으로부터의 독립(또는 자주성 존중), 4) 전문적 관리가 가장 대표적으로 제시되고 있다. 많은 연구자가 그 원리를 받아들이면서 관련 논의를 전개하는 근거로 사용하고 있고(김신복, 2001; 노종희, 2002), 많은 교육행정학 개론서에서도 이와 같은 지방교육자치의 원리가 거의 대동소이하게 제시되고 있다(예: 윤정일, 송기창, 조동섭, 김병주, 2008). 주민통제는 대표성 내지 민주성, 전문적 관리는 전문성과 동일하게 이해된다.

　이 중에서 지방분권과 주민통제는 일반자치에서도 동일하게 나타나는 원리이며, 지방교육자치에서 가장 중요한 원리는 자주성과 전문성으로 제시되기도 한다(주삼환 외, 2015: 243). 특히 최근 도입된 교육감 직선제는 교육자치의 대표성을 강조한 것이고, 교육자치와 일반자치 분리의 근거는 전문성에서 찾을 수 있다.

　이차영(1997)은 그 논의의 원형을 1963년에 김종철이 발표한 글[6]에서 찾으면서 새로운 원리를 제기하였다. 즉, 권한의 수직적 분배에 대하여 '적도분권(適度分權)'을, 권한의 수평적 분배에 대하여 '일반행정과의 구분 및 협응(協應)', 교육사무의 처리방식에 대하여 '민주적 통치와 전문

---

5) '원리'는 '가치' '이념' '준거' 등으로도 표현되고 각각 개념적 차이가 있으나, 여기에서는 '원리'로 통일한다.
6) 연구자가 김종철(1963)의 원문을 재검색한 결과이다.

적 관리'로 제시하면서, 기본적으로 균형과 조화에 특징이 있음을 밝혔
다(이차영, 1997). 한편, 신현석과 이은구(1997)는 지방교육자치를 지역
주민의 입장에서 본다면 '주민참여를 위한 민주성' '주민에 대한 책임성'
'교육행정의 능률성'이라는 이념적 정향성을 갖는다고 주장하였다. 지방
교육자치의 원리를 재검토할 필요성과 새로운 원리에 대한 주장이 이미
1990년대에 나타나고 있다.

  한편, 법률적으로는 「헌법」 제31조의4에 규정된 '교육의 자주성, 전문
성, 정치적 중립성'이 지방교육자치의 원리로서 교육학계에서는 널리 인
정되고 있으나(예: 송기창, 2004), 일반행정학계에서는 이를 교사 내지 교
육활동을 규율하는 원리라고 주장하면서 지방교육자치에 적용되는 원
리로 인정하지 않는 경향을 보인다(예: 이기우, 2001). 또한 헌법재판소가
지방교육자치와 관련된 판결문에서 자주 언급하는 '민주주의, 지방자치,
교육자주의 조화'(예: 헌재 2000. 3. 30. 99헌바113)가 지방교육자치의 원
리로 인용되기도 한다(예: 고전, 2010a). 최근에는 지방교육자치가 지향
하는 목표에 비추어 판단하자는 의견도 있는데, 예컨대 '지방교육의 발
전'(송기창, 2008b), '교육의 질 향상'(고전, 2007) 등에서도 지방교육자치
원리의 단초를 찾을 수 있다.

  지방교육자치의 원리는 구체적인 제도를 설계하는 기반이자 제도의
평가 기준이 된다. 또한 지방교육자치의 거의 모든 이슈 및 논란과 밀접
하게 관련되어 있고, 사안에 따라 매우 민감한 주제가 되기도 한다. 지
방교육자치의 원리가 전술한 네 개 원리를 기본으로 하여 오랫동안 고
수되어 왔으나, 환경의 변화에도 불구하고 여전히 시대적 적합성을 가
지고 있는지 재검토하고 재정립할 필요가 있다.

  이종재(2010)는 전통적인 원리에 대한 재검토가 필요하다고 하면서, 종
래의 '지방분권'은 '다층적 분권(중앙-지방-학교)'으로, '분리·독립의 폐쇄
적 체제'는 '개방과 협조체제'로 수정 의견을 제시하였다. 특히 1950년대
의 지방교육자치에 대한 경험을 토대로 한 '일반행정으로부터의 분리·

독립' 원리는 협력과 소통의 시대를 맞아 시대적합성을 재검토할 것을 주장하였다(이종재, 2010: 27-31). 고전(2010a: 68-69)은 '민주성'과 '능률성'을 수정 원리로 제시하였고, 한국교육행정학회 회원을 대상으로 지방교육행정에서 중시해야 할 가치를 조사한 결과, '책무성' '자주성' '전문성' '민주성'의 순으로 높게 나타났다는 점도 참고할 만하다(임연기, 2010: 148).

지방교육자치 원리의 재정립과 함께 개별 원리의 구체적인 의미도 재정의할 필요가 있다. 원리의 의미는 현실적으로 제도를 유지하거나 변화시키는 근거가 된다. 예컨대, 특히 논란이 되고 있는 '전문성'(민주적 통제와 전문적 관리의 충돌 등), '정치적 중립성'(교육의 정치적 성격, 정당 관련성 등) 등에 대하여 개별적으로 분석적인 접근이 이루어져야 하고, 이에 대하여 우리 학계에서 활발하게 토론하고 학계의 입장이 무엇인지 정리할 필요가 있다.

나. 중앙과 지방의 관계

중앙과 지방의 관계는 지방교육자치의 수직적 차원의 관계 구조를 형성한다. 기본적으로 지방교육자치는 교육사무에 대한 권한 보유를 전제로 하나, 국가중심적 교육운영의 문화가 강한 우리나라에서는 교육권한의 지방 이양이 오랫동안 주요 이슈가 되어 왔다.

1963년부터 1991년까지 우리의 지방교육자치는 '명목상으로' 운영되었다고 평가받는데, 정부에서 교육위원을 임명하는 방식이 기본적으로 중앙예속적인 특징을 보여 주기 때문이었다. 그러한 역사적 경험과 교육부의 강력한 권한은 '형식적' 교육자치 시기가 끝난 후에도 지방교육행정의 중앙예속적 내지 중앙의존적 경향을 잔존하게 만들었다고 볼 수 있다. 따라서 우리의 지방교육자치는 '일반행정으로부터의 분리·독립'에 비하여 '중앙으로부터의 분리·독립'이 상대적으로 약한 특징을 보인다.

지방교육자치에 있어서 중앙과 지방의 관계는 교육에 대한 역할 분담의 관점에서 논의되다가 최근에는 유·초·중등교육이 지방의 고유 권한이라는 관점에서 논의가 이루어지고 있다. 따라서 권한 배분의 기준과 구체적인 권한 배분, 법제화 방안 등에 대한 연구가 최근 발표되고 있다. 중앙과 지방의 관계 모형에 대하여, 정영수 등(2009)은 지금까지 중앙집권적 관료적 패러다임 속에서 중앙과 지방의 관계가 '수직적 상하연계 모형'이었으나, 교육분권적 수요자 중심 패러다임을 반영한 '수평적 파트너십 모형'으로 전환해야 한다고 주장하였다. 조석훈(2010)은 중앙과 지방의 관계에 대한 기본 모형(사무 영역-분리, 공유/사무 권한-배제, 작용)을 네 개로 제시하고, 이를 확장한 삼차원 모형을 제시하면서, '교환형' (기본형)에서 '촉진자형'(효과적 유형)으로 전환해야 한다고 주장하였다.

지방교육자치에서 지방분권적 경향은 이명박 정부가 2008년에 제기한 '학교자율화'를 계기로 가속화되고 있다. 그러나 교육권한 설정에 대한 법제화가 이루어지지 않았고, 권한 이양의 병목현상, 학교자율화와 지역교육청 기능개편의 중앙집권적 추진 경향(박수정, 최영출, 2010)에 대한 비판과 함께, 2010년 선거에서 소위 '진보 성향' 교육감들이 선출되고 2014년 선거에서 과반수 이상의 시·도에서 '진보 성향' 교육감이 대거 선출됨에 따라 중앙과 지방의 갈등 현상이 나타나고 있다. 교육부의 권한과 교육감의 자율성이 충돌하는 사례는 점점 늘어날 가능성이 높은데(송기창, 2010b), 이는 학생인권 조례, 교원능력 개발평가제, 자율형사립고 지정과 폐지 등 특정 정책을 둘러싸고 나타난 갈등 현상에서도 알 수 있다.

교육권한의 배분과 관련하여 중앙과 지방의 관계 외에도 지방과 단위학교의 관계가 새로운 쟁점이 되고 있다. 과거에는 중앙-지방의 관계에 주로 초점을 두었으나, 이제는 지방-학교의 관계에 대해서도 새롭게 중요성이 인식되고 있다. 2010년 민선 교육감이 선출된 후, 교육부가 추진하는 학교운영에 대한 학교장의 권한 확대가 교육감의 정책결정권을 제

약하고 교육자치에 역행한다고 일부 교육감들이 반발한 사례가 있었고
(경향신문, 2010. 12. 2; 중앙일보, 2010. 12. 3), 교육청의 학교운영 관여 수
준에 대하여 교육감과 학교장의 인식이 상이한 경향을 보인다는 점에서
(김경회, 박수정, 2012), 앞으로도 교육감과 학교장 권한의 충돌이 문제가
될 소지가 있다.

주의할 것은 권한이라는 것이 반드시 교육감의 권한과 학교장의 권한
을 의미하는 것은 아니며, 지방과 학교 단위에서 어떠한 권한을 가질 것
이며, 권한의 의사결정 구조가 어떻게 되어야 하는지에 대한 논의라는
점이다. 중앙에서 지방과 학교로 많은 권한을 이양할수록, 지방 단위의
의사결정 구조, 학교 단위의 의사결정 구조에 대한 논의가 더욱 활발해
질 것이다.

따라서 앞으로는 총체적인 '교육 거버넌스(educational governance)'라
는 관점에서 중앙-지방-단위학교의 관계가 조망될 수 있고, 지방교육
자치는 '지방교육 거버넌스' 차원에서 분석될 수 있을 것이다(박수정, 박
선주, 2013). 지방교육자치 연구가 중앙-지방-학교의 관계와 권한 배
분, 그리고 책무성 구조에 관심을 두어야 하고, 향후 '교육자치' 관련 논
의가 '거버넌스' 연구로 포괄될 가능성도 크다.

다. 교육자치와 일반자치의 관계

지방교육자치에 있어서 교육자치와 일반자치의 관계는 오랫동안 뜨
거운 감자와 같이 중요하면서도 민감한 쟁점이었다. 이것은 현실적으로
교육자치기구의 분리와 통합에 직접적인 영향을 미치고, 그와 관련된
역학관계 또한 변화시키기 때문이다.

일반행정과의 분리·독립의 원리에 충실한 '분리론'과 이를 배격하는
'통합론'은 각각 교육학계와 행정학계의 일반적인 입장이었고(송기창,
2004), 그 입장을 대표하는 학자는 각각 송기창과 이기우라고 볼 수 있

다. 그러나 2000년을 전후하여 분리론과 통합론의 사이에서 '연계협력론'이 대두되었다(김신복, 2001; 김홍주, 2001). 이에 대하여 송기창(2006b)은 연계협력론을 '통합의 전 단계로서의 연계'와 '분리를 인정하되 연계 필요성 제시'의 두 부류로 구분하고 있다. 최근에는 지방자치단체의 재정지원과 교육사업, 교육자치와 일반자치의 협력을 위한 구체적인 제도와 정책에 대한 연구가 많이 나타나고 있다는 점에서(박수정, 김용, 2009; 하봉운, 2009), 규범적 논쟁보다는 실천적 논의에 주목하는 것을 알 수 있다.

교육자치와 일반자치의 관계 모형에 대하여, 이차영(1997)은 지방자치단체의 교육에 대한 관심의 정도와 성격에 따라 4개 유형(교육에 대한 관심의 정도–소극, 적극/교육에 대한 관심의 성격–투자, 복지)을 구분하면서, 지방자치단체가 교육에 대하여 적극적인 복지의 동기를 갖게 되면 흡수·통합 쪽으로 가게 될 것이라고 전망하였다. 조동섭(2010)은 지방자치단체와의 협력방안으로 지원모형, 동반모형, 분담모형을 제시하면서, 이는 각각 재정 협력, 인적 협력, 자원 협력에 의해 단계적으로 발전되는 것이며, 최종적으로 통합 거버넌스 모형으로 나아갈 것을 제안하였다.

현실적으로 오랫동안 교육자치의 제도적 분리가 고수되어 왔으나 교육학계 외부로부터의 공격이 많았다는 점에서 우리 학계의 연구가 외부의 통합론 공세에 대응하는 방식으로 이루어진 부분이 있고, 정치적으로 대단히 민감한 사안이라는 점에서 공개적인 논의를 회피하는 부분도 없지 않아 보인다. 이러한 상황에서 김재웅(2010)은 지방자치단체장이 지방교육을 포함하여 지방의 살림살이 전부에 대한 정치적 책임을 지는 것이 당연하다는 주장을 전개하였다. 교육자치와 일반자치의 통합 주장은 2010년 의결기구의 통합과 2014년 교육의원제의 폐지로 더욱 가속화될 전망이나, 주민직선제로 선출되는 교육감 위상 제고에 따라 통합이 좀처럼 쉽지 않을 수도 있다. 현재 규범적·현실적으로는 연계협력론이 우세하나 통합론 또한 계속적으로 제기되는 상황에서 앞으로의 역학 관계에 따라 판도가 달라질 가능성도 배제할 수 없다.

지금으로서는 좋은 학교를 만드는 일에 교육행정기관과 지방자치단체가 함께 지원하고 서로 협력해야 한다(조동섭, 2010: 58)는 목표하에, 현재의 구조 속에서 양자가 함께 할 수 있는 사업과 제도적 환경을 정립하는 것이 중요하다. 최근 '마을교육공동체'에 대한 논의가 새롭게 부상하고 있고, 기초자치단체와 교육지원청이 손을 잡고, 지역의 모든 교육주체가 학교를 지원하는 교육운동 '로컬 에듀(local-edu)'를 시도한 전라북도 완주군의 사례는 최근 관심의 대상이 되고 있다(추창훈, 2017). 양자의 관계에 대한 기존의 이슈 프레임(issue frame; Best, 1989), 즉 분리, 통합, 연계협력과 같은 기존 논의의 틀에서 벗어나, 지방교육자치의 궁극적인 목표와 수요자 관점에서의 논의와 새로운 시각이 필요한 때다.

라. 집행기관의 선출 및 권한

1991년 부활된 지방교육자치는 광역 단위의 자치만을 인정하면서 시·도교육감을 집행기관으로 하였다. 의결기구(의회)보다 집행기관(단체장)에 집중된 우리나라 지방자치 경향에 따라, 교육감에 대한 관심은 상대적으로 높은 편이었다. 교육감에 대한 연구는 책무성에 대한 연구가 일부 이루어졌으나(김규태, 2002, 2004), 대부분 선출방식에 집중되었다(박수정, 2011).

교육감을 선출하는 방식은 1991년 이래로 여러 차례 변경되었는데, 교육위원회 간선제, 학교운영위원 대표와 교원 대표에 의한 간선제, 학교운영위원에 의한 간선제를 거쳐, 2006년 말 「지방교육자치에 관한 법률」의 개정으로 주민직선제가 규정되기에 이른다. 주민직선제는 교육계에서 간선제에 의한 교육감 선출방식의 대안으로 오랫동안 주장되어 왔던 방안이었는데(강인수, 김성기, 2005; 노종희, 2002), 당시 정부의 입장은 시·도지사와 교육감의 러닝메이트 또는 시·도지사 임명제였으나, 법률 개정 과정에서 교육위원회를 시·도의회와 통합한 것에 대하여 교육감 주민직선제가 일종의 '대가'로 주어진 측면도 없지 않다는 주장(송기창, 2009: 33)도 제기되었다.

2009년까지는 제주특별자치도와 일부 교육감 궐위 지역에서 주민직선제가 실시되었고, 2010년 6·2 지방선거에서 전국적으로 교육감이 선출되었다. 교육감 직선제에 대한 문제점과 대안이 선거 전후로 활발하게 제기됨에 따라, 교육학계에서는 주민직선제를 유지하는 입장 외에도 교육관계자에 의한 제한적 직선제(송기창, 2009), 학교운영위원에 의한 간선제(고전, 2010b) 등 새로운 방안이 대안으로 검토되고 있다. 그러나 교육계 내에서도 연계협력을 위하여 시·도지사와의 러닝메이트에 의한 교육감 선출방식이 제안(김태완, 2008)되는 등 과거와는 다른 양상을 보이고 있다.

2010년 교육감 직선제 도입을 전후하여 이루어진 설문결과를 살펴보면, 교육행정학회 회원들은 제한적 직선제, 현행 주민직선제 유지, 시·도지사와의 정책연계형 러닝메이트 주민직선제 순으로 찬성하고 있고(송기창, 2010b), 일반시민과 학부모들은 주민직선제, 학교운영위원 간선제, 시·도지사 러닝메이트 직선제 순으로 찬성하고 있으며(남궁지영, 우명숙, 2010: 73), 이해관계자들은 제한적 주민직선제, 단위학교 교육감선출위원단제, 공개모집초빙제, 시·도지사 러닝메이트 순으로 평가하고 있다(최영출, 김민희, 박수정, 오세희, 2011: 65-66).[7] 이러한 다양한 의견을 볼 때, 단기적으로는 주민직선제를 유지하되 문제점을 보완하는 방식으로 개선하고, 장기적으로는 새로운 방안이 모색되어야 함을 시사한다.

---

7) 선택지를 무엇으로 하느냐에 따라 결과가 다르게 나타나는데, 교육행정학회원 대상 설문(6개 대안)과 이해관계자 대상 설문(10개 대안)에는 '학교운영위원 간선제'가 없었고, 일반시민과 학부모 대상 설문(4개 대안)에는 '제한적 직선제'가 없었다. 한편, 이해관계자 설문결과에서는 주민직선제가 10개 대안 중 9위로 평가되었다.

교육감 주민직선제에 대하여 '교육전문가에 의한 전문적 통제'에서 '교육전문가에 의한 정치적 통제'로 바뀐 것을 의미하며(송기창, 2007), 교육감의 민주적 정당성 확대에 비하여 교육감의 권한에는 변화가 없다는 지적(고전, 2010a: 74-75)도 있다. 평생교육이 시·도지사의 관할이 되었고, 지방자치단체의 교육사업이 확대되면서 시·도청의 교육국 설치 시도 등도 교육감 권한과 관련성이 있다. 교육감 선출의 구체적인 방식에 집중된 논의에서 벗어나, 그것의 실증적인 영향력을 분석하고, 다른 요소와의 관련성 속에서 심층적으로 연구할 필요가 있다.

교육감의 자격과 관련하여 큰 변화는, 2010년 개정으로 2014년 선거에서 처음으로 교육감에 대한 교육 또는 교육행정경력이 삭제되었다가, 다시 3년 이상으로 규정되었다. 교육감을 시·도지사와 별도로 두는, 즉 교육자치가 존재하는 이유가 교육의 '전문성'이 큰 이유라고 한다면 교육감에게 교육 관련 경험을 요구하지 않는다는 것은 문제가 아닐 수 없다. 그러나 '전문가'를 선출하는 효과적인 방식이 직선제라고 볼 수 있는지, 그리고 현행 교육 관련 경력 3년 이상이 전문성을 담보할 만한 경력인지에 대해서도 논란이 많다. 한국교총은 직선제 폐지를 주장하면서 2014년에 위헌소송을 제기하였고(중앙일보, 2014. 8. 14.), 송기창(2015a)은 교육계 인사와 학부모를 선거권자로 하는 제한적 직선제를 대안으로 제기하고 있다. 그러나 진보 진영 교육감을 진출하게 한 통로라는 점과 이미 정치권과의 공조가 활발하다는 점에서 교육감 직선제는 이미 교육계의 논의를 떠났다고도 볼 수 있다.

교육감 선거와 관련하여 2010년 이후 많은 논문이 발표되고 있다는 점에서 알 수 있듯이, 교육감 선출방식은 높은 관심의 대상이 되고 있다. 유능한 교육행정가의 확보라는 측면에서 볼 때, 선출방법을 넘어 대표성에 걸맞은 권한의 재조정과 올바른 재평가를 위한 교육감 및 교육청의 책무성에 대한 논의까지 연계되어야 할 것이다(고전, 2007). 또한 민선교육감의 성과 평가와 정치적 성격에 대하여 냉철한 분석이 이루어져야 한다. 변화된 환경에서 우리 학계의 교육감 선출에 대한 기본 입장을 정리하고, 교육감의 선출 단계에 집중된 관심에서 나아가 교육감의 권한 확대와 책무성 평가 및 역량 구축에 대한 연구도 필요하다.

마. 의결기관의 위상 및 구성

최근 가장 큰 변화는 교육자치 의결기관에 관한 것이라고 해도 과언이 아닐 것이다. 지난 25년간 교육위원회의 위상은 위임형 의결기관이었다가 '폐지'라고 하는 대단히 급격한 변화 국면을 맞이하고 있다.

1991년 부활된 지방교육자치는 교육위원회의 위상을 '위임형 심의·의결기구'로 하였고, 이에 따라 교육위원회의 위상에 대한 논란이 계속되어 왔다. 교육학계에서는 시·도의회와의 중복 심의, 최종적 의결기능의 제한 등을 이유로 독립형 의결기구화 내지 합의제 집행기구화를, 일반행정학계에서는 비효율성 제거와 통합론 등을 이유로 통합형 의결기구화를 주장해 왔고, 간선제 방식을 통한 교육위원회 구성에 대해서도 논란이 있었다.

2006년 말, 법률 개정을 통해 교육위원회는 시·도의회의 상임위원회로서 통합형 의결기구로 변화하고, 교육위원은 교육의원으로 명칭이 변경되면서 교육감과 마찬가지로 주민직선제가 적용되었다. 이에 따라 2010년 6·2 지방선거를 통해 전국적으로 82명의 교육의원이 선출되고, 7월 1일자로 시·도의회 상임위원회로서의 교육위원회가 최초로 출범하였다. 그러나 선거가 시행되기도 전인 2010년 2월 법률 개정으로 소위 '교육위원회 및 교육의원 일몰제'가 규정되었고, 현행 법률에 의하면 교육위원회 구성과 교육의원 선출이 더 이상 불가능하게 되었다.

교육위원회의 위상에 대하여 독립형 의결기구로의 전환 또는 최소한 이전의 위임형 의결기구로 돌아가자는 의견(김용일, 2010)이 강하고, 교육행정학회 회원들은 교육의원만으로 구성되는 교육상임위원회로의 개편(송기창, 2010b)을 가장 선호하는 것으로 나타났다. 그러나 2014년 지방선거에서 교육위원회가 폐지된 상황에서 그에 대한 논의는 실효성이 약하고, 현실적으로는 교육위원회 폐지 자체에 대한 학계 차원의 대응과 법률 재개정이 절실한 상황이다.

이제는 제주특별자치도에서만 교육의원제가 존재하고 있을 뿐, 16개 시·도에서는 시·도의회의원으로 구성된 교육상임위원회가 구성되어 교육감에 대한 의결기관 역할을 수행하고 있다. 고전(2014b)은 전원 일반의원형 교육위원회 제도가 교육자치와 지방자치의 조화와 균형 관점에서 흠결이 있고 교육감의 전문적 견제가 어렵다는 점을 강조한다. 송기창(2015a)은 교육계가 교육상임위원회 제도와 교육의원 제도 부활에 모든 역량을 집중할 필요가 있으며, 교육상임위원회의 부활을 전제로 직능비례대표 형태의 교육의원제 도입을 적극 검토할 것을 주장하고 있다.

지방교육자치에서 의결기구의 미비는 지방교육자치 자체를 위협하는 요인이다. 집행기관의 존재만으로는 자치의 구현을 논하기 불가능하고, 집행기관의 통합으로 나가는 수순이 될 수 있다. 또한 상임위원회로서의 교육위원회 위상을 가지고 먼저 출범한 제주특별자치도 교육위원회에 대한 분석이 일부 이루어졌으나(고전, 2007), 시·도의회 상임위원회로 전면적으로 전환된 교육위원회(2010~2014)의 활동과 평가, 전원 시·도의회의원으로 구성된 교육상임위원회(2014~현재)의 구성과 활동에 대하여 체계적인 분석도 필요하다.

3. 통계로 본 지방교육의 변화

지방교육자치의 실시에 따라 지방교육은 어떻게 변화하였는가? 여기에서는 지방교육자치제가 본격적으로 실시된 것으로 평가되는 1991년을 중요한 기준점으로 삼아, 1990년부터 2010년까지는 10년 단위, 최근

은 5년 단위로 지방교육의 주요 통계와 자료를 살펴보았다(교육부, 한국
교육개발원, 1990, 2000, 2010, 2015). 지방교육의 변화는 학교 구성원 수,
학교와 학급 규모, 세입/세출 예산, 교육 여건, 학업성취도로 구분하여
주요 통계를 수집 · 정리하였다. 전국 단위의 평균과 표준편차뿐만 아니
라 시 · 도 지역의 평균과 표준편차를 제시하였고, 개별 시 · 도의 상황
도 함께 살펴보았다.[8]

가. 학교 구성원 수의 변화

학교 구성원 수 관련 통계로 학생 수, 교원 수, 직원 수를 살펴보도록
한다.

1) 학생 수

학생 수는 1990년 이래로 계속적으로 감소하는 추세를 보이고 있다. 〈표
1-2〉에 의하면, 1990년에는 9,842,609명이었고, 2015년에는 6,771,380명
으로 25년 만에 약 300만 명이 감소되었다. 초등학생 수가 가장 크게 감
소하였고, 유치원 학생 수만 증가하는 추세를 보였다.

시 지역은 1990년에 학생 수 평균이 783,997명이었던 것이 2015년
363,675명으로 평균이 낮아졌다. 도 지역은 1990년에 학생 수 평균이
570,958명이었던 것이 2015년 429,109명으로 평균이 낮아졌다. 대부분
의 시 · 도 지역에서 학생 수가 급감하였으나, 시 지역 중 인천은 학생

---

8) 1990년에는 6개 시 지역(서울, 부산, 대구, 인천, 광주, 대전), 9개 도 지역(경기,
   강원, 충북, 충남, 전북, 전남, 경북, 경남, 제주)이었는데, 2000년과 2010년에는
   울산광역시가 시 지역으로 분리되면서 7개 시 지역, 9개 도 지역으로 구분되었
   고, 2015년에는 세종특별자치시가 포함되면서 8개 시 지역, 9개 도 지역으로 구
   분되었다.

수가 1990년 381,112명이었는데 2015년에는 387,589명으로 약간 증가 하였고, 도 지역 중 경기도의 경우 1990년에는 1,193,259명이었던 학생 수가 2015년에는 1,779,016명으로 크게 증가하였다.

〈표 1-2〉 학생 수의 변화 추이 (단위: 명)

연도	학교급	전체		시 지역		도 지역	
		합계	평균 (표준편차)	합계	평균 (표준편차)	합계	평균 (표준편차)
1990	유	414,532	27,635 (23,627)	173,205	28,867 (32,536)	241,327	26,814 (17,702)
	초	4,868,520	324,568 (273,002)	2,317,014	386,169 (389,596)	2,551,506	283,501 (175,553)
	중	2,275,751	151,717 (126,913)	1,093,886	182,314 (192,458)	1,181,865	131,318 (62,183)
	고	2,283,806	152,254 (128,511)	1,119,880	186,647 (195,005)	1,163,926	129,325 (60,464)
	계	9,842,609	656,174 (548,850)	4,703,985	783,997 (808,620)	5,138,624	570,958 (313,168)
2000	유	545,263	34,079 (29,134)	243,491	34,784 (27,719)	301,772	33,530 (31,850)
	초	4,019,991	251,249 (234,136)	1,875,675	267,953 (227,898)	2,144,316	238,257 (251,792)
	중	1,860,539	116,284 (103,052)	901,268	128,752 (114,814)	959,271	106,586 (98,911)
	고	2,071,468	129,467 (112,715)	1,038,901	148,414 (141,139)	1,032,567	114,730 (91,229)
	계	8,497,261	531,079 (475,234)	4,059,335	579,905 (511,054)	4,437,926	493,103 (473,153)

(계속)

연도	학교급	전체		시 지역		도 지역	
		합계	평균 (표준편차)	합계	평균 (표준편차)	합계	평균 (표준편차)
2010	유	538,587	33,662 (33,443)	227,830	32,547 (21,839)	310,757	34,528 (41,682)
	초	3,299,094	206,193 (207,301)	1,420,873	202,982 (165,684)	1,878,221	208,691 (244,890)
	중	1,974,798	123,425 (119,590)	883,391	126,199 (100,680)	1,091,407	121,267 (138,569)
	고	1,962,356	122,647 (118,175)	906,646	129,521 (107,189)	1,055,710	117,301 (132,267)
	계	7,774,835	485,927 (477,622)	3,438,740	491,248 (395,156)	4,336,095	481,788 (557,293)
2015	유	682,553	40,150 (43,901)	288,595	36,074 (26,054)	393,958	43,773 (56,826)
	초	2,714,610	159,683 (175,485)	1,152,453	144,057 (132,751)	1,562,157	173,573 (213,796)
	중	1,585,951	93,291 (98,513)	682,524	85,316 (77,678)	903,427	100,381 (118,363)
	고	1,788,266	105,192 (108,853)	785,829	98,229 (91,344)	1,002,437	111,382 (127,693)
	계	6,771,380	398,316 (425,974)	2,909,401	363,675 (327,399)	3,861,979	429,109 (516,575)

출처: 교육부, 한국교육개발원(1990, 2000, 2010, 2015).

2) 교원 수

교원 수는 1990년 이래로 계속적으로 증가하는 추세를 보이고 있다. 〈표 1-3〉에 의하면, 1990년에는 337,713명이었고, 2015년에는 479,902명으로 25년 만에 약 14만 명이 증가하였다. 모든 학교급에서 교원 수가 증가하였다.

　시 지역은 1990년에 교원 수 평균이 23,111명이었던 것이 2015년 평
균 25,391명으로 평균이 높아졌다. 도 지역은 1990년에 교원 수 평균이
22,116명이었던 것이 2015년 평균 30,753명으로 평균이 높아졌다. 시·도
별로 살펴보면, 모든 시 지역에서 1990년에 비해 2015년에 교원 수가 증
가하였고, 도 지역의 경우 강원, 전남, 전북, 경북을 제외한 지역에서 교원
수가 증가하였다. 특히 경기는 학생 수가 급증한 것과 마찬가지로 1990년
은 37,960명이었던 교원 수가 2015년에 115,277명으로 급증하였다.

〈표 1-3〉 교원 수의 변화 추이   (단위: 명)

연도	학교급	전체		시 지역		도 지역	
		합계	평균 (표준편차)	합계	평균 (표준편차)	합계	평균 (표준편차)
1990	유	18,511	1,234 (1,151)	8,085	1,347 (1,687)	10,426	1,158 (723)
	초	136,800	9,120 (6,186)	52,178	8,696 (8,614)	84,622	9,402 (4,513)
	중	89,719	5,981 (4,399)	37,609	6,268 (6,636)	52,110	5,790 (2,499)
	고	92,683	6,179 (4,453)	40,796	6,799 (6,658)	51,887	5,765 (2,553)
	계	337,713	22,514 (16,067)	138,668	23,111 (23,557)	199,045	22,116 (10,222)
2000	유	28,012	1,751 (1,437)	12,368	1,767 (1,495)	15,644	1,738 (1,481)
	초	140,000	8,750 (7,095)	59,800	8,543 (7,724)	80,200	8,911 (7,040)
	중	92,589	5,787 (4,742)	43,359	6,194 (6,088)	49,230	5,470 (3,756)

(계속)

연도	학교급	전체		시 지역		도 지역	
		합계	평균 (표준편차)	합계	평균 (표준편차)	합계	평균 (표준편차)
2000	고	104,351	6,522 (4,889)	47,937	6,848 (6,087)	56,414	6,268 (4,107)
	계	364,952	22,809 (18,041)	163,464	23,352 (21,367)	201,488	22,387 (16,352)
2010	유	36,461	2,279 (2,121)	15,326	2,189 (1,527)	21,135	2,348 (2,584)
	초	176,754	11,047 (9,875)	73,848	10,550 (8,637)	102,906	11,434 (11,248)
	중	108,781	6,799 (6,293)	45,979	6,568 (5,537)	62,802	6,978 (7,155)
	고	126,423	7,901 (7,250)	56,882	8,126 (6,820)	69,541	7,727 (7,975)
	계	448,419	28,026 (25,495)	192,035	27,433 (22,506)	256,384	28,487 (28,954)
2015	유	50,998	3,000 (3,034)	21,586	2,698 (1,981)	29,412	3,268 (3,848)
	초	182,658	10,745 (10,248)	76,097	9,512 (8,701)	106,561	11,840 (11,871)
	중	111,247	6,544 (6,373)	46,701	5,838 (5,308)	64,546	7,172 (7,458)
	고	134,999	7,941 (8,067)	58,740	7,343 (6,801)	76,259	8,473 (9,434)
	계	479,902	28,230 (27,671)	203,124	25,391 (22,759)	276,778	30,753 (32,603)

출처: 교육부, 한국교육개발원(1990, 2000, 2010, 2015).

3) 직원 수

직원 수는 1990년 이래로 증가하다가 다시 감소하는 추세를 보이고 있다. 〈표 1-4〉에 의하면, 1990년에는 54,203명이었고, 2015년에는 55,653명으로 25년 동안 약 1천 명이 증가하였다. 2000년과 2010년에는 각각 58,542명과 58,310명으로 증가한 바 있다.

시 지역은 1990년에 직원 수 평균이 3,241명이었던 것이 2015년 평균 2,540명으로 평균이 낮아졌다. 도 지역은 1990년에 직원 수 평균이 3,862명이었던 것이 2015년 평균 3,926명으로 평균이 높아졌다. 시 지역의 경우 서울과 부산은 1990년에 비해 2015년에 직원 수가 감소했지만 그 이외 지역은 직원 수가 증가하였다. 도 지역의 경우 1990년에 비해 2015년에 경기와 제주는 직원 수가 증가하였으나 그 이외 지역은 직원 수가 감소하였다.

〈표 1-4〉 **직원 수의 변화 추이**   (단위: 명)

연도	학교급	전체		시 지역		도 지역	
		합계	평균 (표준편차)	합계	평균 (표준편차)	합계	평균 (표준편차)
1990	유	5,283	352 (449)	3,354	559 (630)	1,929	214 (229)
	초	24,927	1,662 (1,006)	6,929	1,155 (1,136)	17,998	2,000 (801)
	중	11,101	740 (432	3,623	604 (531)	7,478	831 (356)
	고	12,892	859 (627)	5,540	923 (936)	7,352	817 (368)
	계	54,203	3,613 (2,312)	19,446	3,241 (3,222)	34,757	3,862 (1,640)
2000	유	6,486	405 (451)	3,833	547 (489)	2,653	295 (414)

(계속)

연도	학교급	전체		시 지역		도 지역	
		합계	평균 (표준편차)	합계	평균 (표준편차)	합계	평균 (표준편차)
2000	초	27,356	1,710 (1,063)	9,111	1,301 (1,111)	18,245	2,027 (966)
	중	11,185	699 (417)	3,963	566 (462)	7,222	802 (373)
	고	13,515	845 (525)	5,689	813 (695)	7,826	869 (391)
	계	58,542	3,659 (2,331)	22,596	3,228 (2,730)	35,946	3,994 (2,076)
2010	유	7,212	451 (515)	3,616	516 (488)	3,596	399 (558)
	초	25,519	1,595 (1,133)	8,209	1,173 (946)	17,310	1,923 (1,207)
	중	12,059	754 (559)	4,168	595 (440)	7,891	877 (634)
	고	13,520	845 (591)	5,608	801 (643)	7,912	879 (584)
	계	58,310	3,644 (2,714)	21,601	3,086 (2,503)	36,709	4,079 (2,938)
2015	유	4,925	290 (344)	2,375	297 (216)	2,550	283 (442)
	초	25,472	1,498 (1,169)	8,344	1,043 (955)	17,128	1,903 (1,242)
	중	11,619	683 (564)	4,007	501 (410)	7,612	846 (652)
	고	13,637	802 (680)	5,590	699 (650)	8,047	894 (732)
	계	55,653	3,274 (2,697)	20,316	2,540 (2,213)	35,337	3,926 (3,041)

출처: 교육부, 한국교육개발원(1990, 2000, 2010, 2015).

나. 학교와 학급 규모의 변화

학교와 학급 규모 관련 통계로 학교 수, 학급 수를 살펴보도록 한다.

1) 학교 수

학교 수는 1990년 이래로 계속적으로 증가하는 추세를 보이고 있다. 〈표 1-5〉에 의하면, 1990년에는 18,846개였고, 2015년에는 20,456개로 25년 만에 약 1,500개가 증가하였다. 유치원과 중·고등학교는 증가 추세, 초등학교는 감소 추세다.

시 지역은 1990년에 학교 수 평균이 771개였던 것이 2015년 평균 836개로 평균이 높아지고 표준편차가 감소하였다. 도 지역은 1990년에 학교 수 평균이 1,580개였던 것이 2015년 평균 1,530로 평균이 낮아졌다. 시 지역의 경우 서울은 1990년에 비해 2015년에 학교 수가 감소했지만 그 이외 지역은 학교 수가 증가하였다. 도 지역의 경우 학교 수가 급증한 경기와 동일한 수준을 유지하는 제주를 제외하고 1990년에 비해 2015년에 학교 수가 감소하였다.

〈표 1-5〉 학교 수의 변화 추이   (단위: 명)

연도	학교급	전체		시 지역		도 지역	
		합계	평균 (표준편차)	합계	평균 (표준편차)	합계	평균 (표준편차)
1990	유	8,354	557 (413)	2,341	390 (497)	6,013	668 (331)
	초	6,335	422 (293)	1,067	178 (149)	5,268	585 (249)
	중	2,474	165 (102)	686	114 (109)	1,788	199 (86)

(계속)

연도	학교급	전체		시 지역		도 지역	
		합계	평균 (표준편차)	합계	평균 (표준편차)	합계	평균 (표준편차)
1990	고	1,683	112 (67)	534	89 (77)	1,149	128 (59)
	계	18,846	1,256 (833)	4,628	771 (826)	14,218	1,580 (703)
2000	유	8,494	531 (392)	2,770	396 (346)	5,724	636 (413)
	초	5,267	329 (206)	1,455	208 (155)	3,812	423 (197)
	중	2,731	171 (105)	891	127 (106)	1,840	204 (97)
	고	1,957	122 (79)	706	101 (84)	1,251	139 (76)
	계	18,449	1,153 (772)	5,822	832 (689)	12,627	1,403 (775)
2010	유	8,388	524 (431)	2,595	371 (230)	5,793	644 (522)
	초	5,854	366 (257)	1,726	246 (163)	4,128	459 (285)
	중	3,130	196 (135)	1,030	147 (107)	2,100	233 (147)
	고	2,253	141 (98)	835	119 (90)	1,418	157 (107)
	계	19,625	1,226 (913)	6,186	884 (589)	13,439	1,493 (1,058)
2015	유	8,930	525 (479)	2,921	365 (246)	6,009	668 (598)

(계속)

연도	학교급	전체		시 지역		도 지역	
		합계	평균 (표준편차)	합계	평균 (표준편차)	합계	평균 (표준편차)
2015	초	5,978	352 (272)	1,822	228 (171)	4,156	462 (306)
	중	3,204	188 (144)	1,070	134 (112)	2,134	237 (159)
	고	2,344	138 (110)	876	110 (94)	1,468	163 (122)
	계	20,456	1,203 (996)	6,689	836 (619)	13,767	1,530 (1,181)

출처: 교육부, 한국교육개발원(1990, 2000, 2010, 2015).

2) 학급 수

학급 수는 1990년 이래로 계속적으로 증가하는 추세를 보이고 있다. 〈표 1-6〉에 의하면, 1990년에는 220,554개였고, 2015년에는 268,661개로 25년 만에 약 5만 개 증가하였다.

시 지역과 도 지역으로 나누어 학급 수의 평균을 살펴보면 시 지역은 1990년에 학급 수 평균이 15,464개였던 것이 2015년 평균 14,193개로 평균이 낮아졌다. 도 지역은 1990년에 학급 수 평균이 14,196개였던 것이 2015년 평균 17,235개로 평균이 높아졌다. 시 지역의 경우 서울과 부산은 1990년에 비해 2015년에 학급 수가 감소했지만 그 이외 지역은 학급 수가 증가하였다. 도 지역의 경우 제주와 충북은 학급 수가 약간 급증하였고 경기는 1990년 26,214개에서 2015년 66,041개로 급증한 반면, 그 이외 지역은 1990년에 비해 2015년에 학급 수가 감소하였다.

〈표 1-6〉 학급 수의 변화 추이   (단위: 명)

연도	학교급	전체		시 지역		도 지역	
		합계	평균 (표준편차)	합계	평균 (표준편차)	합계	평균 (표준편차)
1990	유	14,473	965 (770)	5,340	890 (1,038)	9,133	1,015 (597)
	초	117,538	7,836 (5,436)	46,327	7,721 (7,588)	71,211	7,912 (3,964)
	중	45,310	3,021 (2,405)	20,635	3,439 (3,652)	24,675	2,742 (1,252)
	고	43,233	2,882 (2,311)	20,485	3,414 (3,491)	22,748	2,527 (1,172)
	계	220,554	14,704 (10,798)	92,787	15,464 (15,743)	127,767	14,196 (6,959)
2000	유	20,723	1,295 (1,077)	8,693	1,242 (1,064)	12,030	1,337 (1,150)
	초	112,437	7,027 (5,822)	48,850	6,978 (6,203)	63,587	7,065 (5,891)
	중	48,946	3,059 (2,711)	24,168	3,452 (3,428)	24,778	2,753 (2,173)
	고	47,895	2,993 (2,382)	22,694	3,242 (2,988)	25,201	2,800 (1,961)
	계	230,001	14,375 (11,894)	104,405	14,915 (13,672)	125,596	13,955 (11,162)
2010	유	25,670	1,604 (1,500)	10,144	1,449 (1,009)	15,526	1,725 (1,849)
	초	123,933	7,746 (6,969)	52,027	7,432 (5,949)	71,906	7,989 (8,023)

(계속)

연도	학교급	전체		시 지역		도 지역	
		합계	평균 (표준편차)	합계	평균 (표준편차)	합계	평균 (표준편차)
2010	중	58,373	3,648 (3,358)	25,427	3,632 (3,011)	32,946	3,661 (3,787)
	고	58,172	3,636 (3,289)	26,307	3,758 (3,148)	31,865	3,540 (3,581)
	계	266,148	16,634 (15,077)	113,905	16,272 (13,110)	152,243	16,916 (17,236)
2015	유	34,075	2,004 (2,104)	13,814	1,727 (1,202)	20,261	2,251 (2,729)
	초	120,063	7,063 (6,860)	49,996	6,250 (5,485)	70,067	7,785 (8,158)
	중	54,855	3,227 (3,244)	23,678	2,960 (2,728)	31,177	3,464 (3,796)
	고	59,668	3,510 (3,544)	26,055	3,257 (3,057)	33,613	3,735 (4,102)
	계	268,661	15,804 (15,704)	113,543	14,193 (12,453)	155,118	17,235 (18,779)

출처: 교육부, 한국교육개발원(1990, 2000, 2010, 2015).

다. 세입/세출 예산의 변화

교육 세입/세출 예산은 1990년 이래로 대폭 증가하는 추세를 보이고 있다. 〈표 1-7〉에 의하면, 1990년에는 약 5조 원이었고, 2015년에는 약 54조 원으로 25년 만에 10배가량 증가하였다. 시 지역은 1990년에 세입 예산 평균이 약 3천 1백억 원이었던 것이 2015년 평균 약 2조 6천 9백억 원으로 평균이 크게 높아졌다. 도 지역은 1990년에 세입예산 평균이 약

3천 5백억 원이었던 것이 2015년 평균 약 3조 6천 4백억 원으로 평균이 크게 높아졌다.

〈표 1-7〉 세입/세출 예산 변화 추이   (단위: 백만 원)

연도	전체		시 지역		도 지역	
	합계	평균 (표준편차)	합계	평균 (표준편차)	합계	평균 (표준편차)
1990	5,023,490	334,899 (240,285)	1,886,071	314,345 (317,596)	3,137,419	348,602 (193,571)
2000	19,318,097	1,207,381 (856,345)	7,958,444	1,136,921 (933,072)	11,359,653	1,262,184 (845,162)
2010	41,095,372	2,568,461 (1,970,627)	16,815,127	2,402,161 (1,821,038)	24,280,244	2,697,805 (2,179,717)
2015	54,334,099	3,196,123 (2,728,313)	21,549,613	2,693,702 (2,216,680)	32,784,485	3,642,721 (3,179,798)

출처: 교육부, 한국교육개발원(1990, 2000, 2010, 2015).

라. 교육 여건의 변화

지방교육 여건의 변화와 관련된 통계로 학교당 학생 수, 학급당 학생 수, 교원당 학생 수, 학생 1인당 세입예산을 살펴보도록 한다.

1) 학교당 학생 수

학교당 학생 수는 〈표 1-8〉과 같다. 학교당 학생 수는 전체적으로 감소세를 보이고 있고, 유치원은 학교당 학생 수가 약간 증가하였다. 1990년 이래로 초·중·고등학교의 규모는 작아지고 있다.

시 지역은 1990년에 학교당 학생 수 평균이 1,012명이었던 것이 2015년 평균 397명으로 평균이 대폭 낮아졌다. 도 지역은 1990년에 학교당 학

생 수 평균이 360명이었던 것이 2015년 평균 249명으로 평균이 낮아졌
다. 모든 시·도 지역에서 학교당 학생 수가 감소했다.

〈표 1-8〉 학교당 학생 수의 변화 추이　　　　　　　　　　(단위: 명)

연도	학교급	전체			시 지역			도 지역		
		평균 (표준 편차)	최소	최대	평균 (표준 편차)	최소	최대	평균 (표준 편차)	최소	최대
1990	유	56 (23)	29	101	80 (16)	59	101	40 (8)	29	55
	초	1,080 (799)	353	2,466	1,977 (351)	1,523	2,466	483 (189)	353	959
	중	996 (440)	536	1,707	1,485 (212)	1,220	1,707	669 (107)	536	884
	고	1,381 (492)	819	2,387	1,903 (324)	1,482	2,387	1,032 (128)	819	1,153
2000	유	67 (25)	36	107	91 (14)	67	107	49 (12)	36	71
	초	824 (427)	334	1,427	1,246 (128)	1,105	1,427	496 (229)	334	1,065
	중	707 (302)	313	1,123	992 (114)	840	1,123	485 (189)	313	950
	고	1,056 (349)	609	1,624	1,398 (155)	1,185	1,624	790 (170)	609	1,159
2010	유	64 (23)	31	98	86 (9)	69	98	46 (13)	31	73
	초	566 (234)	283	964	786 (97)	662	964	395 (144)	283	741

(계속)

연도	학교급	전체			시 지역			도 지역		
		평균(표준편차)	최소	최대	평균(표준편차)	최소	최대	평균(표준편차)	최소	최대
2010	중	631 (229)	301	919	840 (60)	756	919	469 (167)	301	840
	고	844 (257)	471	1,201	1,065 (88)	962	1,201	673 (206)	471	1,128
2015	유	75 (25)	36	112	97 (10)	75	112	56 (16)	36	87
	초	443 (173)	222	752	580 (108)	382	752	321 (119)	222	605
	중	482 (162)	235	686	596 (109)	347	686	381 (133)	235	669
	고	724 (208)	393	1,035	835 (202)	393	1,035	624 (166)	468	966

출처: 교육부, 한국교육개발원(1990, 2000, 2010, 2015).

2) 학급당 학생 수

학급당 학생 수는 〈표 1-9〉와 같다. 학급당 학생 수는 모든 학교 급에서 감소하는 추세를 보이고 있다. 특히 초등학교는 1990년에 비하여 거의 절반 정도로 줄었다. 학급당 학생 수의 감소는 학급 수 증가와 학생 수 감소의 결과로 보인다.

시 지역은 1990년에 학급당 학생 수 평균이 50명이었던 것이 2015년 평균 25명으로 평균이 낮아졌다. 도 지역은 1990년에 학급당 학생 수 평균이 40명이었던 것이 2015년 평균 24명으로 평균이 낮아졌다. 모든 시·도 지역에서 학급당 학생 수가 감소했다.

〈표 1-9〉 학급당 학생 수의 변화 추이　　　　　　　　　(단위: 명)

연도	학교급	전체			시 지역			도 지역		
		평균(표준편차)	최소	최대	평균(표준편차)	최소	최대	평균(표준편차)	최소	최대
1990	유	29 (4)	23	34	33 (1)	31	34	26 (3)	23	31.22
	초	41 (8)	30	53	49 (2)	47	53	35 (4)	30	44.31
	중	50 (3)	46	54	53 (1)	52	54	48 (1)	46	50.15
	고	52 (2)	50	55	54 (1)	53	55	51 (1)	50	52.04
2000	유	26 (3)	20	31	29 (1)	26	31	25 (2)	20	28.66
	초	35 (5)	26	41	39 (2)	36	41	31 (4)	26	40.56
	중	38 (3)	33	44	39 (3)	34	43	37 (3)	33	43.78
	고	42 (4)	36	47	45 (2)	43	47	40 (3)	36	45.22
2010	유	20 (2)	16	24	22 (1)	21	24	19 (2)	16	21.97
	초	26 (2)	21	29	27 (1)	26	28	24 (2)	21	29.53
	중	33 (2)	30	37	35 (2)	33	37	32 (2)	30	35.89
	고	33 (2)	29	37	35 (1)	33	37	32 (2)	29	36.13

(계속)

연도	학교급	전체			시 지역			도 지역		
		평균 (표준 편차)	최소	최대	평균 (표준 편차)	최소	최대	평균 (표준 편차)	최소	최대
2015	유	20 (2)	15	23	20 (1)	18	23	19 (2)	15	22
	초	22 (2)	18	25	22 (1)	20	24	21 (2)	18	25
	중	28 (2)	21	31	28 (3)	21	30	28 (2)	26	31
	고	30 (2)	23	34	30 (3)	23	34	30 (2)	27	33

출처: 교육부, 한국교육개발원(1990, 2000, 2010, 2015).

3) 교원당 학생 수

교원당 학생 수는 〈표 1-10〉과 같다. 교원당 학생 수는 전체적으로 감소하는 추세를 보이고 있으며, 특히 초등학교는 1990년에 비하여 절반 이하로 크게 줄었다. 교원당 학생 수 감소는 교원 수 증가와 학생 수 감소가 반영된 결과로 보인다.

시 지역은 1990년에 교원당 학생 수 평균이 33명이었던 것이 2015년 평균 14명으로 평균이 낮아졌다. 도 지역은 1990년에 교원당 학생 수 평균이 25명이었던 것이 2015년 평균 13명으로 평균이 낮아졌다. 모든 시·도 지역에서 교원당 학생 수가 감소했다.

〈표 1-10〉 교원당 학생 수의 변화 추이　　　　　　　　　　　(단위: 명)

연도	학교급	전체			시 지역			도 지역		
		평균 (표준 편차)	최소	최대	평균 (표준 편차)	최소	최대	평균 (표준 편차)	최소	최대
1990	유	23 (4)	18	32	23 (4)	19	30	24 (5)	18	32
	초	35 (8)	25	46	44 (2)	41	46	29 (4)	25	39
	중	25 (4)	19	30	29 (1)	29	30	22 (2)	19	26
	고	24 (2)	21	29	26 (1)	25	29	22 (1)	21	24
2000	유	20 (2)	16	24	20 (2)	17	24	19 (2)	16	23
	초	28 (5)	20	34	32 (1)	30	34	24 (4)	20	33
	중	20 (3)	14	25	22 (1)	19	24	18 (3)	14	25
	고	19 (2)	16	23	21 (1)	20	23	18 (2)	16	21
2010	유	14 (1)	12	17	15 (1)	14	17	14 (1)	12	16
	초	18 (2)	15	21	19 (1)	18	21	17 (2)	15	21
	중	18 (2)	15	21	20 (1)	18	21	17 (2)	15	19
	고	15 (1)	13	17	16 (1)	15	17	15 (1)	13	16

(계속)

연도	학교급	전체			시 지역			도 지역		
		평균 (표준 편차)	최소	최대	평균 (표준 편차)	최소	최대	평균 (표준 편차)	최소	최대
2015	유	13 (1)	11	16	13 (1)	12	16	13 (1)	11	14
	초	14 (2)	12	17	15 (1)	13	16	13 (2)	12	17
	중	14 (2)	10	16	14 (2)	10	16	13 (1)	12	15
	고	13 (1)	10	15	13 (2)	10	15	13 (1)	12	15

출처: 교육부, 한국교육개발원(1990, 2000, 2010, 2015).

4) 학생 1인당 세입예산

학생 1인당 세입예산은 〈표 1-11〉과 같다. 1990년 평균 학생 1인당 세입예산은 51만 8천 원이었는데, 2015년에는 932만 7천 원으로 크게 늘었다. 2015년을 기준으로 소비자물가 총지수가 100이고 1990년에는 40.6이라는 점을 볼 때[9] 물가상승률을 고려해도 크게 증가한 값이다.

시 지역은 1990년에 학생 1인당 세입예산의 평균이 41만 7천 원이 었던 것이 2015년 평균 879만 8천 원으로 평균이 높아졌다. 도 지역은 1990년에 학생 1인당 세입예산의 평균이 58만 6천 원이었던 것이 2015년 평균 979만 8천 원으로 평균이 높아졌다. 모든 시·도 지역에서 학생 1인 당 세입예산이 증가하였다.

---

9) 통계청 물가상승률(http://www.index.go.kr/potal/stts/idxMain/selectPoStts
   IdxSearch.do?idx_cd=4027).

〈표 1-11〉 학생 1인당 세입예산의 변화 추이　　　　　　(단위: 천 원)

연도	전체			시 지역			도 지역		
	평균 (표준 편차)	최솟값	최댓값	평균 (표준 편차)	최솟값	최댓값	평균 (표준 편차)	최솟값	최댓값
1990	518 (196)	203	820	417 (54)	368	503	586 (239)	2023	820
2000	2,493 (541)	1,876	3,482	2,041 (173)	1,876	2,332	2,870 (467)	1,948	3,482
2010	5,799 (1,137)	4,250	8,253	4,962 (214)	4,669	5,286	6,507 (1,158)	4,250	8,253
2015	9,327 (2,964)	6,613	18,692	8,798 (4,025)	6,904	18,692	9,798 (1,695)	6,613	12,640

출처: 교육부, 한국교육개발원(1990, 2000, 2010, 2015).

마. 학업성취도(기초학력 미달자 비율)의 변화

학업성취도의 변화를 파악하기 위해 2009년부터 2015년까지 국가수준 학업성취도 평가 자료로 확인할 수 있는 기초학력 미달자 비율을 분석하였다. 2009년부터 2013년까지는 7개 시 지역, 9개 도 지역으로 구분되고 2014년에는 세종특별자치시가 등장하여 8개 시 지역, 9개 도 지역으로 구분된다. 2013년부터 초등학교는 학업성취도 평가가 실시되지 않아 제외되었다.

학업성취도(기초학력 미달자 비율)의 변화 추이는 〈표 1-12〉와 같다. 한국교육과정평가원에서 주관한 국가수준 학업성취도 평가에서 기초학력 미달자의 비율은 초등학교는 2012년까지 감소세를 보였다. 중·고등학교도 감소세를 보이다가 2013년부터는 증가하였고(고2 국어 제외), 2015년에는 다시 감소하였다(중3 영어, 고2 국어 제외). 시·도별 학업성취도(기초학력 미달자 비율) 분포의 편차는 2009년 이래 꾸준히 감소하는 추세를 보이고 있다.

〈표 1-12〉 학업성취도(기초학력 미달자 비율)의 변화 추이   (단위: %)

연도	학교급	과목	전체			시 지역			도 지역		
			평균 (표준편차)	최솟 값	최댓 값	평균 (표준편차)	최솟 값	최댓 값	평균 (표준편차)	최솟 값	최댓 값
2009	초	국어	2.05(0.64)	1.10	3.10	2.01(0.59)	1.20	2.80	2.08(0.72)	1.10	3.10
		수학	1.20(0.37)	0.70	2.00	1.07(0.25)	0.70	1.50	1.30(0.42)	0.90	2.00
		영어	2.46(3.12)	1.00	14.00	1.59(0.32)	1.10	2.00	3.13(4.12)	1.00	14.00
	중	국어	4.18(1.33)	2.80	7.30	3.96(1.13)	2.80	6.10	4.36(1.52)	2.90	7.30
		수학	10.24(2.06)	7.80	14.80	9.46(1.50)	7.80	12.50	10.84(2.31)	8.30	14.80
		영어	4.79(1.10)	3.80	7.60	4.36(0.55)	3.90	5.40	5.13(1.32)	3.80	7.60
	고	국어	1.69(0.78)	0.90	3.70	1.56(0.98)	0.90	3.70	1.80(0.63)	1.00	3.20
		수학	5.02(1.57)	2.90	8.30	4.46(1.83)	2.90	8.30	5.46(1.27)	3.30	7.70
		영어	3.02(1.10)	1.40	5.10	2.56(1.23)	1.40	5.10	3.38(0.89)	2.30	5.00
2010	초	국어	1.16(0.30)	0.70	1.80	1.33(0.27)	1.00	1.80	1.03(0.27)	0.70	1.40
		수학	1.09(0.28)	0.50	1.50	1.19(0.15)	0.90	1.30	1.01(0.34)	0.50	1.50
		영어	2.01(0.50)	0.80	2.80	2.16(0.33)	1.80	2.80	1.90(0.59)	0.80	2.60
	중	국어	3.03(0.79)	2.00	4.70	2.73(0.65)	2.00	3.90	3.26(0.85)	2.20	4.70
		수학	5.80(1.25)	4.20	7.90	5.26(1.03)	4.20	7.20	6.22(1.29)	4.40	7.90
		영어	3.88(0.78)	3.00	5.50	3.46(0.35)	3.00	4.10	4.21(0.88)	3.00	5.50
	고	국어	2.99(1.45)	1.60	6.70	2.97(1.88)	1.60	6.70	3.01(1.13)	1.80	5.20
		수학	3.44(1.19)	1.80	6.20	3.14(1.46)	1.80	6.20	3.68(0.97)	2.20	5.60
		영어	2.86(1.25)	1.20	6.00	2.59(1.66)	1.20	6.00	3.08(0.86)	2.10	4.80

(계속)

연도	학교급	과목	전체			시 지역			도 지역		
			평균 (표준편차)	최솟 값	최댓 값	평균 (표준편차)	최솟 값	최댓 값	평균 (표준편차)	최솟 값	최댓 값
2011	초	국어	0.59(0.14)	0.40	0.80	0.60(0.15)	0.40	0.80	0.59(0.15)	0.40	0.80
		수학	0.94(0.32)	0.50	1.50	0.97(0.30)	0.60	1.40	0.92(0.35)	0.50	1.50
		영어	0.66(0.29)	0.30	1.20	0.63(0.31)	0.30	1.20	0.69(0.29)	0.30	1.00
	중	국어	1.29(0.42)	0.60	2.00	1.16(0.48)	0.60	1.90	1.40(0.36)	0.80	2.00
		수학	3.74(0.88)	2.50	5.40	3.34(0.71)	2.50	4.80	4.04(0.91)	2.90	5.40
		영어	1.24(0.33)	0.90	1.80	1.09(0.29)	0.90	1.60	1.36(0.33)	0.90	1.80
	고	국어	1.36(0.84)	0.60	3.50	1.26(1.01)	0.60	3.50	1.44(0.74)	0.70	2.90
		수학	3.27(1.43)	1.70	6.70	2.96(1.69)	1.70	6.70	3.51(1.24)	2.00	6.10
		영어	2.76(1.14)	1.50	5.10	2.37(1.22)	1.50	5.00	3.07(1.04)	1.60	5.10
2012	초	국어	0.48(0.24)	0.10	0.90	0.44(0.24)	0.20	0.90	0.52(0.24)	0.10	0.80
		수학	0.81(0.44)	0.20	1.60	0.75(0.43)	0.30	1.50	0.87(0.46)	0.20	1.60
		영어	0.69(0.42)	0.10	1.40	0.60(0.42)	0.20	1.40	0.77(0.44)	0.10	1.40
	중	국어	0.93(0.44)	0.30	1.70	0.84(0.45)	0.30	1.60	1.01(0.44)	0.30	1.70
		수학	3.30(1.06)	1.90	4.90	3.01(1.04)	2.00	4.60	3.56(1.07)	1.90	4.90
		영어	2.00(0.65)	1.00	3.10	1.85(0.53)	1.10	2.50	2.13(0.74)	1.00	3.10
	고	국어	1.26(0.99)	0.30	3.80	1.15(1.12)	0.30	3.80	1.36(0.92)	0.40	3.40
		수학	3.21(1.57)	1.60	6.60	3.08(1.73)	1.70	6.60	3.32(1.50)	1.60	6.60
		영어	1.82(0.98)	0.80	4.00	1.65(1.10)	0.80	4.00	1.97(0.90)	1.00	4.00
2013	중	국어	1.18(0.46)	0.20	2.10	1.09(0.39)	0.50	1.50	1.26(0.53)	0.20	2.10
		수학	4.85(1.63)	2.10	7.40	4.54(1.48)	2.40	6.90	5.13(1.79)	2.10	7.40
		영어	3.11(1.07)	0.90	4.80	2.93(0.88)	1.60	4.10	3.28(1.24)	0.90	4.80
	고	국어	1.94(1.16)	0.50	5.10	1.79(1.43)	0.50	5.10	2.07(0.92)	0.50	3.80
		수학	3.61(1.80)	1.20	7.40	3.55(2.11)	1.70	7.40	3.67(1.61)	1.20	6.60
		영어	2.18(1.24)	0.60	5.10	2.14(1.57)	0.70	5.10	2.22(0.95)	0.60	3.90

(계속)

연도	학교급	과목	전체			시 지역			도 지역		
			평균 (표준편차)	최솟 값	최댓 값	평균 (표준편차)	최솟 값	최댓 값	평균 (표준편차)	최솟 값	최댓 값
2014	중	국어	1.98(0.68)	1.00	3.10	1.81(0.73)	1.00	3.00	2.13(0.63)	1.00	3.10
		수학	5.56(1.71)	3.00	8.50	4.96(1.44)	3.40	6.80	6.10(1.83)	3.00	8.50
		영어	3.19(1.19)	1.20	5.40	2.78(1.06)	1.60	4.40	3.56(1.24)	1.20	5.40
	고	국어	0.98(0.64)	0.30	2.80	0.91(0.87)	0.30	2.80	1.04(0.38)	0.40	1.50
		수학	4.42(1.71)	2.20	7.50	4.03(1.81)	2.70	7.50	4.77(1.63)	2.20	7.20
		영어	4.78(2.39)	1.70	9.40	4.53(3.04)	2.30	9.40	5.01(1.79)	1.70	7.70
2015	중	국어	2.61(1.07)	0.80	4.20	2.25(1.12)	0.80	4.20	2.92(0.98)	1.30	4.10
		수학	4.54(1.48)	1.80	6.90	3.88(1.47)	1.80	6.40	5.13(1.30)	2.80	6.90
		영어	3.34(1.37)	0.90	5.50	2.80(1.43)	0.90	5.10	3.81(1.20)	1.60	5.50
	고	국어	1.91(1.19)	0.30	5.40	1.84(1.64)	0.30	5.40	1.98(0.70)	0.60	2.90
		수학	4.18(2.09)	1.20	8.90	3.70(2.44)	1.20	8.90	4.61(1.76)	1.60	7.40
		영어	3.44(1.72)	0.90	7.10	3.08(2.07)	0.90	7.10	3.77(1.39)	1.10	5.90

출처: 김경희 외(2011a, 2011b, 2012a, 2012b, 2013a, 2013b); 김성숙 외(2010a, 2010b, 2010c); 김수진 외(2016a, 2016b); 남궁지영, 우명숙(2010, 2012); 시기자 외(2014a, 2014b); 이인호, 배주경, 김성혜(2015); 이인호, 이상일, 김승현(2015); 이인호, 조윤동, 이광상(2015).

지방교육의 변화 양상을 파악할 수 있는 통계로 1990년 이래 학교 구성원 수, 학교와 학급 규모, 세입/세출 예산, 교육 여건, 학업성취도의 변화 추이를 살펴보았다. 학생 수는 크게 감소한 반면, 교원 수와 학교 수, 학급 수는 증가하였고, 세입예산은 대폭 증가하였다. 또한 학교당 학생 수, 학급당 학생 수, 교원당 학생 수가 감소하고 학생 1인당 세입/세출 예산이 큰 폭으로 증가하여 교육 여건은 점점 좋아지는 것으로 나타났다. 모든 시·도에서 예외 없이 교육 여건 지표가 향상되었고, 시 지역과 도 지역의 격차가 줄어드는 모습을 보였다.

　지방교육의 변화를 학업성취 측면에서 파악하기 위해 한국교육과정 평가원에서 주관한 학업성취도 평가 결과를 제한적으로 살펴본 결과, 2009년 이후 기초학력 미달자의 비율은 초등학교는 2012년까지 감소세를 보였고, 중·고등학교도 감소세를 보이다가 2013년부터 증가하였고, 2015년에 다시 감소하였다. 시·도별 학업성취도(기초학력 미달자 비율) 분포의 편차는 2009년 이래 꾸준히 감소하는 추세를 보이고 있다.

　이상으로 지방교육자치제의 변천 과정을 간략히 살펴보고, 그간 제기된 지방교육자치의 주요 이슈를 정리하며, 통계와 자료를 통하여 최근 25년간 지방교육의 변화 양상을 확인하였다. 여기에서 제시한 변화들이 지방교육자치제의 직접적인 성과라 할 수는 없지만, 지방교육자치를 통해 발전한 한국의 지방교육, 즉 학교교육의 성장과정을 확인하는 기초자료가 될 수 있을 것이다.

제**2**장
교육감 제도의
성과와 과제

고전

지방교육행정기관의 장(長)인 교육감은 독임제(獨任制)[1] 집행기구로
서 성격을 가지며, 당해 지방자치단체 유·초·중등교육 행정의 총괄적
책임자이다. 교육·학예에 관한 사항이 지방자치단체의 고유사무임에
도 시·도지사가 아닌 별도의 집행자를 두어 단독으로 결정한다는 점에
서 독임제라고 할 수 있다. 국가 위임사무뿐만 아니라 고유한 지방자치
단체의 교육행정 사무를 집행기구로서 교육감의 지방교육에 있어서의
영향력은 실로 막대하다.

지방선거에서 주민직선으로 당선되는 교육감의 대표성은 교육분야에
서 당해 시·도를 대표하며, 교육청 내 직원은 물론 당해 지역 교육기관
의 교원과 직원에 대한 광범위한 인사권과 재정권을 행사한다. 최근에
는 과거의 분리·독립 일변도에서 벗어나 시·도지사 및 지방의회와의
역할 분담 및 상호협력이 강조되고 있다.

2007년 2월에 부산 교육감 선거에서부터 도입된 교육감 직선제는 교육
현장의 목소리와 교육 수요자들의 요구에 민감히 반응한다는 점에서 지역
주민과 학부모들로부터 높은 호응을 받아 긍정적인 평가를 받고 있다.

---

1) 독임제란 단독으로 의사결정권을 행사한다는 의미를 갖는데, 이전의 교육위원
회가 합의제 집행기구였던 시기(교육위원들의 합의체)와는 달리 교육감이 집행
기구가 된 것을 표현한 것에서 유래한다.

그러나 지방선거와 동시에 실시된 2010년 및 2014년 교육감 선거에서 나타난 과중한 선거비용 부담 문제와 홍보 부족 문제, 그리고 진보 성향 후보 당선의 편향성 등으로 인하여 선거 방법 개선에 대한 논의도 지속적으로 제기되고 있다. 본문에서는 교육감 선거의 판단 기준과 남겨진 과제에 대하여 알아본다.

1. 개관

가. 교육감의 의의

교육감은 「지방교육자치에 관한 법률」[2] 제18조를 직접적인 설치근거로 하며 시·도의 교육·학예[3]에 관한 사무의 집행기관이다. 「지방자치법」상 교육감의 설치 근거는 제121조(교육·과학 및 체육에 관한 기관)에서 지방자치단체의 '별도 집행기관'[4]으로 규정한 데 있다. 지방자치단체의 집행기관(자치단체장, 보조기관, 소속행정기관, 하부행정기관)과는 구분된 제5의 기관이다.

---

2) 국가법령정보센터에 「지방교육자치에 관한 법률」(법률14839호, 2017. 7. 26. 시행)은 「교육자치법」으로 약칭 예시하고 있으나, 이 법은 중앙 단위의 교육자치와 학교 단위의 교육자치는 포함하고 있지 않고 지방교육행정에 한정하므로 이 책에서는 「지방교육자치법」으로 약칭한다.

3) 「지방교육자치법」제2조(교육·학예사무의 관장) 지방자치단체의 교육·과학·기술·체육 그 밖의 학예(이하 '교육·학예'라 한다)에 관한 사무는 특별시·광역시 및 도(이하 '시·도'라 한다)의 사무로 한다.

4) 「지방자치법」제5절 교육·과학 및 체육에 관한 기관 제121조(교육·과학 및 체육에 관한 기관) ① 지방자치단체의 교육·과학 및 체육에 관한 사무를 분장하기 위하여 별도의 기관을 둔다. ② 제1항에 따른 기관의 조직과 운영에 관하여 필요한 사항은 따로 법률로 정한다.

동시에 교육감은 지방교육자치에 있어서 의결기능을 담당하는 지방 의회(소관 상임위원회는 교육위원회)와 더불어 핵심적인 교육자치기구로서 시 · 도교육청의 사무를 총괄하는 책임자이다.

현재 한국의 지방교육자치제도는 광역 수준에서 실시되고 있는 만큼, 교육감의 교육행정은 당해 자치단체의 교육발전을 좌우하는 행정의 정점에 있다. 더구나 교육감은 시 · 도지사와 함께 동일한 지역주민으로부터 지방선거를 통해 같은 날 선출되었다는 점에서 광역 지역의 주민 의사를 대표하며 당해 지역의 교육 · 학예에 관한 사무를 집행하고 대표하는 명실상부한 민주적 정당성을 확보하였다.

후보자들은 주민들에게 주요 교육정책 공약을 발표하고 주민들로부터 직접 선택된 집행기관의 장이라는 점에서, 교육감의 선거공약 실천과 그 성과에 따른 재선 여부가 곧 교육행정에 대한 주민통제의 의미를 지니며, 임기 수행 중에는 시 · 도지사와 마찬가지로 주민소환의 대상이 될 수 있다.

교육감은 「지방교육자치법」을 통해서 17개 관장사무를 처리하는 권한을 부여받고 있으며, 이외에도 국가행정사무로부터의 위임사무를 분장하고 있다. 관할 교육청의 교원과 직원을 비롯한 방대한 인력을 임용하는 권한 역시 위임 받은 권한이며, 교육감의 이런 인사권을 두고 제왕적 교육감이라고 칭하기도 한다.

한편, 교육감은 교육통치구조에 있어서 중앙정부와 관련하여서는 교육부장관과 교육분권을 통해 역할분담하여야 할 위치에 놓여 있으며, 지방정부와 관련해서는 시 · 도청 및 시 · 도지사와 연계 · 협력을 통하여 상호협력할 것을 요구받고 있다.

교육감의 주민대표성이 시 · 도지사에 버금갈 정도로 향상되어 있는 만큼, 이들 통치기관 간의 갈등은 상존한다 할 것이며, 이들과의 의사소통을 통하여 지역의 교육을 발전시키는 교육감의 리더십이 그 어느 때보다도 중요시되고 있다.

나. 교육감 제도를 둘러싼 최근의 동향

효율적 종합행정의 기치를 내건 행정개혁 입법인 「지방분권 및 지방행정 체제개편에 관한 특별법」(2013, 이하 「지방분권특별법」이라 한다)은 제12조(특별지방행정기관의 정비)에서 '국가의 교육자치와 지방자치의 통합 노력 의무'를 규정하고 있어서 지방교육자치에 일대 변화가 예고되고 있다.

이미 2010년부터 이러한 방향에 따라 독립적으로 있던 사전 심의의결 기관이었던 기존의 교육위원회는 지방의회 내 상임위원회로 통합되었고, 교육의원 제도는 제주특별자치도를 제외하고는 2014년부터 폐지되어 일반 지방의원들만으로 교육위원회를 구성하게 되었다.

지방교육자치제도의 전통적 원리인 지방분권, 자주성 존중, 전문적 관리, 주민통제의 원리[5]에 변화가 예상된다. 지방의회로의 교육위원회의 흡수·통합에 따른 전문적 통제의 약화 문제가 지적되고 있다.

그동안 일반행정으로부터 분리·독립을 강조하여 왔던 교육계 역시, 실질적인 지방교육자치의 실현을 위하여 일반행정 및 지방자치단체와의 연계·협력이 강화될 필요가 있다는 데에는 어느 정도 공감하고 있다. 그러나 통합에는 여전히 강한 거부감을 보이고 있고 시민들의 주민 직선제에 대한 선호도도 여전히 높다.

이런 가운데 「지방분권특별법」상의 지방자치 발전계획을 수립하고 있는 지방자치발전위원회(대통령직속)에서는 교육감과 관련하여서는 국민 의견을 수렴하여 교육의 자주성·전문성·정치적 중립성 확립을 강화할 수 있는 선출 개선방안을 만들겠다는 기본 방향을 설정하기도 했다.

─────────────

5) 백현기가 집필한 『교육행정학』(1958)의 교육의 자주성, 지방분권주의, 교육행정의 분리독립, 민주주의에서 비롯된 원리이다. 김종철은 이것을 지방분권, 민중통제, 일반행정으로부터의 분리독립, 전문적 관리라 했고, 윤정일이 위의 표현으로 순화한 것이다. 이에 대하여는 고전(2018)을 참고하길 바란다.

　교육감 선출방식은 크게 직선제를 유지하려는 교육계와 시·도지사에 의한 임명제를 선호하는 일반행정계로 나뉘어 의견 대립을 보이고 있다. 그런가 하면, 기존의 개선 논의들이 지나치게 선출방법에만 한정되어 있고, 민주적 정당성에 걸맞은 교육감 권한의 조정이 되지 못한 문제라거나 학교현장 및 학부모·학생이 체감할 수 있는 학교자치를 꽃피우는 것이 지방교육자치 행정의 종국적인 목표가 되어야 한다는 자성의 목소리도 높아지고 있다.

　이 장에서는 해방 이후 교육감직의 변천 과정에 대하여 개관하고, 관련 법령을 중심으로 현행 교육감 제도의 특징을 알아본다.

　교육감제의 성과로는 교육감의 민주적 정당성의 확대(이중간선 → 학운위간선 → 주민직선), 교육감 선거 방법의 합리성 확대(투표율↑ 기호·순서효과↓), 교육감의 적극적 정책개발 효과(경기도교육청 교육혁신의 파급↑), 그리고 시·도지사 간 교육감 간 협력 체제(지나친 분리·독립의 한계 공감대↑) 등의 측면에서 살펴본다.

　주요 쟁점으로는 선출방법(직선제 유지론 vs. 임명제 도입론), 입후보자 요건(교육경력·비정당원의 자격제한의 유지론 vs. 폐지론), 교육자치 정당성(입법부 재량론 vs. 직선제 위헌론), 그리고 지방자치발전위원회의 통합론 해석(교육자치폐지론 vs. 지방자치발전론)의 관점에서 살펴본다.

　끝으로, 이러한 성과에 비추어 본 과제를 다섯 측면, 즉 교육감의 권한 조정 과제(민주적 정당성에 비례할 17개 권한의 재검토), 교육감 선거 비용의 비효율성 해소 과제(선거관리위원회에 의한 선거공영제 확대), 국회 상임위원회를 통한 입법논의 정상화 과제(지방자치발전위원회의 정치적 모험 반성), 교육감 갈등상황에의 대처 과제(장관·시·도지사의 역할분담·상호협력), 그리고 지방교육자치제의 원리의 재해석 과제(원리 간 균형과 체감자치론) 등에 관하여 검토하였다.

2. 변천 과정

가. 교육감 선임 방법의 변화

1949년 「교육법」 제정 당시 군(郡)을 단위로 하는 교육구(教育區) 제도가 규정되어 있었으나 한국전쟁으로 지연되었다. 1952년 5월 24일 시·읍교육위원회 위원이 선출되고, 6월 4일 교육감이 선임되어 교육행정이 시장·군수가 관장하던 내무행정에서 벗어나 독립하였고 1961년 군사정변까지 계속되었다(조성일, 신재흡, 2005). 1963년에는 시·도 단위 교육위원회제(집행기구, 위원은 장관이 임명) 및 도교육감제(교육위원회 추천 후 장관을 거쳐 대통령이 임명)를 신설했다.

1991년 지방자치 실시와 함께 제정된 「지방교육자치에 관한 법률」에서는 교육감을 교육위원회에서 무기명 선출토록 했다. 교육위원 중에서 과반수 결선투표를 행하는 이른바 교황식 투표가 시작되었다. 1995년 이 「지방교육자치법」을 개정하여 교육감 후보의 교육 및 교육행정경력을 20년에서 15년으로 완화시켰다.

1997년 개정 법률은 학교운영위원회 선거인(97%)과 교원 선거인(3%)을 통해 교육감을 간접 선출토록 했는데, 후보자의 경력 연수는 5년으로 하향 조정했다.

최초의 교육감 직선제는 부산에서 2007년 2월 14일에 실시되었으나 투표율은 15.3%에 머물러 큰 과제를 남겼다. 같은 해 12월 대통령선거와 함께 실시된 네 곳의 교육감 선거에서는 투표율은 확보되었으나 대통령 당선인과 같은 기호(2번)의 교육감 후보가 모두 당선되어 이른바 기호효과의 문제를 드러냈다.

2014년에는 처음으로 경력요건을 폐지하고 '가로 열거형 순환 배열 투표방식'[6)]으로 실시되었고, 7월부터는 다시 3년의 교육 관련 경력요건을 부활시켰다.

〈표 2-1〉은 교육감 선임 방법 및 후보 자격 요건의 변화를 표로 나타
낸 것이다.

〈표 2-1〉 교육감 선임 방법 및 후보 자격 요건의 변화

시기		선임 방법 및 후보 자격 요건	특이 사항
임명기	1949~1961	교육위원회 추천, 도지사 장관 제청, 대통령 임명(교육·교육행정경력 7년 이상 요건)	「교육법」에 근거
	1962~1990	교육위원회 추천, 장관 제청, 대통령 임명(1988년 개정 시 교육·교육전문직경력 20년 이상자)	1962년 교육감제 일시 폐지, 1988년 개정 「교육법」은 미시행
민선·간선기	1991~1994 (1991. 3. 8.)	교육위원회에서 무기명 투표 과반수 득표자 당선(학식·덕망, 비정당원, 교육전문직경력 20년 이상자)	15개 시·도교육위 주관 선거, 1991년 「지방교육자치법」 제정
	1995~1996 (1995. 7. 26.)	투표방법 상동(학식·덕망, 비정당원, 교육·교육공무원으로서 교육행정경력 15년 이상자)	시·도교육위 주관 선거
	1997~1999 (1997. 12. 17.)	교육감 선거인단 구성 간접 선거(1인 1기표제; 학운위 선거인 97%, 교원단체추천 선거인 3%; 학식·덕망, 비정당원, 경력은 5년으로 축소)	학운위(1997 국공, 1999 사립), 울산광역시 추가(1997. 8. 22.), 1998년 기탁금 신설(3천만 원), 경력 5년자 당선례(2000. 10.)

(계속)

---

6) 투표용지에 기입된 후보의 기입 순위를 번호로 표기하지 않으며, 기초의원 선거
구별로 후보의 선후 순위를 다르게 표기하여(전체적으로는 선순위에 기입한 경
우가 같도록) 초두효과를 최소화한 방식이다.

시기		선임 방법 및 후보 자격 요건	특이 사항
민선·간선기	2000~2006 (2000. 1. 28.)	학운위 위원 전원으로 구성 선거인단 간접선거(학식·덕망, 2년간 비정당원, 경력 5년은 동일)	경력 9년자 당선(2003. 10.), 시·도선관위 주관 선거
직선기	2007~2009 (2006. 12. 20.)	주민추천 등록 후 직선(임기는 2010. 6. 30.까지; 2년간 비정당원, 경력 5년 이상, 계속재임 3기 허용)	「제주특별자치도법」(2006. 2. 9.), 「공직선거법」(기탁금 5천만 원)
	2010~2014 (2010. 2. 26.)	1년간 비정당원 경력 완화, 교육공무원으로서 경력조건 삭제(부교육감 출마 허용), 후원회 허용	2014년부터 자격요건 폐지, 주민소환제 적용
	2014~현재 (2014. 2. 6.)	가로 열거형 순환 배열 투표용지 전환, 3년의 교육·교육행정 입후보요건 조정 (2014. 7. 시행부터)	2014. 6. 4. 선거에서만 자격요건 폐지 방식으로 최초로 적용

출처: 고전(2010b: 74)의 표에 2010년 이후를 추가·보완하여 제시함.

나. 현행 교육감 제도 개관

1) 교육감직의 법적 지위: 지방자치단체의 교육·학예사무 집행기관

「지방자치법」상 교육·학예에 관한 사항은 지방자치단체의 사무 범위로 규정되어 있다.[7] 구체적으로 시·도교육청에서 관할하는 유·초·중등학교의 설치·운영·지도에 관한 사항은 자치단체 고유의 사무로 되어 있다.

---

7) 「지방자치법」 제9조(지방자치단체의 사무 범위) ① 지방자치단체는 관할 구역의 자치사무와 법령에 따라 지방자치단체에 속하는 사무를 처리한다. ② 제1항에 따른 지방자치단체의 사무를 예시하면 다음 각 호와 같다. 다만, 법률에 이와 다른 규정이 있으면 그러하지 아니하다. (중략)
5. 교육·체육·문화·예술의 진흥에 관한 사무

교육감직을 '독임제 집행기관'으로 표현하는데, 이는 과거 1991년 이전 교육위원회가 합의제 집행기관이던 경우와 대비하여 일컫는 데서 유래한다. 그러나 오늘날 독임성은 앞과 같은 지방자치단체의 집행기관인 '지방자치단체장'이나 '보조나 소속이나 하부행정기관이 아닌' 교육·과학 및 체육에 관한 별도의 집행기관으로서 성격도 의미한다.

> 「지방교육자치법」 제18조(교육감)
> ① 시·도의 교육·학예에 관한 사무의 집행기관으로 시·도에 교육감을 둔다.
> ② 교육감은 교육·학예에 관한 소관 사무로 인한 소송이나 재산의 등기 등에 대하여 당해 시·도를 대표한다.

2) 교육감의 사무 및 권한: 위임사무 및 관장사무

① 교육감 고유한 관장사무 17가지

교육감은 앞의 고유사무 외에도 국가행정사무 중 시·도에 위임하는 교육·학예에 관한 사무를 분장받고 있다.[8] 국가공무원 신분인 학교장의 임용과 교사의 임용을 위임받는 권한은 대표적인 권한이다. 교육감의 임기는 4년이며(계속 재임은 3기에 한함), 겸직은 금지되어 있다.[9]

      가. 유아원·유치원·초등학교·중학교·고등학교 및 이에 준하는 각종 학교의 설치·운영·지도
      나. 도서관·운동장·광장·체육관·박물관·공연장·미술관·음악당 등 공공교육·체육·문화시설의 설치 및 관리
      다. 지방문화재의 지정·보존 및 관리
      라. 지방문화·예술의 진흥
      마. 지방문화·예술단체의 육성

8) 「지방교육자치법」 제19조(국가행정사무의 위임) 국가행정사무 중 시·도에 위임하여 시행하는 사무로서 교육·학예에 관한 사무는 교육감에게 위임하여 행한다. 다만, 법령에 다른 규정이 있는 경우에는 그러하지 아니하다.

1. 조례안의 작성 및 제출에 관한 사항
2. 예산안의 편성 및 제출에 관한 사항
3. 결산서의 작성 및 제출에 관한 사항
4. 교육규칙의 제정에 관한 사항
5. 학교, 그 밖의 교육기관의 설치·이전 및 폐지에 관한 사항
6. 교육과정의 운영에 관한 사항
7. 과학·기술교육의 진흥에 관한 사항
8. 평생교육, 그 밖의 교육·학예진흥에 관한 사항
9. 학교체육·보건 및 학교환경정화에 관한 사항
10. 학생통학구역에 관한 사항
11. 교육·학예의 시설·설비 및 교구(敎具)에 관한 사항
12. 재산의 취득·처분에 관한 사항
13. 특별부과금·사용료·수수료·분담금 및 가입금에 관한 사항
14. 기채(起債)·차입금 또는 예산 외의 의무부담에 관한 사항
15. 기금의 설치·운용에 관한 사항
16. 소속 국가공무원 및 지방공무원의 인사관리에 관한 사항
17. 그 밖에 당해 시·도의 교육·학예에 관한 사항과 위임된 사항

② 교육규칙 제정권

교육감은 법령 또는 조례의 범위 안에서 그 권한에 속하는 사무에 관하여 교육규칙을 제정할 수 있다(제25조).

---

9) 「지방교육자치법」 제23조(겸직의 제한) ① 교육감은 다음 각 호의 어느 하나에 해당하는 직을 겸할 수 없다.
  1. 국회의원·지방의회의원·교육의원
  2. 「국가공무원법」 제2조에 규정된 국가공무원과 「지방공무원법」 제2조에 규정된 지방공무원 및 「사립학교법」 제2조의 규정에 따른 사립학교의 교원
  3. 사립학교경영자 또는 사립학교를 설치·경영하는 법인의 임·직원
  ② 교육감이 당선 전부터 제1항의 겸직이 금지된 직을 가진 경우에는 임기개시일 전일에 그 직에서 당연 퇴직된다.

③ 교육감 사무의 위임 및 위탁

「지방교육자치법」제26조(사무의 위임·위탁 등)에 따르면 ① 교육감은 조례 또는 교육규칙이 정하는 바에 따라 그 권한에 속하는 사무의 일부를 보조기관, 소속교육기관 또는 하급교육행정기관에 위임할 수 있다.

④ 직원의 임용 등

소속 공무원을 지휘·감독하고 법령과 조례·교육규칙이 정하는 바에 따라 그 임용·교육훈련·복무·징계 등에 관한 사항을 처리한다.

⑤ 시·도의회 등의 의결에 대한 재의와 제소

교육감은 교육·학예에 관한 시·도의회의 의결이 법령에 위반되거나 공익을 현저히 저해한다고 판단될 때에는 그 의결사항을 이송받은 날부터 20일 이내에 이유를 붙여 재의를 요구할 수 있다.

교육감이 교육부장관으로부터 재의요구를 하도록 요청받은 경우에는 시·도의회에 재의를 요구하여야 한다. 재의요구가 있을 때에는 재의요구를 받은 시·도의회는 재의에 붙이고 시·도의회 재적의원 과반수의 출석과 시·도의회 출석의원 3분의 2 이상의 찬성으로 전과 같은 의결을 하면 그 의결사항은 확정된다.

재의결된 사항이 법령에 위반된다고 판단될 때에는 교육감은 재의결된 날부터 20일 이내에 대법원에 제소할 수 있다.

⑥ 교육감의 선결처분 및 의안의 제출 등

교육감은 소관 사무 중 시·도의회의 의결을 요하는 사항에 대하여 특정 경우[10]에는 선결처분을 할 수 있다. 선결처분은 지체 없이 시·도의회에 보고하여 승인을 얻어야 한다.

교육감은 교육·학예에 관한 의안 중 다음 각 호[11]의 어느 하나에 해당하는 의안을 시·도의회에 제출하고자 할 때에는 미리 시·도지사와 협의하여야 한다.

⑦ 시·도의회 사무의 지원(2015. 6. 22. 신설, 2015. 12. 23. 시행)

시·도의회의 교육·학예에 관한 사무를 처리하기 위하여 조례로 정하는 바에 따라 시·도의회의 사무처에 지원조직과 사무직원(지방공무원)을 두며, 시·도의회의장의 추천에 따라 교육감이 임명한다.

3) 교육감의 보조기관 및 소속기관

「지방교육자치법」 제30조(보조기관)에 따르면 교육감 소속하에 국가공무원으로 보하는 부교육감 1인(인구 800만 명 이상이고 학생 170만 명 이상인 시·도는 2인)을 두되, 대통령령이 정하는 바에 따라 「국가공무원법」 제2조의2의 규정에 따른 고위공무원단에 속하는 일반직공무원 또는 장학관으로 보한다.

부교육감은 당해 시·도의 교육감이 추천한 자를 교육부장관의 제청으로 국무총리를 거쳐 대통령이 임명한다. 부교육감은 교육감을 보좌하여 사무를 처리한다.

---

10) 1. 시·도의회가 성립되지 아니한 때(시·도의회의원의 구속 등의 사유로 「지방자치법」 제64조의 규정에 따른 의결정족수에 미달하게 된 때를 말한다.)
  2. 학생의 안전과 교육기관 등의 재산보호를 위하여 긴급하게 필요한 사항으로서 시·도의회가 소집될 시간적 여유가 없거나 시·도의회에서 의결이 지체되어 의결되지 아니한 때
11) 1. 주민의 재정적 부담이나 의무부과에 관한 조례안
  2. 지방자치단체의 일반회계와 관련되는 사항

4) 교육감의 소환 및 퇴직

주민직선제의 도입에 따라 2010년부터 교육감에게도 주민소환제도[12]를 적용하고 있다. 즉, 지방교육자치에 관한 주민의 직접참여를 확대하고 지방교육행정의 민주성과 책임성을 제고하기 위함이다. 또한 2010년 2월 개정에서는 교육감의 퇴직사유를 명확하게 규정했다.[13]

5) 지방교육에 관한 협의

교육감은 시·도지사와 함께 지방교육행정협의회를 운영할 책임이 있다. 즉, 「지방교육자치법」 제41조(지방교육행정협의회의 설치)에 따르면, ① 지방자치단체의 교육·학예에 관한 사무를 효율적으로 처리하기 위하여 지방교육행정협의회를 둔다. ② 제1항의 규정에 따른 지방교육행정협의회의 구성·운영에 관하여 필요한 사항은 교육감과 시·도지사가 협의하여 조례로 정한다.

또한 각 시·도교육감들은 전국적인 교육감 협의체를 둘 수 있다. 즉,

---

12) 제24조의2(교육감의 소환) ① 주민은 교육감을 소환할 권리를 가진다. ② 교육감에 대한 주민소환투표사무는 제44조에 따른 선거관리위원회가 관리한다. ③ 교육감의 주민소환에 관하여는 이 법에서 규정한 사항을 제외하고는 그 성질에 반하지 아니하는 범위에서 「주민소환에 관한 법률」의 시·도지사에 관한 규정을 준용한다.

13) 제24조의3(교육감의 퇴직) 교육감이 다음 각 호의 어느 하나에 해당된 때에는 그 직에서 퇴직된다.
  1. 교육감이 제23조 제1항의 겸임할 수 없는 직에 취임한 때
  2. 피선거권이 없게 된 때(지방자치단체의 구역이 변경되거나, 지방자치단체가 없어지거나 합쳐진 경우 외의 다른 사유로 교육감이 그 지방자치단체의 구역 밖으로 주민등록을 이전함으로써 피선거권이 없게 된 때를 포함한다.)
  3. 정당의 당원이 된 때
  4. 제3조에서 준용하는 「지방자치법」 제97조에 따라 교육감의 직을 상실할 때
     [본조신설 2010. 2. 26.]

「지방교육자치법」 제42조(교육감 협의체)에 따르면 주요 설립 목적 및 기능은 다음과 같다.

① 교육감은 상호 간의 교류와 협력을 증진하고, 공동의 문제를 협의하기 위하여 전국적인 협의체를 설립할 수 있다.

② 협의체를 설립한 때에는 당해 협의체의 대표자는 이를 지체 없이 교육부장관에게 신고하여야 한다.

③ 협의체는 지방교육자치에 직접적 영향을 미치는 법령 등에 관하여 교육부장관을 거쳐 정부에 의견을 제출할 수 있으며, 교육부장관은 제출된 의견을 관계 중앙행정기관의 장에게 통보하여야 한다(최근 개정을 통해 관계 기관장으로 하여금 교육부장관에게 심의결과를 통보할 의무가 추가됨, 2015. 6. 22.).

④ 교육부장관은 제출된 의견에 대한 검토 결과 타당성이 없다고 인정하면 구체적인 사유 및 내용을 명시하여 협의체에 통보하여야 하며, 타당하다고 인정하면 관계 법령 등에 그 내용이 반영될 수 있도록 적극 협력하여야 한다.

⑤ 관계 중앙행정기관의 장은 제3항에 따라 통보받은 내용에 대하여 통보를 받은 날부터 2개월 이내에 타당성을 검토하여 교육부장관에게 그 결과를 통보하여야 하고, 교육부장관은 통보받은 검토 결과를 협의체에 지체 없이 통보하여야 한다.

⑥ 협의체는 지방교육자치와 관련된 법률의 제정·개정 또는 폐지가 필요하다고 인정하는 경우에는 국회에 서면으로 의견을 제출할 수 있다.

⑦ 국가는 협의체에 대하여 그 운영 등에 필요한 재정을 지원할 수 있다(제4~7항은 2015. 6. 22. 법 개정 시 추가된 부분).

⑧ 협의체의 설립신고와 운영 그 밖의 필요한 사항은 대통령령으로 정한다.

이로써 일반 지방자치단체 장 및 의회 협의체나 연합체와 동일하게 시·도교육감협의체에게도 장관을 통한 중앙기관장으로의 의견 통보권 및 그 결과를 통보받을 권리, 국회에의 법률안 제출권 및 협의체가 재정을 지원받을 수 있는 권리 등에 있어서 보장받고 있다.

6) 교육감의 선출방법

① 교육감후보자의 자격

당해 시·도지사의 피선거권이 있는 사람으로서 후보자 등록신청 개시일부터 과거 1년 동안 정당의 당원이 아닌 사람이어야 하고, 후보자 등록신청 개시일을 기준으로 교육 또는 교육행정경력[14] 3년(합산경력 포함) 이상 있는 사람이어야 한다.

② 선거의 원칙

「지방교육자치법」 제43조(선출)에 따르면, 교육감은 주민의 보통·평등·직접·비밀선거에 따라 시·도 단위로 선출한다.

③ 정당의 선거관여 금지

정당은 교육감 선거에 후보자를 추천할 수 없다. 정당의 대표자·간부 및 유급사무직원은 특정 후보자를 지지·반대하는 등 선거에 영향을 미치게 하기 위하여 선거에 관여하는 행위를 할 수 없으며, 그 밖의 당원은 소속 정당의 명칭을 밝히거나 추정할 수 있는 방법으로 선거관여 행위를 할 수 없다.

---

14) 1. 교육경력: 유치원, 「초·중등교육법」 및 「고등교육법」상 학교(동등 학력인정 기관 또는 평생교육시설)에서 교원으로 근무한 경력
2. 교육행정경력: 국가 또는 지방자치단체의 교육기관에서 국가공무원 또는 지방공무원으로 교육·학예에 관한 사무에 종사한 경력과 「교육공무원법」 제2조 제1항 제2호 또는 제3호에 따른 교육공무원으로 근무한 경력

후보자는 특정 정당을 지지·반대하거나 특정 정당으로부터 지지·추천받고 있음을 표방(당원경력 표시 포함)해서는 안 된다.

④ 후보자 순환 배열 방식의 도입

투표용지에는 후보자의 성명을 표시하여야 하며, 후보자의 성명은 왼쪽부터 오른쪽으로 열거하여 한글로 기재한다. 추첨으로 후보자의 투표용지 게재순위를 결정한다.

투표용지의 후보자 게재순위는 자치구·시·군의회의원지역선거구(제주는 도의원지역선거구)별로 후보자의 투표용지 게재순위가 공평하게 배정될 수 있도록 순차적으로 바꾸어 가는 순환 배열 방식으로 결정한다.

⑤ 공직선거법 및 정치자금법의 준용

교육감 선거에 관하여 「지방교육자치법」에서 규정한 사항을 제외하고는 「공직선거법」을 준용하고, 「정치자금법」의 시·도지사 선거에 적용되는 규정을 준용한다. 최근에는 선거 직후 교육감직인수위원회를 둘 수 있도록 개정되기도 했다.[15]

다. 교육감 제도 운영 현황

1) 2014 교육감 선거 결과[16]

① 후보자 현황 및 투표율과 득표 현황

총 72명(2010년 74명)의 후보가 등록(1명 사퇴)하여 평균 4.2:1(2010년 4.6:1)의 경쟁률을 보였고 시·도지사의 3.4:1(2010년 동일)보다 높았다.

---

15) 인수위원회(10명 이내)는 교육감의 임기개시일 이후 30일까지 존속할 수 있다.
16) 2014년 교육감 선거 결과에 대하여는 고전(2014a: 8-11)의 진술 내용을 축약하였다.

부산은 7명(2010년 9명)으로 가장 많았고, 이어 경기(7명 등록, 1명 사퇴), 대전(6명), 광주(5명) 순이었으며, 나머지는 3~4명이었다. 여자는 2명(부산, 전북)뿐이었고 낙선했다(2010년 5명, 서울 2, 부산 2, 광주 1, 부산 여성후보 당선).

후보자의 연령은 60대(59.2%)와 50대(32.4%)가 대다수였고(2010년 60대 50%, 50대 44.6%), 40대와 70대는 각각 3명이었다(2010년은 각각 2명). 직업별 분포는 교육자 23명(32.4%), 교육의원 12명(울산과 제주는 후보 4명 중 2명이 교육의원), 교육감 9명, 공무원 2명, 변호사 1명이었고, 무직 15명은 정년퇴직 및 사직한 경우를 포함한 것이다. 후보자의 학력별 분포는 대학원졸업이 52명(73.2%), 대학졸업 13명(18.3%)으로 고학력이었다.

중앙선거관리위원회의 투표율 분석 결과에 따르면, 제6회(2014년) 지방선거의 투표율은 56.8%로 2010년 54.5%에 비하여 상승했는데, 이는 사전투표제(사전투표율 11.5%)의 영향으로 보았다.

당선자와 다음 순위자 간의 득표율 차이가 10% 미만인 지역도 충남(1.18%), 인천(4.58%), 제주(6.32%), 강원(8.29%), 서울(8.43%), 울산(8.69%), 경남(8.93%) 등 7곳(2010년은 1%대는 서울, 인천, 울산, 전북, 경남이고 2%대는 부산)이 경합하여 여전히 선거공약이나 인물의 차이가 크지 않은 경우가 상당수 있었다.

선거보전금을 지원받을 수 없는(10% 미만 득표자) 후보는 71명 중 12명, 절반을 지원받는(10~15%) 후보는 11명으로 전체 후보 중 23명(32.1%)의 후보는 선거보전금을 완전히 보전받지 못했다.

② 당선자 특성 분석

당선자의 평균 연령은 60.5세(2010년 60.4세)였는데, 60대 10명, 50대 6명, 70대 1명(2010년 60대 8, 50대 7, 70대 1)이었고, 최고령은 70세(2010년 동일), 최연소는 53세(2010년 52세)였다.

직업 및 경력 면에서 볼 때, 17개 현직 교육감 중 10명(2010년의 경우

전직 포함 8명)이 출마하여 높은 출마율을 보였고, 교육의원은 12명(2010년 전직 포함 3명) 출마하였다.

현직 교육감 중 7명의 교육감이 당선(2010년에는 현직 교육감 6명, 전직 교육감 2명 당선)되었고 전·현직 교육의원은 4명(2010년 현직 교육위원 2명)이 당선되었다. 2010년에는 전·현직 교육감이 전원 당선된 데 비하여 2014년에는 현직 교육감 3명이 낙선하는 특징을 보였는데, 현직 교육감의 당선 확률은 여전히 70%대로 높았다.

현직 교육감이 낙선한 서울, 부산, 경남의 경우 모두 보수 성향으로 분류되는 후보였고, 당선자는 진보 성향의 단일 후보였다.

당선자의 직업별 분포에서 현직 대학 교수(초빙 포함)는 5명이고 전직 교수 및 총장도 4명으로 가장 비중이 높은 직업군이었다(2010년 총장 포함 16명 중 6명). 초등교육 분야의 당선자는 1명으로 2010년의 4명보다 감소했다.

당선자의 최종학력은 석사 이상이 11명(2010년 13명)으로 고학력이었고, 박사학위 소지자는 6명(2010년 8명)이었다. 전체 당선자의 평균득표율은 41.93%로 2010년(41.20%)과 유사했다. 최고 득표율은 대구가 58.47%(2010년 경북 73.87%, 후보 2인)로 가장 높았고, 6명이 경합한 대전은 31.42%(2010년 부산 19.98%, 후보 9인)로 최저 당선 득표율을 보였다.

이른바 언론에서 진보 성향으로 분류되는 후보가 당선된 곳은 17개 중 보수로 분류되는 4개 지역(대구, 대전, 울산, 경북, 이 중 울산은 재선, 경북은 3선)[17]을 제외한 13개 지역이었다. 이는 2010년의 6개 진보 성향 후보 당선 지역(서울, 경기, 강원, 광주, 전남, 전북)에 비하여 큰 변화를 보였다.

---

17) 진보와 보수의 분류는 언론에서 보도된 것에 근거하나 전교조와의 관련성 및 지지가 없었다는 점에서 진보로 분류되지 않는다는 것일 뿐, 본인 주장과 언론에 따라서는 대구는 중도 혹은 보수로, 대전은 중도로 분류되기도 한다. 상대적으로 논란이 없는 보수는 울산(재선)과 경북(3선)의 경우이다.

진보 성향 당선자의 대거 등장은 진보후보의 단일화에 큰 영향을 받은
것이라 할 수 있고, 진보후보가 당선된 지역의 복수의 보수후보(중도 포
함)가 출마하여 표가 분산된 것이 주된 요인이라 할 수 있다.[18]

이상의 2014년에 실시되었던 17개 시·도교육감 선거 결과는 〈표 2-2〉
와 같다.

〈표 2-2〉 2014년 전국 교육감 당선 결과

지역	연령	계열/현직 및 경력	최종학력	득표율(득표/후보) 2010년과 비교	선거비용 지출액(제한 액 대비)
서울	57 (남)	진보/성공회대교수 민주화교수협의장	대학원졸 (연대)	39.08%(189만 표/4명) 39.34%(146만 표/7명)	35억 6천 (95.6%)
부산	57 (남)	진보/부산대교수 부산시장후보(2회)	대학원졸 (서울대)	34.67%(54만 표/7명) 19.98%(27만 표/9명)	14억 2천 (90.2%)
대구	62 (남)	보수/현 교육감 전 영남대총장	대학원졸 (일본)	58.47%(59만 표/3명) 31.34%(27만 표/9명)	9억 3천 (74.9%)
인천	60 (남)	진보/무직 자원봉사센터회장	대졸 (인천교대)	31.89%(38만 표/4명) 25.44%(26만 표/5명)	13억 (95.1%)
광주	63 (남)	진보/현 교육감 전 고교교사	대학원졸 (조선대)	47.60%(30만 표/5명) 39.79%(20만 표/5명)	6억 1천 (89.3%)
대전	63 (남)	보수/교수 전 한밭대 총장	대학원졸 (충남대)	31.42%(19만 표/6명) 41.58%(24만 표/3명)	6억 5천 (91.6%)
울산	66 (남)	보수/현 교육감 정무부시장, 울산대교수	대학원졸 (한양대)	36.17%(18만 표/4명) 37.36%(17만 표/3명)	5억 3천 (89.9%)
세종	60 (남)	진보/없음 노무현재단공동대표	대졸 (공주사대)	38.17%(2만 표/4명) 2010년 세종시 설치 전	2억 2천 (86.0%)

(계속)

---

18) 이상 선거 결과는 고전(2014a: 8-11)에서 인용하였다.

지역	연령	계열/현직 및 경력	최종학력	득표율(득표/후보) 2010년과 비교	선거비용 지출액(제한액 대비)
경기	70 (남)	진보/성공회대교수 전 통일부장관	대학원졸 (토론토)	36.51%(166만 표/6명) 42.34%(185만 표/4명)	39억 (93.5%)
강원	60 (남)	진보/현 교육감 전 4,5대 교육위원	대졸 (강원대)	46.40%(34만 표/3명) 39.91%(28만 표/4명)	12억 7천 (99.4%)
충북	56 (남)	진보/교육인 전 5대 교육위원	대학원졸 (충북대)	44.50%(31만 표/4명) 46.28%(31만 표/3명)	12억 (93.9%)
충남	62 (남)	진보/현 교육의원 현 선문대겸임교수	대졸 (공주사대)	31.84%(27만 표/4명) 69.23%(58만 표/2명)	11억 (77.8%)
전북	60 (남)	진보/현 교육감 전 한국헌법학회장	대학원졸 (고려대)	55.00%(47만 표/4명) 28.99%(24만 표/5명)	13억 5천 (99.1%)
전남	56 (남)	진보/현 교육감 전 순천대총장	대학원졸 (KAIST)	56.34%(53만 표/3명) 54.95%(45만 표/4명)	12억 6천 (91.4%)
경북	68 (남)	보수/현 교육감 전 교육정책국장	대졸 (경북대)	52.07%(64만 표/3명) 73.87%(82만 표/2명)	13억 7천 (86.3%)
경남	53 (남)	진보/초빙교수 전 교육위원	대학원졸 (경남대)	39.41%(60만 표/3명) 25.86%(39만 표/6명)	17억 2천 (98.0%)
제주	55 (남)	진보/현 교육의원	대졸 (제주대)	33.22%(9만 표/4명) 47.93%(13만 표/3명)	3억 9천 (81.4%)
평균	60.5세	현직 교육감 7명	석사이상 11명	41.93%(52만 표/4.2) 41.20%(39만 표/4.6)	227억 8천 (90.2%)

출처: 당선자 특성에 관한 선거관리위원회 홈페이지 자료를 기초로 발췌하여 도표화함.
고전(2014a: 10)의 〈표 4〉를 인용하여 제시함.

2) 유권자 의식 조사 결과[19]

중앙선거관리위원회의 선거 전 1차(2014. 5. 12.~2014. 5. 13.) 조사 결과에 따르면, 유권자들은(전국 17개 시·도 19세 이상 1,500명) 교육감 선거 후보자는 정당이 추천하지 않는다는 사실에 대해 과반 이상(52.3%)이 모르고 있는 것으로 나타나 지속적이고 적극적인 홍보활동이 필요하다는 지적이다.

선거 후 실시된 3차 조사 결과, 유권자의 절반 이상(53.3%)이 관심을 보이지 않은 것(전혀 없었다 15.7%+별로 없었다 37.6%)으로 나타났으며, 특히 20대 이하(65.4%) 및 학생(66.0%) 계층에서 상대적으로 관심이 없다고 응답했다.

지방선거투표자(N=851)의 교육감 지지후보 결정시기는 '투표일 1~3일 전'이 26.3%(시·도지사는 17.6%)로 가장 높았다. 후보자에 대한 인지경로 조사(N=851)에서 후보자를 선택하는 데 있어 가장 도움이 되었던 수단으로 'TV·신문 등 언론보도·기사'라는 응답이 26.3%로 가장 높았고, 다음으로 '후보자의 홍보물'(25.1%), '가족·친구·이웃과의 대화'(24.6%) 순이었다.

3) 현직 교육감의 주요 공약[20]

한국교육개발원의 분석[21]에 따르면, 당선자들은 '학생과 학교의 안전'을 최우선의 공약[22]으로 내건 것이 특징이다(선거 전 세월호 침몰사고).

---

19) 2014년 교육감 선거 유권자의식에 대하여는 고전(2014a: 13, 14)의 연구 결과를 인용하였다.

20) 2014년 교육감 선거공약에 대하여는 고전(2014a: 11, 12)의 내용을 인용하였다.

21) 한국교육개발원(2014c: 36-37)을 참고하였다.

22) 안전 관련 전담부서의 운영, 종합지원센터, 안전체험센터, 특별위원회 설치, 체험위주 안전교육강화 매뉴얼 및 프로그램 개발보급, 소규모테마형 수학여행, 체험학습안전인증제, 안전한 등하굣길 조성

안전하고 친환경적인 무상급식[23]과 학교폭력에 대처를 강조한다.

　일반고 강화 등 공교육에 대한 지원도 공통되는데, 자사고 폐지(서울) 방침이나 일반고 재정 지원이 대표적이다. 진보 성향 교육감의 공약의 공통된 특징은 혁신학교의 설치였다.

〈표 2-3〉 2014년 교육감 당선인의 5대 선거공약 현황

시 · 도	5대 공약
서울	자사고 폐지, 학생 안전, 유아교육 공교육화, 학교 정규직화, 혁신교육도시플랜
부산	깨끗한 교육, 안전한 학교, 공부 잘하는 학교, 신나는 학교, 교육비 적게 드는 학교
대구	안전한 교육환경, 바른 품성 행복 역량, 교사 존경문화, 교육서비스 상향평준화, 교육수도
인천	안전평화학교, 교육복지, 평준화, 혁신학교, 교육비리 척결
광주	희망교실, 진로진학 창업교육원, 학생 안전교육지원센터, 질문 있는 교실, 소통과 참여
대전	창의인성교육, 연계교육, 안전한 학교, 교육복지, 학교문화
울산	학생 안전통합시스템, 학생 교육문화회관, 가정형 Wee센터, 마이스터고, 학원 자율정화위
경기	민생교육, 당당한 선생님 바로 서는 교원, 경기 혁신교육, 인성교육, 교육복지
강원	학생 안전 강화, 협력교사, 고교 무상급식 · 중고 무상교복, 체험 관광벨트, 체험관 특성화고
충북	혁신학교, 사교육비, 학교평화PJ, 학력신장, 고입 선발고사 및 일제고사 폐지
충남	고교 평준화, 안전한 학교, 무상급식, 부정부패, 혁신학교

(계속)

---

23) 방사능검사 강화, 해당지역의 농산물 사용 의무화 등을 포함한다.

시·도	5대 공약
전북	안전학교, 평화학교, 학력신장, 교육공공성, 농어촌구도심
전남	무지개학교, 에듀버스, 안전학교, 에코스쿨, 민주학교(학교자치실현 교육권 보호 전담)
경북	감성과 인성, 학력, 사교육비, 안전한 학교, 교직원의 보람
경남	안심학교, 잡무 경감, 복지학교, 소통학교, 맞춤 대안학교
제주	고입 고교체제, 혁신학교, 무상급식, 건강학교, 업무 경감
세종	혁신학교, 캠퍼스형 고교, 스마트 스터디센터, 친환경 학교급식지원 센터, 교육격차 해소
계	17개 교육청 85개 공약

출처: 선관위의 당선인 선거공약 모음집(홈페이지) 자료를 기초로 도표화함. 고전(2014a: 12)에서 인용하여 제시함.

3. 성과

가. 선거방법의 민주적 정당성 확대: 이중간선 → 학운위간선 → 주민직선

1991년 지방자치 본격 실시 당시 지방의회 이중 간접선출 방식에서, 이후 학교운영위원회 선거인단 방식으로, 현재의 주민직선제까지 줄곧 민주적 정당성을 확대해 왔다. 물론 교육감 후보자에게 요구되었던 교육·교육행정경력 요건이 10 → 5 → 3년으로 완화된 것은 교육감에게 요구되는 교육전문성 조건이 약화된 측면이 있다.

정치적 중립성 확보를 위한 비정당원 요건인 1년 역시 충분치는 않다.[24) 그러나 최초의 교육위원회 위원 간 호선 방식(통상 결선투표 과정에서 후보 간 합종연횡 폐해)에서, 관권 개입의 학교운영위원회 선거인단을 거쳐 주민직선제가 되었다는 것은 그만큼 교육감의 주민대표성이 도지사에 갈음하는 수준이 되었음을 의미한다. 교육분야의 독임제 집행의 근거가 완성된 것이다.

나. 선거의 합리성 확대: 투표율↑ 기호 · 순서효과↓

주민직선제 초기의 낮은 투표율은 지방선거와의 동시 선거로 해소되었고, 기호 · 순서효과는 2014년의 투표용지를 '가로 열거형 순환 배열 방식'으로 바꾸면서 상당히 해소되었다. 즉, 교육감 단독 선거로 실시된 최초의 부산교육감 선거(2007. 2. 14.)의 투표율이 15.3%에 머물렀고, 이후 2008년과 2009년 있었던 몇 건의 교육감 선거 역시 12~21%(국회의원 보궐선거와 동시선거는 다소 높음)에 불과했다.

반면, 2007년 대통령 선거(2007. 12. 19.)와 동시에 실시된 4곳 교육감 선거의 투표율은 평균 62.7%로 높게 나타났고, 최초로 교육감 선거와 동시에 실시된 2010년의 전국 지방선거 투표율은 54.5%, 이어 2014년에 56.8%로 유지되었다. 낮은 투표율의 문제는 지방선거와 동시 실시로 해결된 것이다.

그러나 2007년 대통령 선거와 동시 선거 시 당선된 교육감의 기호가 대통령 당선인의 기호(2번)와 동일하여 이른바 '기호효과'에 대한 문제제기가 있었다. 이를 시정하기 위하여 교육감 선거에서 후보의 기호를 없애고 투표용지에 기입할 이름 순서를 추첨으로 정하도록 했는데, 2010년 선거 결과 1, 2, 3번 순위의 당선자가 16명 중 15명(서울은 일곱 번째 후보

---

24) 2014년 선거에서는 처음으로 경력과 상관없이 교육감 입후보가 가능했으나 당선자는 없었다.

당선)이었다.

이는 이른바 '순서효과' 내지 '초두(初頭)효과'가 있었다는 것이고, 언론은 후보들이 순번 추첨에서 첫 번째 나오는 것을 선호한 것을 두고 '로또선거'라 칭하기도 했다.

이를 개선하도록 '지역구기초의원선거구 단위 가로 열거형 순환 배열방식 투표용지'[25]를 2014년에 도입했는데, 순서효과는 상당히 해소되었다. 즉, 교육감 입후보자의 기본 순위를 추첨하여 투표용지 게재 순위를 부여할 경우, 일률적이었던 과거와는 달리 기초의원 선거구 단위별로 순환 배열하여 전체적으로는 모든 후보가 맨 앞에 배정받는 경우의 수가 같아지도록 했다. 그 결과, 순서효과는 거의 해소된 것으로 나타났다.[26]

다. 교육감의 적극적 정책개발 효과: 경기도교육청의 교육 혁신의 파급↑

1991년 이후 교육감의 법적 권한에는 커다란 변화가 없었으나 주민직선제 도입과 더불어 교육감의 직무수행은 권한 수행의 중점이 '관리·유지 행정'에서 '정책개발 행정'이라는 이른바 '공약 행정'의 성격이 두드러졌다.

그 결과, 입후보자들은 지역의 교육현안을 선거공약으로 내걸고 당선되었고, 당선 후에는 정책개발과 관련 예산을 확보하기 위한 노력하는 등, 그 어느 때보다도 유권자를 향한 행정을 하게 되었다. 특히 학부모

---

25) 자세한 도입 경위에 대하여는 고전(2014a: 19, 20)의 자료를 참조하였다.

26) 기본순위 추첨 결과만 놓고 볼 때, 1번 순위 배정자 중 당선자는 3명, 2번은 5명, 3번은 3명, 4번은 2명, 5번은 1명, 6번은 2명, 7번은 1명으로 골고루 배정되었다. 순번 간 차이는 오히려 출마자 수와 연동된 것이다.

와 학생의 입장에서 관련 정책을 입안하는 경향이 두드러져 수요자 중심의 행정에도 기여했다.

다만, 교육감의 정책입안 및 입법활동(조례 제출 및 규칙제정)이 중앙의 교육행정기관인 교육부 및 교육부장관의 기본 정책과 상충될 경우 기관분쟁 및 입법분쟁으로 이어지기도 했다.

그런 가운데에서도 시작된 현장학교 중심의 혁신학교 정책은 학부모들로부터 많은 호응을 얻어 2014년 교육감 선거 공약의 대세를 이루었다. 학생인권 조례 및 교권보호 조례 등도 몇몇 시·도의회 조례로 성안되었고, 교육부와의 입법마찰을 빚기도 하였지만, 이들 조례가 교육감의 교육정책에 반영되고 나아가 학칙에 반영됨으로써 학교현장에서는 적지 않은 변화가 일고 있다.

2014년 선거에서 이른바 진보진영 교육감의 대거 당선(17곳 중 13곳 당선)은 진보후보의 단일화와 보수후보의 난립이라는 선거구도의 영향도 있지만, 교육혁신에 대한 주민의 열망이 반영된 것으로 해석하는 것이 보다 교육적 해석일 것이다.

라. 시·도지사와 교육감 간 협력 체제: 지나친 분리·독립의 한계 공감대 ↑

그동안 지방교육자치제를 이끌어 온 제도원리의 하나인 자주성 존중의 원리는 곧 '일반행정으로부터 교육행정의 분리·독립의 원리'로 이해되었다. 실제로 교육·학예에 관한 업무가 지방자치단체의 고유 업무이면서도 별도로 시·도교육청을 설치함에 따라 시·도지사는 교육에 관여할 일도 책임도 없었다.

이러한 분리·독립의 관계에 대하여 일반행정계에서는 교육감과 시·도지사 간 연계·협력의 필요성을 꾸준히 제기해 왔으나 정작 두 기관의 연계·협력 체제가 입법화된 것은 2006년 12월의 「지방교육자치법」 개정을 통해서였다.

> 「지방교육자치법」 제41조(지방교육행정협의회의 설치)
> ① 지방자치단체의 교육·학예에 관한 사무를 효율적으로 처리하기 위하여 지방교육행정협의회를 둔다.
> ② 제1항의 규정에 따른 지방교육행정협의회의 구성·운영에 관하여 필요한 사항은 교육감과 시·도지사가 협의하여 조례로 정한다.

교육감과 시·도지사 간의 교류와 협력을 내실화하기 위하여 만들어진 이 기구가 출현한 것은 같은 날 법 개정에서 지방의회 통합형 교육위원회(교육의원제, 2010년 도입)와 균형을 맞추기 위하여 도입된 교육감 직선제의 도입이 직접적인 계기가 되었다. 즉, 교육감은 주민직선으로 될 경우 민주적 정당성의 확보 측면에서 시·도지사와 동일한 대표성을 갖게 되고 지역 현안에 대하여 양 기관장이 협력하여야 할 명분과 필요성이 제기되었다.

선행연구에 따르면 지방교육행정협의회의 출범에 따른 성과로는 양자 간의 협의가 정기적·의무적·법적 근거를 갖는 공식적인 협의의 장으로서 기능하였다는 점(협의의 제도화), 교육청과 지방자치단체의 상호 이해가 증진되고 공통의 관심사가 확대된 점(협의 횟수와 내용 증대), 지방자치단체로부터 비법정 전입금 지원 등 교육경비 지원이 확대된 점(단체장의 지원 결단), 교육청을 통한 지방자치단체의 교육 관련 사업을 효율적으로 수행한 점(인재양성·영어교육·저소득층 교육지원 등), 지방교육행정협의회를 통해 지역교육행정협의회 구성을 촉진한 점(교육장과 시·군·구 단체장 간 협의회), 지역언론 및 지방의회, 학부모·시민단체들이 양자 간 교육협력을 촉진한 계기가 된 점 등이다(박수정, 김용, 2009: 369-371).

한편, 전국 시·도교육감협의회는 시·도교육감을 회원으로 하는 법

정기구로서 교육청 간 정보교류, 교육 관련 사항 공동 개발·연구, 교육
청 공동 현안에 대한 협의 및 연구 등에 관한 사항을 주요 사업으로 하
고 있다.

　협의회의 사업 실효성에 대하여는 의문이 제기되기도 했지만, 「지방
교육자치법」 개정(2015. 6. 22.)을 통하여 건의 안건의 법적 실효성에 있
어서 일반 자치단체의 협의체의 법적 기능[27])과 동일 수준으로 보완함과
아울러 교육감 협의체에 대한 재정 지원 가능성까지 확보하는 진일보한
변화가 있었다.

4. 쟁점

가. 선출방법: 직선제 유지론 vs. 임명제 도입론

1) 선출방법을 둘러싼 교육계와 일반행정계 간의 입장 차이
교육계와 일반행정계 간의 입장 차이를 정리하면 〈표 2-4〉와 같다.

---

27) 일반 시·도지사협의회(「지방자치법」 제165조)는 전국적 협의체나 연합체를 설
　　립할 수 있으며, 이들은 행정안전부장관에게 의견을 제출할 수 있고, 장관은 관
　　계 중앙행정기관장에게 통보해야 하고, 기관장은 2개월 이내 행정안전부장관
　　에게, 장관은 다시 이들 단체에 통보해야 한다. 이때 기관장은 타당성이 없으면
　　사유를 적어 통보하고 타당하면 법령 반영에 적극 협력해야 한다. 이들 단체는
　　국회에 지방자치 관련 법률안 제출권이 있다. 법 개정 전 교육감 협의체는 교육
　　부장관에 대해서만 의견을 제출할 수 있도록 규정하고 있을 뿐 다른 중앙행정
　　기관으로 통보하고 협조 요청을 할 수 있는 근거가 마련되어 있지 않았고, 또한
　　교육감 협의체에 의견 제출권이 명시되어 있으나, 이에 대해 교육부 및 중앙행
　　정기관의 회신 또는 응답 의무 규정이 없었다.

〈표 2-4〉 교육감 직선제 유지론과 임명제 도입론의 논거 및 장단점 비교

방안	찬성 논거 및 제도 장점	예상되는 문제점
[직선제 유지론] • 「지방교육자치법」 취지 • 박인숙, 도종환 의원안 • 교육행정학계의 중론 • 교육감 지지 입장	• 전문적 관리의 원리에 충실 • 교육자치와 지방자치의 분리 역사 • 학교자치 시대에 부합하고 진보적인 교육정책 실현 가능 • 교육정책의 자주성 확보 및 지역특성화 유지(장관 견제)	• 진보와 보수연합 간 사회적 갈등 확산 우려 • 후보자 선거비용 부담 과중(10% 미만 득표) • 유권자의 교육감 선거 인식 낮음(동시선거) • 교육부장관과의 행정 갈등 시 중재 곤란 • 지방교육재정 부담을 둘러싼 시·도지사와의 갈등(무상급식과 관련한 경남 분쟁 등)
[임명제 도입론] • 「지방분권특별법」 취지 • 현영희, 김학용 의원안 • 지방자치학계 중론 • 자치단체장 지지 입장	• 주민대표성의 원리에 충실 • 교육자치와 지방자치의 통합 정신 • 정당정치 시대에 부합하고 교육감출마자 경비부담 감소 • 시·도지사의 임명권 행사를 통한 책임 행정의 강화	• 정당정치에 의한 교육의 중립성 훼손 위험 • 후보자 지명 및 공천과정의 부조리 위험 • 직선제 도입 학습기간 무시(실시 2회차) • 시·도지사의 정치적 진퇴에 따른 영향(동반 사퇴 위험, 노선 갈등 시 조정 곤란) • 시·도지사 좌우 선거방식의 위헌성 분쟁

출처: 고전(2014a: 6).

교육계는 교육감 주민직선제를 지방교육자치의 핵심이고(전교조), 현 상황에서 교육에 대한 주민의 주권과 교육의 자주성, 전문성, 정치적 중립성을 지킬 수 있는 최선의 제도(좋은교사운동)로 평가하기도 한다.

특히 1991년 이후 이중간선 방식에서 출발하여 학운위간선 방식, 그

리고 주민직선제로 발전해 온 한국 지방교육자치제의 역사적 전개 및 특성을 중시 여긴다. 주민직선제 도입 이후 교육감들의 정책개발과 현장 중심의 교육행정에 대하여도 긍정적으로 평가한다.

반면, 행정계를 중심으로 주민직선제를 폐지하고 시·도지사 임명제를 도입할 것을 주장하는데, 역시 전국 시·도지사협의회가 가장 적극적으로 지지한다. 일반행정을 중심으로 한 종합행정의 개혁 추세에 따를 것을 주장하며 임명제의 효율성을 논거로 들기도 한다.

2) 직선제에 대한 국민 여론

직선제 유지론은 교육계가 선호하며, 각종 여론조사 및 교육감 관련 연구들은 직선제의 문제점 지적에도 불구하고 주민들이 가장 선호하는 교육감 선출방식은 여전히 주민직선제에 대한 선호가 가장 높은 것으로 나타나고 있다(한국교육개발원, 2013, 2014d).

직선제에 대한 선호도는 연구에 따라 차이가 있지만 대체로 직선제 폐지보다는 개선 인식이 많았고, 일반시민을 위한 선거 홍보의 필요성에도 공통점이 발견되고 있다.[28]

나. 입후보자 요건: 자격제한(교육경력·비정당원) 유지론 vs. 폐지론

1) 입후보자 자격제한을 둘러싼 교육계와 일반행정계 간의 입장 차이

입후보자에 대한 교육경력 및 비정당원 자격제한의 요구는 교육의 전문성 및 정치적 중립성 유지를 위하여 필요하다는 교육계의 입장과 자격제한은 민주주의 원칙에 위배될 뿐 교육의 전문성 및 정치적 중립성

---

28) 이러한 선행연구 결과 사례로는 장덕호 등(2010), 최영출 등(2011), 김혜숙 등(2011), 고전 등(2013) 등을 들 수 있다.

보장과는 무관하다는 일반행정계의 입장이 대립되어 있다.

〈표 2-5〉 교육감 입후보자 자격제한 유지론과 폐지론의 논거 및 장단점 비교

방안	찬성 논거 및 제도 장점	예상되는 문제점
[자격제한 유지론] • 교육경력자 · 비정당인 • 교육자치 중시 관점 • 교육계의 중론 • 교육감 지지 입장	• 전문적 관리의 원리에 충실 • 교육현안에 전문적 대처능력 • 교육감의 기관 통솔력 확보 • 교육의원제 폐지와 연동 유지 • 교육행정기관의 독자성 유지 • 교육공약 중심 정책선거 가능	• 교육계 인사들에 의한 교육감 직 독점 우려 • 지역 통합력을 지닌 명망인사의 당선 희박 • 교육계의 이익을 대변하는 집단이기주의 우려 • 교육계와 일반자치행정 간의 대립 가능성 • 지역주민의 교육감 피선거권 제한의 한계 • 정치경력자의 교육감 피선거권 제한의 한계
[자격제한 폐지론] • 시 · 도지사 피선거권 • 지방자치 중시 관점 • 일반행정계 중론 • 자치단체장 지지 입장	• 민주주의 원칙(보통선거)에 충실 • 지역대표(시민 후보) 영입 가능 • 교육집단 이기주의의 극복 • 단체 갈등의 정치적 해결 용이 • 교육자치와 일반자치의 통합 기여 • 정당정치시대 부합 후보 개방	• 정당배경 · 정치력 후보의 교육감직 독점 • 교육계 명망인사의 당선 가능성 희박 • 교육현장보다는 정치적 타결과 갈등구도 • 교육감의 기관 통솔력 결함 (교육관료 중심) • 교육현안에 대한 비전문적 대처와 정치갈등 • 시 · 도지사의 직 · 간접적 정치적 영향 증가

주: 지방자치발전위원회는 종합계획안(2014. 12. 8.)에서 교육감 선임방식을 시 · 도의회의 동의 후 시 · 도지사 임명방안을 제안하면서 후보의 교육경력 강화(3 → 5년)와 비정당원 요건을 강화 (1 → 3년) 입장을 표명하였다.

2) 입후보자 자격제한에 대한 헌법재판소의 판단

• 입후보자에게 요구되는 비정당원 요건 역시 정치중립성이라는 공익우
선으로 타당하다.

  헌법재판소는 판결(2008. 6. 26., 2007헌마1175)을 통해 2년의 비정당
  원 요건은 그 입법 목적이 정당하고, 후보자 역시 사전에 교육감 선
  거를 예견할 수 있으며, 교육의 정치적 중립성 확보라는 공익이 개
  인의 당적 포기에 따른 불이익보다 크다고 보아 공무담임권 침해
  및 평등권 침해 주장을 기각했다.

• 입후보자에게 요구되는 교육·교육행정경력 요건은 고도의 전문성 요
구에 따른 것이다.

  헌법재판소는 교육감 선거 시 5년 교육경력 요건에 대한 헌법재판
  판결(2009. 9. 24., 2007헌마117, 2008헌마483·563 병합)을 통해, 교육
  사무의 고도의 전문성 요구에 따른 요건으로서 공무담임권 등 기본
  권의 본질적 내용을 침해할 정도의 과도한 것은 아니라고 보았다.

다. 교육자치의 정당성: 입법부 재량론 vs. 직선제 위헌론

1) 교육감 선거 헌법재판의 결론: 입법부 재량과 위헌적 방법 한계

• 지방자치단체장이나 지방의회가 교육감의 선발을 무조건적으로 좌우
하는 것은 안 된다.

  헌법재판소는 지방교육자치제도의 헌법적 본질에 대하여 '민주주
  의·지방자치·교육자주'라는 세 가지 헌법적 가치가 조화를 이뤄
  야 한다는 관점에서 정치기관 선거와 완전히 동일한 방식이나 교
  육·문화관계자들만이 전적으로 교육감을 결정하는 방식 등은 헌
  법정신에 합치할 수 없다는 가이드라인을 제시했다. 즉, 교육위원
  의 선거에 있어서 선거공보의 발행·배포와 소견발표회의 개최 이

외에 일체의 선거운동을 금지 및 처벌하고 있는 구「지방교육자치
법」(위반자는 2년 이하 징역 및 벌금)이 평등권, 언론의 자유, 공무담
임권을 침해한다는 주장에 대하여 전원합치로 합헌판결을 함으로
써 이후 선거제도 판단의 준거로 자주 인용된다.[29]

2) 한국교총의 교육감 직선제 위헌론 제기와 한계

교육계 대표 보수단체를 자임하는 한국교총은 2014년 8월 14일에 교
육감 직선제에 대한 위헌소송을 제기했다. 교육감직선제는「헌법」제117조
제1항에 규정된 지방자치와 민주성에만 치우친 제도로,「헌법」제31조
제4항에서 규정한 '교육의 자주성·전문성·정치적 중립성'이라는 고귀
한 헌법가치를 훼손한다는 것이 주된 주장이다.

선거 자체가 고도의 정치행위이고, 정당의 조직과 자금을 지원받는
정치선거와 달리 교육감 선거는 교육자가 홀로 광역 단위의 선거를 치
를 수밖에 없어 진영논리와 선거운동가나 정치세력의 개입이 불가피하
다는 것이다. 그리고「지방교육자치법」에 '정당의 선거관여행위 금지'

---

29) "지방교육자치도 지방자치권 행사의 일환으로서 보장되는 것이므로, 중앙권력
에 대한 지방적 자치로서의 속성을 지니고 있지만, 동시에 그것은「헌법」제31
조 제4항이 보장하고 있는 교육의 자주성·전문성·정치적 중립성을 구현하기
위한 것이므로, 정치권력에 대한 문화적 자치로서의 속성도 아울러 지니고 있
다. 이러한 '이중의 자치'의 요청으로 말미암아 지방교육자치의 민주적 정당성
요청은 어느 정도 제한이 불가피하게 된다. 지방교육자치는 '민주주의·지방자
치·교육자주'라고 하는 세 가지의 헌법적 가치를 골고루 만족시킬 수 있어야
만 하는 것이다. '민주주의'의 요구를 절대시하여 비정치기관인 교육위원이나
교육감을 정치기관(국회의원·대통령 등)의 선출과 완전히 동일한 방식으로 구
성한다거나, '지방자치'의 요구를 절대시하여 지방자치단체장이나 지방의회가
교육위원·교육감의 선발을 무조건적으로 좌우한다거나, '교육자주'의 요구를
절대시하여 교육·문화분야 관계자들만이 전적으로 교육위원·교육감을 결정
한다거나 하는 방식은 그 어느 것이나 헌법적으로 허용될 수 없다."(99헌바113)

등을 명시하고 있으나, 현실은 그렇지 못하다는 것이다. 또한 헌법재판소 판결 결과, 지방교육자치는 '민주주의 · 지방자치 · 교육자주'라고 하는 세 가지 헌법적 가치를 골고루 만족시킬 수 있어야 하는데, 주민직선제는 민주주의 요구를 절대시하여 비정치기관인 교육감을 정치기관(국회의원, 대통령 등)의 선출과 완전히 동일한 방식으로 구성하는 것이어서 헌법적으로 허용될 수 없다는 주장을 폈다. 그러나 헌법재판소는 이를 수용하지 않았다.

헌법재판소가 비정치기관인 교육감직의 구성을 국회의원이나 대통령 선거와 동일한 방법으로 치르는 것의 위헌성을 경고한 것은 사실이나, 직선제라는 방식 하나만을 가지고 동일한 방법으로 보는 것은 무리이다. 교총의 주장은 판례에 대한 부적절한 해석이다. 헌재 판결(99헌바113)에서 말하는 헌법적으로 허용될 수 없는 교육감 선거방식은 비정치기관인 교육감 선거를 정치기관 선출과 완전히 동일한 방식으로 구성한다는 데 방점이 있는 것으로 해석하는 것이 옳다.

라. 지방자치발전위원회의 통합론 해석: 교육자치폐지론 vs. 지방자치발전론

1) 통합론 속의 교육감 선임방법 변경 추진 근거 및 주요 방안

지방자치발전위원회는 「지방분권특별법」(2013. 5.)에[30] 근거하여 교육자치와 지방자치 통합을 추진하고 있는데, 그 개선방안은 〈표 2–6〉과 같다.

---

30) 제12조(특별지방행정기관의 정비) ② 국가는 교육자치와 지방자치의 통합을 위하여 노력하여야 한다. ④ 교육자치와 자치경찰제도의 실시에 관하여는 따로 법률로 정한다.

〈표 2-6〉 지방자치발전위원회 종합계획상의 교육자치와 지방자치 연계 · 통합방안

항목	주요 내용
개편의 기본 방향	• 교육자치와 지방자치의 연계 · 협력 강화 중심으로 제도 개선 • 교육자치와 지방자치 간의 행정체제 합리화 방안 마련 • 교육의 자주성 · 전문성 · 정치적 중립성 보장, 인사 및 재정권의 자율성 부여
연계 · 협력 강화방안	• 교육행정분야: 시 · 도교육청 간 인사교류 활성화, 시 · 도에 지방교육 전담 부서 설치 확대, 교육 관련 협의회 활성화 등 • 교육재정분야: 중기지방재정계획 수립 사전 협의 절차 도입, 교육재정부담금 전출시기 명확화, 주민참여예산위원회 운영 연계 등 • 교육정책분야: 평생교육, 도서관, 학교 안전을 위한 환경개선 사업 등에 대한 협력 강화
교육감 선출방식	• 국민적 합의를 거쳐 헌법과 관련 법률의 입법취지에 부합하도록 교육감 선출방식 채택 • 교육감 선출방식을 개선하되, 교육의 자주성 · 전문성 · 정치적 중립성 확보 강화와 병행 추진 ※ 교육감 후보의 교육 관련 경력(3 → 5년 이상)과 정당가입 제한 기간(1 → 3년 이상) 강화 • 교육장 임용방식: 일정 범위 내에서 추천제 또는 공모제 방식으로 임용하도록 개선
지방분권 및 학교 자주성 강화 방안	• 교육부와 시 · 도교육청 간 사무 재조정 　- (국가사무) 국가교육정책 및 기조 설정 등 교육의 통일성과 형평성을 위한 사무는 교육부 존치 　- (교육자치사무) 교육부 사무 외의 유 · 초 · 중등교육에 관한 사무는 시 · 도교육청으로 이양 노력 • 기초 단위 교육자치 확대 검토 • 학교 자주성 강화 　- (학교운영위원회 활성화) 심의대상 확대, 운영위원 전문성 강화 등 　- (지역사회와 협력) 학교 · 지역사회 교육공동체 결성, 주민자치회와 협력 등
향후 계획	• 교육자치와 지방자치 연계 · 협력 실시(2015. 1.~) • 국민적 합의를 거쳐 양 자치 간의 합리적인 연계 · 통합 행정체제 개편방안 마련(2015년 이후)

출처: 고전(2015).

위원회의 개선방안을 헌법정신과 제도 원리 면에서 평가하면 다음과 같다. [31]

- '통합'을 국가 의무화한 규정과 「교육기본법」 및 「지방자치법」 간에는 서로 모순된 점이 있다. [32]
- 25년째 시행되고 있는 「지방교육자치법」의 입법 근거를 신설된 한 시법에 두어 비체계적이다. [33]
- 선임방법은 입법정책적 문제이나 임명제·러닝메이트는 헌법정신과 부합하기 곤란하다. [34]
- 연계와 통합은 달라 연계계획이란 '통합'으로 가는 수사(修辭, rhetoric)일 수 있다. [35]
- 국가의 교육자치 통합의무 전환을 위해서는 교육계 및 국민적 공감대 형성과정이 필요했다. [36]
- 위원회의 연계 원칙 및 방향 설정의 원론에는 수긍이 가나, 양자 통합 가능성은 의문이다. [37]

---

31) 위원회의 통합방안에 대한 평가에 대하여는 고전(2015: 14-15)을 참조하였다.
32) 통합 규정은 「교육기본법」 제5조가 예견하는 지방교육자치제 보장규정과 조화되지 못하며, 「지방자치법」 제112조상 지방자치단체의 교육·학예 사무를 분장하는 별도기관 예고와도 부조화한다.
33) 1991년 지방자치 실시와 더불어 「교육법」에서 분리 제정된 제도 근거법이 「지방교육자치법」이다.
34) 지방의회의 동의 절차가 있으나 시·도지사에 의하여 실질적으로 좌우되는 임명방식은 한계가 있다.
35) 연계는 분리·독립을 전제로 한 반면, 통합은 교육자치의 폐지를 의미하여 본질적으로 차이가 있다.
36) 통합방안에 대해 국민적 합의가 필요하나 주무 교육부와도 의견 조율이 되지 않았다.
37) 통합하면서 교육의 자주성·전문성·정치적 중립성 확보를 강화한다는 방안 모색은 모순이다.

- 교육경력을 5년으로 상향조정하고 정당경력 제한을 3년으로 강화한 것은 긍정적 측면이 있다.
- 교육행정, 재정, 정책 분야의 협력방안, 교육장 추천 및 공모제 등은 긍정적으로 평가된다.

5. 과제

가. 교육감의 권한 조정: 민주적 정당성에 비례할 17개 권한의 재검토

교육감 선거방식이 간접선거에 주민직선으로 민주적 정당성을 확보한 것은 가장 큰 성과였다. 통치기관에 부여되는 법적 권능은 그 기관이 확보한 민주적 정당성에 비례한다는 헌법적 원리에 비추어 볼 때, 현재 주민직선으로 당선된 교육감의 민주적 정당성은 시·도지사와 함께 같은 날 같은 주민으로부터 선택받았다는 점에서 시·도지사의 그것과 동일하다 할 수 있다.

그럼에도 1991년 3월 8일 제정될 당시 이중 간선방식의 주민대표성에 비하면 주민직선이라는 커다란 민주적 정당성의 변화가 있었음에도 17개 권한에는 변화가 없다. 나아가 이런 비례하지 못한 권한이 장관 및 시·도지사와의 갈등을 낳는 원인이 되기도 한다.[38]

---

38) "주민 대표성 및 민주적 정당성 확보에도 불구하고, 교육감의 권한은 1991년 당시와 크게 다를 바가 없다. 「지방교육자치법」에 규정된 17가지 직무권한을 갖고 있으나 초·중등학교의 국민공통교육에 관한 사항은 대부분 법령사항으로 제정되어 있고, 국가예산에 의하여 집행되는 경우가 대부분이어서 자치입법권 및 자치재정권은 협소할 수밖에 없다. 교과부 고시에 의한 초·중등학교 교육과

교육감의 권한을 하급교육행정기관인 교육지원청과 단위학교 학교장에게 이양하는 이른바 학교자치의 진전과는 별개로, 우선 장관 및 시·도지사와의 역할분담 재설정 작업이 선행되어야 할 것이다. 최근 교육감으로 이양된 학교에 대한 포괄적 장학지도권을 구체화하고 단위학교의 자율성을 높이는 방향으로 재설정되어야 하는 부분은 가장 시급한 과제이기도 하다.

나. 교육감 선거비용의 효율화: 선관위에 의한 선거공영제 확대

선거방법에 있어서 투표율이 개선되고 기호 및 순번 효과를 최소화하여 합리화한 성과가 있었다. 다만, 사퇴한 후보에게 투표한 무효표가 당락을 좌우하는 상황에 이르렀다는 것은 유권자에 대한 투표 홍보와 유권자의 권리의식 측면에서 모두 과제를 남겼다. 본 선거 이후 후보직 사퇴에 대하여는 공익보호 차원에서 일정 벌칙을 가하는 제도 보완이 필요하다.[39]

정 및 교과서 행정, 국가 단위의 교원자격검정제 및 교육공무원 임용제도에 있어서 정원책정 등 교육감의 교육조직권 및 인사권한은 교과부장관에 비하면 미미한 것이다. 정부가 2008년 4·15 학교자율화 조치 이후 교육감의 권한을 강화하여 가고는 있으나, 현행 「초·중등교육법」상의 교육행정권한은 이양보다는 지도·감독 여지를 남기는 위임의 경우가 많다. 또한 경우에 따라서는 교과부장관과 교육감의 공동업무(제7조의 교육과정운영 및 교수·학습방법 관련 장학지도권)로 규정되어 있어 진보 교육감의 등장과 더불어 장관과 갈등관계에 놓이기도 했다."(고전, 2010a: 7)

선거방법의 개선에도 불구하고 변함없는 문제점은 교육감 선거비용에 있어서 고비용 저효율성이라는 부분이다. 2014년 교육감 선거 결과, 선거보전금을 완전히 지원받지 못하는 후보가 전체의 3분의 1에 해당한다는 것[40]은 명망은 있지만 재력이 못 미치는 교육계 인사의 교육감직 진출을 어렵게 하고, 시·도지사 선거비용보다 많은 비용을 부담하는 과도한 선거비용은 교육감 후보 사퇴 및 매수 등 선거부정의 위험성을 내포하고 있음을 관련 선거 재판 선례에서 보여 주는 것이다.

또한 후보자에 대한 인지경로 조사(N=851)에서 후보자를 선택하는 데 있어 가장 도움이 되었던 수단으로 'TV·신문 등 언론보도·기사'라는 응답이 26.3%로 가장 높았으나, 시·도지사보다는 비프라임 시간대가 많았고, 유권자로부터 주목을 받지 못한 한계도 드러냈다.[41]

---

39) "투표용지 제작 후 후보자가 사퇴한 경기도의 경우 59만 표가 무효표 처리되었는데, 이는 당선자와 낙선자의 표차인 47만 표보다 많아 당락을 좌우할 수 있는 규모였다. 이는 투표방식 자체의 한계라기보다는 사퇴에 대한 충분한 홍보부족 요인, 교육감 선거에 대해 인식이 낮은 유권자의 존재 문제 등을 복합적으로 내포하고 있다. 동시에 결과적으로 유권자의 혼란과 선거비용의 가중을 초래하는 '본 선거 이후 후보직 사퇴'에 대하여는 이에 상응하는 벌칙을 부과하는 방안도 강구될 필요가 있을 것이다."(고전, 2014a: 20)

40) "선거보전금을 지원받을 수 없는 후보(10% 미만 득표자)는 71명 중 12명, 절반을 지원받는 후보는 11명(10~15%)으로 전체 후보 중 23명(32.1%)의 후보는 선거보전금을 완전히 보전받지 못했다. 선거보전금을 전 후보가 받은 경우는 인천(4인), 세종(4인), 강원(3인), 충남(4인), 경북(3인), 경남(3인)이었다. 보전금을 받지 못한 경우는 부산이 4인(7인 후보), 광주 3인(5인 후보), 경기 3인(6인 후보), 서울 1인(4인 후보), 대전 1인(6인 후보) 순이었다."(고전, 2014a: 8)

고비용 저효율의 교육감 선거비용 관련 문제의 해법은 개인의 선거운동은 최소화하고 선거관리위원회 중심으로 공영화를 강화하는 데 있다. 이러한 선거운동 제한에 관하여는 앞서 살펴본 헌법재판에서와 같이 지방교육자치제도의 헌법적 본질(이중의 자치정신과 민주주의 · 지방자치 · 교육자주 가치 간의 균형)[42]을 따르는 한 정당하다 할 것이다.

이를 위해서는 선거관리위원회에 교육감 선거공영제를 위한 전담조직이 필요하고, 중립성을 견지한 교육감 선거공약 검토위원회[43]를 설치 · 운영하여 유권자의 판단을 돕도록 할 필요가 있다. 또한 선거 관련 홍보물 및 색상(특정색)을 차별화하는 전략[44]도 필요하다. 선진화된 한

---

41) "17개 지역의 교육감 후보자 TV토론을 분석한 송종길 등의 연구에 따르면, (중략) 무엇보다 우려스러운 것은 실제 방송된 시간대인데, 23시대가 9곳으로 가장 많아 시 · 도지사 선거와 유사(세종시 18시 외 모두 23시대)했으나, 22시대가 2곳(전북, 경남), 평일 오전 10시가 4곳, 일요일 오전 7시(전남), 오후 13시(세종)에 방송되어 시 · 도지사 선거보다는 비프라임 타임에 편성되는 경우가 많았다. 비초청대상 토론회 역시 23시대가 2곳이고, 자정을 넘기거나 오전 및 낮 시간으로 편성되어 비프라임 시간대가 더 많았다. TV토론이 유권자의 후보자 결정에 큰 영향을 주는 만큼 시간대의 조정이 필요해 보인다. 실제로 2014년 유권자 의식조사 결과, 후보자를 선택하는 데 가장 도움이 되었던 수단으로 'TV 대담 · 토론 및 방송연설'에 응답한 비율은 14.6%에 불과했던 것이 단적으로 이를 증명해 준다." [송종길 등(2014. 8.)을 분석한 고전(2014a: 13) 참조]

42) "'이중의 자치'의 요청으로 말미암아 지방교육자치의 민주적 정당성 요청은 어느 정도 제한이 불가피하게 된다. 지방교육자치는 '민주주의 · 지방자치 · 교육자주'라고 하는 세 가지의 헌법적 가치를 골고루 만족시킬 수 있어야만 하는 것이다."(99헌바113)

43) 음선필 등(2011: 157-158)의 보고서는 각 시 · 도선거관리위원회 산하에 '교육감공약검토위원회'를 설치하고 관련 전문가들의 검토 결과를 고시하는 방법, 후보자의 인물과 정책에 관련된 정보를 선관위 홈페이지나 각종 교육단체 홈페이지에 제공하는 방법 등을 제안한 바 있다.

국의 정보통신 기술을 활용하여 교육감 선거의 홍보 역시 인터넷 및 트위터를 적극 활용하는 등 젊은 층의 의사소통 환경의 변화에 걸맞은 홍보 전략도 필요하게 되었다.

다. 국회상임위원회를 통한 입법논의 정상화: 지방자치발전 위원회의 정치적 모험 반성

역대 국회에서 논의되었던 수많은 「지방교육자치법」 개정안 중 교육감 선거와 관련된 사항이 적지 않았다는 것은 민의를 수렴한 방법을 찾기 위한 입법부의 노력으로 평가할 수 있다. 다만, 교육통치의 핵심을 결정짓는 지방교육자치에 관한 사항을 국회의 정치개혁특별위원회에서 다루거나 정부방안이 교육부 주도가 아닌 지방자치발전위원회(지발위)에서 다루어지고 있는 형국은 지방교육자치의 존속과 일반자치와의 연계를 위해서도 바람직하지 않다. 특히 2010년부터 통합론자들의 일방적 주장에 의하여 「지방분권특별법」에 규정된 '국가의 지방자치와 교육자치 통합 의무' 규정과 '지방교육자치 근거' 규정은 헌법정신 및 「지방교육자치법」의 기본 정신과 부합하기 어렵고 중복된다는 점에서 폐지되는 것이 바람직하다.

지방자치발전위원회가 상정하고 있는 교육감 선출의 개선방안은 국민적 합의를 거치는 동시에 교육의 자주성·전문성·정치적 중립성 확

---

44) "교육감 선거를 정당이 주관하는 지방선거와 차별화를 주기 위해서는 선거벽보 및 홍보에 있어서 가시적인 변화를 줄 필요가 있다. 지방선거 후보와 분리하여 선거 홍보물을 게재토록 하고, 각종 홍보물(특히 플랜카드와 선거운동원의 복장 색, 차량 등)에서 차별화된 색을 지정하는 것도 하나의 전략이다. 기존의 정당이 청색과 녹색, 그리고 노란색 위주의 색을 사용하는 점을 감안하여, 교육감 선거의 경우 보라색으로 통일할 것을 제안한다."(고전, 2011: 107)

보를 강화하는 방안이어야 한다는 방향만 설정되어 있을 뿐, 임명제 이외에는 논의되고 있지 않아 그 귀추가 주목되고 있다. 시·도지사 임명제를 선호하는 일반행정계와 주민직선제를 선호하는 교육계 간의 의견은 쉽게 좁혀지기 어려운 상황이다. 단순한 명분만을 내세운 대립에서 주민 체감적이며 실증적인 논거를 통해 판단할 일이다.

라. 교육감 갈등상황에의 대처: 장관과 시·도지사의 역할 분담 및 상호협력

장관과 교육감 간에 정책노선의 차이로 인하여 갈등을 빚었던 사안은 자율형 사립학교 인허가에서의 장관의 관여문제, 교원평가 및 학교평가 지침의 이행 문제 등 다양한 정책분야로 확대되고 있는 양상이다. 실제로「초·중등교육법」및「초·중등교육법 시행령」은 정책 및 업무 수행의 공동주체로서 '장관과 교육감'을 동시에 설정하는 경우도 적지 않으며, 포괄적 장학지도권이 교육감에게 이관되었음에도 관련된 교육부의 일반 교육정책을 통하여 영향을 미치고 있는 것이 현실이다. 차제에 장관의 업무와 교육감의 업무에 대한 관할권 및 상호협의 부분을 명확히 할 필요가 있다.

또한 자치입법권인 학생인권 및 교권보호 조례를 둘러싼 갈등은 장관이 교육감을 통하여 해당 조례의 재의를 지방의회에 요구토록 하는 데에서 발생하기도 한다. 이후 교육부로부터 제기되는 지방교육자치에 관한 쟁송사건은 대법원 단심의 심급체계로 운영되고 있는 상황이다.

이에 대하여는 사실관계에 대한 법원의 판단이 1회에 그쳐 국민이 신중한 재판을 받을 권리를 침해할 우려가 있고, 법률심인 대법원의 성격에도 부합되지 않는다는 지적이다.[45] 고등법원-대법원에 이르는 2심제의 도입도 고려할 필요가 있다.

현재 공식적인 협력기구인 '지방교육행정협의회'의 활동을 보다 내실화하고 실질화하는 것도 중요한 과제이다. 초기의 연구이기는 하나, 주요 문제점으로는 두 기관 간의 입장 차이가 있다는 점(교육청은 재정 지원 요구로 적극적인 반면, 시·도청은 낮은 재정자립도에 따른 소극적 입장), 기존의 지원 조례 및 협력 체제와 중복이 있다는 점(각종 교육지원 조례 및 지자체 파견 교육협력관제 등), 두 단체장이 협의할 수 있는 회의 안건 발굴의 어려움(교육청 단독 안건 경향, 실무 안건 곤란 등), 회의 안건에 대한 실질적 협의의 곤란성(공개회의로서 안건 설명 경향), 임기중단 및 보궐선거로 인한 회의 개최 연기의 문제 등도 지적되었다(박수정, 김용, 2009: 371-372).

향후 보다 바람직한 협력관계를 위한 활성화 방안으로 단체장의 보다 적극적인 협력 마인드로의 전환과 교육감의 적극적인 태도와 리더십, 실질적 협의를 위한 실무 및 사전협의회 활성화, 학부모·기업체·교육전문가의 참여보장, 전문적 협의를 위한 지역교육전문가로 구성된 교육정책 자문기구의 활용, 그리고 법규적으로는 지역 실정에 부합한 자율적 운영을 위해 협의체의 설치·운영 의무 임의규정화 등의 제안(박수정, 김용, 2009: 373-376)을 들 수 있다.

---

45) 우윤근 의원 등 10인은 2심제 개정안(2014. 8. 28. 제안, 계류 중)을 통해서 「지방교육자치에 관한 법률」상 쟁송에 대한 소의 관할을 대법원에서 피고의 소재지 관할 고등법원으로 변경함으로써, 고등법원이 사실심을 담당하고 그에 불복이 있을 경우 대법원이 최종심으로서 법률심을 담당하는 심급체계를 갖추고, 2심제로 인한 소송지연을 방지하기 위하여 심리 촉진에 관한 사항을 대법원규칙으로 정하도록 제안하였다.

마. 지방교육자치제 원리의 재해석[46]: 원리 간 균형과 체감 자치론

교육위원회의 지방의회로의 통합에 이어 「지방분권특별법」에 의한 지방자치로의 통합에 직면한 상황은 이러한 개정과 향후 방향이 지방교육자치제의 원리에 합당한 것인지, 합당하다면 원리는 수정되어야 하는 것인지 논의를 요구하고 있다. 「지방교육자치법」의 지도이념인 교육의 자주성·전문성·지역교육의 특수성이나 제도 원리로 지칭되는 민주성에 기초한 지방분권(교육분권[47])과 주민통제, 전문성에 기초한 분리·독립과 전문적 관리의 원리는 어떻게 되는가?[48]

결론은 원리 자체의 수정보다 원리 간의 균형과 지방자치와의 연계·협력을 보완하자는 것이다.

지금까지는 중앙집권으로부터의 지방분권 중심은, 한국의 교육통치 상황을 감안하여 적도(適度, optimal balance)집권이라는 균형점을 추구할 필요가 있다. 모든 중앙집권은 악(惡)이고 모든 지방집권은 선(善)인 시대는 아니며, 계층적 통제에서 다원적인 네트워크 거버넌스로 옮겨가고 있다. 국가와 지자체의 경쟁력도 요구되며 교육자치의 역사와 구성원의 요구 또한 중요 기준점이 되고 있다. 이는 교육부장관과 교육감 사이의 수직적인 교육권한 관계 재정립을 의미하며 1991년 설정된 교육감의 역할 무변화에 대한 반성을 요한다.

다음으로 자주성에 근거한 지자체와 교육청, 시·도지사와 교육감 간

---

46) 고전(2015: 1-19)에서 인용하였다.

47) 교육에 관한 국가의 통치권과 행정권의 일부가 중앙정부로부터 독립된 교육자치기관에 위임 또는 부여되어 교육자치구역의 주민 또는 그 대표자의 의사와 책임하에 행사하는 체제를 말한다(류시조, 2015: 53).

48) 이차영(1997:131)은 적도분권, 일반행정과의 구분·협응, 민주적 통치와 전문적 관리 간 조화를 예시하였다.

의 역할 재정립 문제이다. 이는 수평적인 교육권한 관계이기도 한데, 상호 무관하게 설계된 이 둘의 관계(독임제 집행기관)를 연계와 협력을 통해 지역주민과 학교현장이 체감하는 교육자치로 가야 한다는 미션이다. 이는 지방교육자치에 있어서 교육당사자 집단의 교육자치 역할분담(권한이양)과 상호협력의 재설정 문제이기도 하다. 지자체의 재정자립을 기반으로 정치적·종교적·파당적 종속을 피하기 위해 기관설치와 임명권은 분리하되 연계·협력을 강화(지자체의 교육투자 확대와 시·도지사의 관여권 보장, 교육감의 자치입법 참여권 및 교육규칙 제정권 확대, 시·도지사와 교육감 간의 지방교육행정협의회의 법적 효력 강화, 교육행정협력관제의 보급 등)해 온 것이 지금까지의 흐름이었다.

이어서 주민통제와 전문적 관리는 일반인에 의한 통제(Layman control)와 전문가에 의한 관리(Professional management) 간의 균형도 요구된다. 주민직선제라는 선거방식과 교육전문 요건을 어떤 방식으로 요구할 것인가 고민해야 한다. 특히 선출방식에 있어서 명분론과 더불어 고비용(高費用), 저인지(低認知) 선거(후보자는 선거비용을 감당하기 어렵고, 유권자는 후보자의 역량을 판단하기 어려운 선거−비리·패가망신선거·깜깜이 선거라는 오명)라는 현실론에 대한 타계가 현안으로 대두되고 있는 바, 이 경우에 주민통제와 전문적 관리 사이의 조화와 균형 원리의 적용이 요구되고 있는 상황이다.

교육자치가 '교육자(敎育者) 잔치'인가라는 오명을 벗어야 한다는 것이다. 후보의 전문성을 담보하되 선출방법을 주민직선으로 하고 있는 것은 이러한 균형의 결과이다.

한편, 교육행정의 실제 운영원리로서 일찍이 거론되어 온 능률성의 원리는 종합행정으로서 지방자치행정 개혁의 중요한 논거로서 강조되어 오고 있다. 본래 지방자치 역시 '국가 감독하의 주민자치에 의한 지방행정 원칙'을 강조해 오다가 「지방자치법」 개정(1988. 4. 1.)을 통해 민주적 행정에 더하여 능률적 행정이 보완된 바 있다「지방자치법」 제1조(목

적)].⁴⁹⁾

이 추가된 능률성이 현재 교육자치 통합 논의의 논거가 되고 있다. 그러나 이때의 능률성 개념은 효과의 측정 곤란성과 장기성이 특징인 공공 교육영역에 적용되려면 단순한 투입 대비 산출의 경제적(기계적, mechanical) 능률성 외에도 사회적 합목적성 및 조직구성원의 만족도를 의미하는 사회적 능률성(Social efficiency)에도 무게를 두어야 할 것이다.

교육위원회를 지방의회의 상임위원회화하고 슬림화하여 경제적 능률을 기했다면, 그것이 보다 좋은 교육에 관한 의사결정 구조와 과정에 기여하고 있고, 교육구성원 및 주민이 실감하는 '체감자치(體感自治)'인가 하는 것은 사회적 능률성의 문제이다.

또한 그것은 종국적으로 학교교육의 효과성과 효율성을 높이는 데 기여해야 한다는 점에서 향후의 능률성은 단순한 '효과성(效果性)'나 '효율성(效率性)'이 아닌 '교육적 능률성(Educational efficiency)'이 필요하다.⁵⁰⁾

지방교육자치제의 성과를 단위학교에서 꽃피우지 못한다면 그것은 제도상의 것일 뿐 체감하기 어렵다. 이른바 학교자치(學校自治)를 통한 체감자치가 중요한 이유이다. 학교자치는 교육감 권한에 대해 교육부

---

49) "이 법은 지방자치단체의 종류와 조직 및 운영에 관한 사항을 정하고, 국가와 지방자치단체 사이의 기본적인 관계를 정함으로써 지방자치행정을 민주적이고 능률적으로 수행하고, 지방을 균형 있게 발전시키며, 대한민국을 민주적으로 발전시키려는 것을 목적으로 한다."

50) 행정학 사전 등에서는 능률성의 개념이 20세기 초 과학적 관리와 더불어 최선의 행정지도 원리로 채택되었고, 기계적 능률성(투입 대비 산출 비율)에서 1930년대 인간관계론의 등장으로 사회적 능률성으로 확산되었고(M. E. Dimock), 1960년대 발전행정론으로 목표달성도가 강조되면서 효과성(effectiveness)이 추가되었는데, 공공행정에서는 목표달성의 양적 개념인 능률성과 질적 개념인 효과성을 모두 포함하는 것으로 효율성(效率性, efficiency, effectiveness)을 상정하고 생산성(productivity)과 동일한 의미로 해석한다(이종수, 2009). 그러나 지방교육자치제가 지방자치의 방법적 틀을 사용하고 있고, 「지방자치법」이 능률성의

로부터 일정 독자 영역을 재확립하고, 단체장과의 연계 · 협력의 범위를 넓히는 것을 전제로 할 때 가능하다.

동시에 지방교육행정에 있어서 권한은 교육감에게만 집중되어 있어서도 곤란하다. 시 · 군 · 구 교육장과 나아가 단위학교의 교장으로 확대되어야 가능하다.

2014년 교육감 선거 당시 중앙선거관리위원회에 의한 유권자 의식조사 결과에서도 드러나듯이, 이전보다 교육감 선거에 대한 인지도가 상승되긴 했으나 유권자의 절반 이상(53.3%)이 교육감 선거에 관심이 없었다고 반응했다(특히 20대 이하 65.4%, 학생 66.0%). 이는 아직도 지방교육자치의 체감도가 높지 않음을 반증하는 결과라 할 수 있다. 교육감 제도의 개혁은 이러한 현실을 출발점으로 하여 수립되어야 한다.

개념을 사용하고 있으며, 오늘날 능률성이 투입 대비 산출, 만족도, 목표달성도 모두를 포괄하여 효율성과 동일시된다는 점에서 능률성의 원리라 명명했다. 윤정일 등(2015: 26)은 '교육행정학원론'이 행정학계의 정의를 받아들여 효과성과 능률성을 포괄한다는 '효율성의 원리'를 교육행정 운영의 기본 원리의 하나로 기술하고 있으나 효율이 교육행정조직에서 갖는 의미가 비율을 강조하는 경제성 원리에 치우치고 이른바 교육당사자 '만족도' 및 '체감자치'의 개념(사회적 능률성)을 포괄하기에는 광의의 능률성 개념이 더 적합하고, 학교교육의 효과 및 효율성 논의의 여지를 남기기 위해서도 '교육적 능률성의 원리'라 명명해 본 것이다. '학교교육의 효과성과 효율성'에 대하여는 『교육학대백과사전』(서울대학교교육연구소 편, 1998: 715)의 관련 용어 집필자인 주삼환의 견해를 참조한다. 이상의 논의에 대해서는 고전(2015)을 참고하길 바란다.

제3장
교육위원회 제도의 성과와 과제

김용

1. 개관

　제정 당시 「지방교육자치에 관한 법률」(이하 「지방교육자치법」이라 한다; 1991. 3. 8.)은 무려 22개 조항을 교육위원회의 조직과 권한 등을 규율하는 데 할애하였다. 반면, 현행 개정 법률 제2장은 여전히 '교육위원회'라는 제명으로 존재하지만, 2014년 6월 30일로 효력을 상실한 조항들뿐이라서, 교육위원회 관련 규정은 존재하지 않는 셈이다. 물론 실체로서 교육위원회가 여전히 존재하지만, 이는 「지방교육자치법」상의 조직이 아니라 「지방자치법」상의 상임위원회로서 존재하는 것이다. 이 법률에서 교육위원회를 상임위원회로서 반드시 설치하도록 규율하고 있지 않기 때문에 교육위원회라는 위원회는 언제든 사라질 수도 있다.[1]

　통상 지방교육자치란 의결기관으로서의 교육위원회와 집행기관으로서의 교육감이라는 두 개의 지주를 중심으로 구성되는 제도라는 사실을 상기하면, 현행 지방교육자치제도는 상당히 설명하기 어려운 형태를 띠고 있는 셈이다. 이에 대해 조금 더 심각하게 문제를 바라볼 수도 있다. 지방교육자치를 둘러싸고 견해의 차이가 있지만, 교육학계의 다수설은

---

1) 제주특별자치도는 예외적으로 법률에 근거를 두고 교육위원회를 설치·운영하고 있다.

「헌법」제31조 제4항에 근거하여 지방교육자치의 정당성 또는 필요성을 설명해 왔다. 통설과 같이 지방교육자치제도를 「헌법」상의 교육의 자주성과 전문성, 정치적 중립성을 보장하는 제도로 이해하는 경우, 달리 말하여 지방교육자치제도를 「헌법」상의 제도 보장으로 이해하는 경우 현재 우리는 위헌 상태의 제도를 운영하고 있다고도 할 수 있다.

무릇 지방교육자치제도란 미국에서 발생하여 한국과 일본에 수출된 것이다. 근래 이 세 나라의 교육위원회의 현실을 살펴보면, 교육위원회의 위기가 단지 한국만의 현상이 아님을 알 수 있다. 미국의 대도시를 중심으로 여러 지역에서 교육위원회의 권한을 약화시키면서 자치단체장이 교육에 강력한 영향력을 행사하는 사례를 볼 수 있다. 종래 교육위원회가 행사하던 권한을 자치단체장이 '인수(take over)'하여 단체장 스스로 교육에 영향력을 행사하는 현상은 더 이상 신기한 일이 아니다. 일본에서도 비슷한 일이 벌어지고 있다. 이미 십수 년 전부터 일본에서는 교육위원회와 연관되는 단어의 상위에 '형해화(形骸化)'가 자리를 잡았고, 하시모토 도루(橋本 徹) 오사카 전 지사와 같이 교육위원회를 약화시키면서 단체장이 교육에 직접 영향력을 행사하는 사례가 계속해서 늘고 있다. 위임형 심의·의결기구였던 한국의 교육위원회와 합의제 행정위원회인 일본의 교육위원회를 평면에 두고 비교하기는 쉽지 않지만, 일본의 교육위원회는 무책임하다거나 무기력하다는 등의 평가를 받아 왔으며, 급기야 2014년에는 교육위원회의 가장 중요한 권한이던 교육장 임명권을 박탈하여 단체장이 교육장을 임명하도록 법률이 개정되었다. 바야흐로 교육위원회 시련기의 한복판에 서 있다고 할 수 있다.

이 장에서는 지방교육자치의 부활·실시 이후 25년이 흐른 시점에서 교육위원회가 어떻게 변화해 왔으며 현재는 어떤 상태인지, 그동안 어떤 쟁점이 제기되었으며 어떤 성과를 남겼고, 새롭게 제기되는 과제는 무엇인지를 논하고자 한다.

2. 변천 과정

가. 성격

지방교육자치제도 실시의 모태가 된 제정「교육법」(1949. 12. 31.)에서는 교육구를 설치하고, 교육구에 의결기관으로서 교육위원회를 두도록 규정하였다(제19조). 1961년 군사 쿠데타로 지방교육자치제도가 잠시 폐지되었다가 형식상으로 부활했을 당시에는 광역지방자치단체(시 · 도)에 집행기관으로서의 교육위원회를 두도록 했다(1963. 11. 1. 개정「교육법」제15조). 이후 1980년대 말에는 광역지방자치단체와 기초지방자치단체 모두에 의결기관으로서 교육위원회를 두도록 하였다(1988. 4. 6. 개정「교육법」제15조). 이처럼 지방교육자치제도가 본격적으로 시행되기 이전에 교육위원회의 성격은 몇 차례 변화하였으며, 이는 교육위원회의 위상을 어떻게 설정하여야 하는가라는 문제를 둘러싸고 여러 가지 견해가 혼재하고 있었음을 보여 준다.

그러나 1991년 지방교육자치제도가 본격적으로 실시된 이후 교육위원회는 "시 · 도의 교육 · 학예에 관한 중요 사항을 심의 · 의결하기 위한 기구로서" 설치되었다(1991. 3. 8. 제정「지방교육자치법」제13조). 다만, 일부 사항에 대해서는 교육위원회의 의결을 시 · 도의회의 의결로 간주하였으나, 일부 사항에 대해서는 교육위원회의 의결을 거쳐 최종적으로 시 · 도의회에서 의결할 수 있도록 하여서 교육위원회는 전심형(前審型) 심의 · 의결기구로서의 성격을 가지고 있었다. 2006년 법 개정으로 교육위원회가 시 · 도의회의 상임위원회로 전환된 이후까지도 이런 성격에는 변화가 없었다.

나. 구성 방식

교육위원회의 구성 방식은 교육위원의 자격과 교육위원의 선출방식,

그리고 교육위원의 규모 등으로 나누어 살펴볼 수 있다.

1) 교육위원의 자격

제정 「교육법」에는 구(區) 교육위원에 관하여 "군수와 각 읍·면 의회에서 1인씩 선출한 위원으로 조직한다."는 규정(제20조)만을 두고 있었을 뿐, 교육위원의 자격에 관하여 별도의 제한을 두지 않았다. 당시는 교육위원회 구성에서 민중 통제 원리를 강조하였음을 알 수 있다. 1991년에 제정된 「지방교육자치법」에서는 교육위원회 구성에서 민중 통제 원리에 전문적 관리 원칙을 부가하였다. 교육위원은 학식과 덕망이 높고 시·도의회의원의 피선거권이 있는 사람으로서 정당의 당원이 아니어야 하며 교육위원 중 1/2 이상은 15년 이상의 교육 또는 교육행정 경력이 있는 사람으로 구성하도록 한 것이다(제8조). 이 규정은 정당 가입 여부와 교육 또는 교육행정 경력을 교육위원의 자격 요건으로 설정한 것인데, 전자는 지방교육자치의 원리 중 교육의 정치적 중립성과, 후자는 전문적 관리와 결부된 것임을 알 수 있다.

이후 법률 개정 과정에서 정당 가입 여부와 경력 요건은 몇 차례 변화하였다. 먼저, 정당 가입 제한 요건을 살펴보면, 법 제정 당시에는 정당에 가입되어 있지 않기만 하면 되었으나,[2] 이후 후보자 등록일로부터 과거 2년 동안 정당의 당원이 아닐 것이 요구되어 정당 가입 제한 기간이 확대되었으며(2000. 3. 1.), 이후 정당 가입 제한 기간은 1년으로 축소되었다(2010. 2. 26.).

한편, 교육의 전문적 관리 원칙에 입각하여 「지방교육자치법」 제정 당시에는 위원의 1/2 이상을 15년 이상의 교육 또는 교육행정 경력을 가진 사람으로 구성하도록 하였으나, 필요 경력 기간은 계속 축소되었다.

---

[2] 후보자 등록일 기준인지 선거일 기준인지, 아니면 취임일 기준인지가 법령에는 나타나 있지 않았으나, 법 해석상 취임일을 기준으로 볼 수 있을 것이다.

다만, 모든 교육위원에게 일정한 경력을 요구하게 되었다. 학교운영위원 선거인과 교원위원 선거인으로 교육위원 선거인단을 구성하여 교육위원을 선출하기 시작하면서부터는 15년에서 10년으로 필요 경력 기간이 줄었으며(1997. 12. 17.), 학교운영위원회 위원 전원을 선거인단으로 구성하여 교육위원을 선출하면서부터는 모든 교육위원에게 10년 이상의 경력을 요구하였다(2000. 3. 1.). 이후 교육위원회를 지방의회의 상임위원회로 전환하면서, 한시적으로 존재하였던 교육의원에게는 5년의 교육 또는 교육행정 경력을 요구하였다(2010. 2. 26.). 교육위원회 구성에서 전문적 관리 원칙은 계속해서 완화되어 온 것을 알 수 있다.

2) 교육위원 선출방식

교육위원 선출방식은 지방의회에서 선출하던 방식에서 학교운영위원회를 중심으로 선거인단을 구성하여 선출하는 방식, 이후 주민 직접 선거로 교육의원과 지방의원을 선출하여 교육위원회를 구성하는 방식 등으로 변화하였다.

「지방교육자치법」제정 당시에는 기초의회에서 2명의 교육위원 후보자를 추천하되, 반드시 1명은 교육 또는 교육행정 경력자를 추천하도록 하고, 광역의회에서 추천된 후보자 중에서 무기명투표로 교육위원을 선출하되, 1/2 이상은 교육 또는 교육행정 경력을 가진 사람을 선출하였다. 당시 교육위원 선출과 관련하여, 정당에 소속된 지방의원이 교육위원을 선출함에 따라 정치적 중립성이 훼손되며, 선출 과정에서 금품 수수와 같은 비리가 나타났음을 비판적으로 평가한 견해가 있었다(김남순, 1995). 이와 함께 교육계 외부에서는 교육위원회 구성에서 대표성에 문제가 있다는 비판이 강력하게 제기되었다(이기우, 2001).

이후 선출 과정에서 비리 문제를 예방하고 대표성을 강화하기 위하여 교육위원 선거인단을 구성하여 교육위원을 선출하게 되었다. 1995년 교육개혁 과정에서 제안된 학교운영위원회의 조기 정착, 그리고 학교자치와 교육자치의 유기적 연계를 도모하고자(고전, 2003) 학교운영위원회에서 선출한 선거인단과 교원단체 선거인으로 시·도교육위원 선거인단을 구성하여 무기명 투표로 교육위원을 선출하도록 법률이 개정되었다(1997. 12. 17.). 학교운영위원 선거인은 학교마다 학부모대표나 지역사회인사 중 1인을 선출하여 구성하였으며, 교원단체 선거인은 학교운영위원 선거인 총수의 100분의 3을 정원으로 하여 시·도에 조직된 교원단체에서 추천한 사람으로 구성하였다. 이 선거 방식은 단 한 차례만 활용되었으며, 곧 학교운영위원 전원을 선거인단으로 하여 교육위원을 선출하는 방식으로 전환되었다(2000. 3. 1.). 선거인단 규모가 확대되면서 선거운동 방식으로 선거공보와 소견 발표회, 언론기관 등 초청 대담 토론회 등이 활용되기 시작하였다. 이런 선출방식은 교육 관계자들에게 교육자치제도에 대한 이해를 제고하게 하는 효과를 거두는 한편, 학교운영위원회의 정치화(고전, 김이경, 2003), 그리고 선거 과정에서 심화된 교육계의 분열과 같은 역기능도 발생시켰다고 평가된다(송기창, 2005).

이후 교육감 주민직선제 도입과 함께 교육위원회를 지방의회의 상임위원회로 전환하는 내용의 법률 개정이 이루어지면서(2006. 12. 20.) 시·도의원과 교육의원으로 교육위원회를 구성하되, 양자 모두 주민이 직접 선출하게 되었다. 이런 방식에 따라서 일반행정학계에서 제기해 온 교육위원회 구성에서의 대표성 문제는 완전히 해소되었으나, 막대한 선거 비용 조달이나 정당과의 관계 등 문제가 새롭게 제기되었다. 2014년 지방선거부터는 제주를 제외한 지역에서는 교육의원이 폐지되었으며, 교육위(의)원 선출을 위한 별도의 절차는 존재하지 않는다.

3) 교육위원 규모

「지방교육자치법」 제정 당시에는 특별시와 직할시는 자치구의 수만큼, 도는 교육청의 수만큼 교육위원을 두되, 7인을 최저한도로 정하여 7~25인으로 교육위원회를 구성하였으나, 이후 개정 법률에서는 7~15인으로 교육위원 규모를 축소하였다(1998. 6. 3.). 2006년 개정 법률에서는 지방의원과 교육의원으로 교육위원회를 구성하였으며, 2017년에는 각 시·도의회에 지방의원만으로 교육위원회가 구성되어 있다. 시기별 교육위원 규모를 정리하면 〈표 3-1〉과 같다.

〈표 3-1〉 교육위원 총수

구분	제1대	제2대	제3대	제4대	제5대	통합형 교육위원회	제1기 지방의회 흡수형 교육위원회
활동기간	1991. 9.~ 1994. 8.	1994. 9.~ 1998. 8.	1998. 9.~ 2002. 8.	2002. 9.~ 2006. 8.	2006. 9.~ 2010. 6.	2010. 7.~ 2014. 6.	2014. 7. ~현재
교육위원 총수	224	235	146	146	146	139(77)	134(5)

주: 괄호 안은 교육의원 수를 나타낸다.

다. 구성의 실제

〈표 3-2〉는 제1~5대 교육위원회의 구성 현황을 보여 준다. 연령을 중심으로 보면 60대 이상 교육위원이 과반수를 차지하고 있음을 알 수 있고, 교육 또는 교육행정 경력자는 꾸준히 70% 이상을 점하고 있음을 확인할 수 있다. 여성과 청장년층의 비율은 매우 낮은 수준에 머물렀다.

〈표 3-2〉 제1~5대 교육위원 현황　　(단위: 명)

구분	여성 위원	30대	40대	50대	60대 이상	재선 위원	3선 이상	교육·교육 행정경력
제1대 (1991. 8.) 224명	8 (3.5)	6 (2.7)	20 (8.9)	72 (32.1)	129 (56.3)	—	—	160 (71.4)

(계속)

구분	여성 위원	30대	40대	50대	60대 이상	재선 위원	3선 이상	교육 · 교육 행정경력
제2대 (1994. 8.) 235명	7 (2.9)	3 (1.3)	26 (11.1)	61 (25.9)	145 (61.7)	54 (22.9)	–	165 (70.2)
제3대 (1998. 8.) 146명	2 (1.3)	4 (2.7)	20 (13.7)	49 (33.6)	73 (50.5)	43 (29.4)	9 (6.1)	106 (72.6)
제4대 (2002. 7.) 146명	5 (3.4)	2 (1.37)	29 (19.8)	29 (19.8)	86 (58.9)	38 (26.0)	18 (12.3)	118 (80.8)
제5대 (2006. 7.) 139명	3 (2.2)	–	9 (6.5)	29 (20.9)	101 (72.6)	(자료 미확보)		

주: 괄호 안은 비율을 나타낸다.
출처: 제1~4대 구성 현황은 고전(2003: 49)의 자료를 그대로 활용함. 제5대 구성 현황은
　　　자료를 확보하지 못함. 제5대 구성 현황은 송기창(2006a: 191)의 자료를 활용함.

2010년 6월에는 주민들이 지방의원과 교육의원을 선출하여 교육위원
회를 구성하였다. 지방의원은 전반기와 후반기 각각 2년씩 상임위원회
를 바꾸었다. 교육의원만을 분석하면 〈표 3-3〉과 같다.

〈표 3-3〉 통합형 교육위원회(2010. 7.~2014. 6.) 교육의원 현황

구분	성별		연령			
	남	여	30대	40대	50대	60대 이상
인원 82명	81 (98.8)	1 (1.2)	–	4 (4.9)	23 (28.0)	55 (67.1)

주: 괄호 안은 비율을 나타낸다.

2014년 6월에는 지방의원만으로 교육위원회를 구성하였다. 전반기
(2014. 7.~2016. 6.)를 기준으로 각 시 · 도교육위원회 위원 현황을 정리
하면 〈표 3-4〉와 같다.

〈표 3-4〉 제1기 지방의회 흡수형 교육위원회 전반기(2014. 7.~2016. 6.)
위원 현황

구분	정당			성별		연령			
	새누리당	새정치 민주연합	기타	남	여	30대	40대	50대	60대 이상
총 134	69 (51.5)	54 (40.2)	11(5) (8.3)	113 (84.3)	21 (15.7)	2 (1.5)	35 (26.1)	71 (53.0)	26 (19.4)

주: ① 괄호 안은 비율을 나타낸다.
　　② 30대 의원 수에는 20대 의원 1명이 포함되어 있다.

라. 권한

교육위원회의 권한은 그다지 변화가 없이 유지되었다. 「지방교육자치
법」 제정 당시 교육위원회는 다음 사항을 심의 · 의결할 수 있는 권한을
가지고 있었다.

① 시 · 도의회에 제출할 조례안
② 시 · 도의회에 제출할 예산안 및 결산
③ 시 · 도의회에 제출할 특별부과금 · 사용료 · 수수료 · 분담금 및 가
　　입금의 부과와 징수에 관한 사항
④ 기본재산 또는 적립금의 설치 · 관리 및 처분
⑤ 중요재산의 취득 · 처분
⑥ 공공시설의 설치 · 관리 및 처분

⑦ 법령과 조례에 규정된 것을 제외한 예산 외 의무부담이나 권리의
  포기
⑧ 청원의 수리와 처리
⑨ 기타 법령과 시·도 조례에 의하여 그 권한에 속하는 사항

이후 다음 사항이 심사·의결 사항으로 추가되었다.

① 기채안
② 기금의 설치·운영에 관한 사항
③ 외국의 지방자치단체와의 교류·협력에 관한 사항

이 가운데 조례안, 예산안 및 결산안, 특별부과금·사용료·수수료·
분담금 및 가입금의 부과와 징수, 기채안은 교육위원회에서 심사·의결
한 후 최종적으로는 시·도의회가 의결하도록 하였으며, 나머지 사안은
교육위원회 의결을 시·도의회 의결로 간주하였다.

마. 활동

교육위원회는 다양한 활동을 통하여 주민들의 의사를 집약하여 시·
도교육청에 전달하고, 교육청과 산하 기관의 각종 사업에 대하여 견제
와 감시를 하는 역할을 하였다. 교육위원회가 성숙해짐에 따라서 교육
위원회의 활동에 내실을 기하게 되었다. 시·도교육위원회에 따라 활
동에 다소간 차이가 있을 수 있다. 이 절에서는 제8대 서울특별시의회
교육위원회의 활동(2010. 7.~2014. 6.)을 중심으로 교육위원회의 활동을
개관한다.

1) 회의

교육위원회의 가장 중요한 활동은 각종 회의를 통하여 이루어진다. 교육위원들은 각종 회의에 참여하거나 회의를 주관하기도 하는데, 그 중 가장 중요한 것은 본회의와 상임위원회다. 제8대 서울시의회 교육위원회는 4년간 총 127회의 회의를 열어서 조례안이나 예산·결산안 등 각종 의안을 처리하였다(서울특별시의회, 2014). 〈표 3-5〉는 교육위원회에서 처리한 의안을 개관한 것이다.

〈표 3-5〉 제8대 서울특별시의회 교육위원회 처리 의안 개관

구분	조례안	동의 승인안	건의 결의안	의견청취	청원	예산·결산안	기타
건수	132	31	10	4	5	49	20

교육위원회의 회의는 다양한 기능을 수행한다(김용, 2013). 첫째, 교육위원들은 시민의 대표로서 교육행정기관에 대한 견제와 감시를 통하여 집행부의 방침에 제동을 걸며 지방교육행정의 민주성과 타당성을 제고한다. 둘째, 지방교육의 향방에 관하여 다양한 의견이 존재할 수 있기 때문에, 교육위원들은 서로 다른 입장에서 토론을 통하여 교육정책의 방향을 정립한다. 셋째, 교육위원들은 교육청을 견제하고 감시할 뿐만 아니라 교육청의 사업 계획 수립이나 집행에 도움이 될 수 있는 정보를 제공한다. 넷째, 주민들의 의사를 교육청에 전달하여 교육정책에 반영되도록 한다.

2) 조례 제·개정

조례는 지역주민들의 의사를 정립한 자치법규로서, 조례를 제정하거나 개정하는 일은 교육위원들이 수행하는 매우 중요한 과업이다. 서울시 교육위원회의 경우 4년간 총 132건의 조례안을 처리하였는데, 제출

된 조례안을 형식적인 논의를 거쳐 원안을 그대로 처리하기보다는 교육 위원 상호 간의 치열한 토론을 통하여 수정안을 제안하도록 하기도 하고, 때로는 제출된 조례 제·개정안을 보류하거나 폐기하기도 하는 등 조례 제정 과정에서 위원 간의 상호작용이 활발하였다. 교육위원회를 구성할 때 다양성이 심화되는 정도와 조례 심사 밀도는 상당히 높은 수준의 상관관계를 나타내는 것으로 보이는데, 위원 간의 시각 차이가 조례 심사 과정에 반영되기 때문이다.

서울시 교육위원회는 활동 기간 중 조례의 제정 및 개정에 눈부신 활동을 보였는데, 서울시의회의 모든 상임위원회 가운데 으뜸이라는 평가를 받을 정도였다. 〈표 3-6〉은 서울시의회 교육위원회의 조례 심사 실적을 보여 준다.

〈표 3-6〉 서울시의회 교육위원회 조례 심사 실적

구분	제정	전부 개정	일부 개정	폐지	계
건수	17	6	31	3	57

특히 주민들의 요구가 집약된 사안에 대하여 조례를 제정함으로써 행정청이 주민 의사를 반영하여 교육행정을 집행할 수 있는 법적 기반을 마련해 주었다. 다음은 서울시의회 교육위원회에서 제정한 조례들이다 (괄호 안은 제정일).

- 서울시교육청 인터넷 홈페이지 운영 활성화에 관한 조례(2011. 2. 25.)
- 서울시교육청 홍보물 등의 심의와 보급에 관한 조례(2011. 2. 25.)
- 서울시교육청 정책자문위원회 설치 및 운영 조례(2011. 2. 25.)
- 서울특별시 교육재정부담금의 전출에 관한 조례(2011. 5. 2.)
- 서울특별시립학교 시설의 개방 및 이용에 관한 조례(2011. 10. 12.)

- 서울특별시 교권 보호와 교육활동 지원에 관한 조례(2012. 5. 2.)
- 서울특별시 학교 밖 청소년 지원 조례(2012. 7. 9.)
- 서울특별시 교육감 소속 학생인권 옹호관 운영 조례(2012. 10. 12.)
- 서울특별시 어린이 청소년 인권 조례(2012. 10. 12.)
- 서울특별시 유치원 운영위원회 구성 및 운영 등에 관한 조례(2012. 12. 11.)
- 서울특별시 교복 나눔 운동 활성화 조례(2013. 3. 8.)
- 서울특별시 교육감이 고등학교의 입학 전형을 실시하는 지역 지정 및 해제에 관한 조례(2013. 3. 8.)
- 서울특별시 교육청 공무원이 아닌 근로자 채용 등에 관한 조례(2013. 9. 13.)
- 서울특별시 교육청 다문화교육 진흥 조례(2013. 9. 13.)
- 서울특별시 교육청 방사능으로부터의 안전한 식재료 공급에 관한 조례(2013. 12. 20.)
- 서울특별시 교육청 공무원 후생 복지에 관한 조례(2013. 12. 20.)
- 서울특별시 사립학교 투명한 운영에 관한 조례(2013. 12. 20.)

3) 행정사무감사

행정사무감사는 지방 감사 체계의 일환으로 주민의 대표 기관인 의회가 지방행정의 책임성과 투명성을 확보하기 위하여 집행부의 사무 집행에 대한 감독권을 행사하는 활동이다(이규환, 2001: 240). 교육위원들은 행정사무감사를 '의정 활동의 꽃'이라고 부를 만큼 애착을 가지고 준비한다. 사실상 교육위원들의 거의 모든 활동은 행정사무감사에 맞추어진다고도 할 수 있다. 행정사무감사는 1년에 1회 이루어지며, 대략 열흘 내외의 기간에 교육청과 산하 기관의 활동을 점검하며 시정 또는 건의 활동을 한다. 〈표 3-7〉은 서울시의회 교육위원회 행정사무감사 개요를 나타낸다.

〈표 3-7〉 서울시의회 교육위원회 행정사무감사 개요

연도	행정사무감사 기간	대상 기관
2010	2010. 11. 15.~2010. 11. 24.	교육청, 지역교육청(11개), 교육연구정보원, 과학전시관, 교육연수원, 학생교육원, 유아교육진흥원, 학생체육관, 학교보건진흥원, 교육시설관리사업소, 평생학습관(4개), 도서관(17개) 총 41개 기관
2011	2011. 11. 11.~2011. 11. 24.	
2012	2012. 11. 3.~2012. 11. 16.	
2013	2013. 11. 12.~2013. 11. 25.	

서울시의회 교육위원회는 행정사무감사를 통하여 총 1,459건의 시정 요구 및 건의 조치 등을 요구하여 지방교육행정의 합리성을 제고하도록 하였다.

4) 예·결산 심사

예·결산 심사는 의회가 집행부의 정책 과정에 참여하는 수단이며, 행정 서비스의 적절성과 재정 구조를 종합적으로 평가하는 중요한 정책 도구이다(이영희, 이명균, 2010: 200). 교육위원회는 사업의 우선순위와 타당성 등을 중심으로 예산 집행의 적정성 등에 대하여 의견을 제출하며 집행부와 재정 집행 방침을 확정해 간다. 서울시의회 교육위원회는 활동 기간 중 총 49건의 예산·결산안을 처리하였다.

5) 청원

청원은 지역주민이 시정에 관한 희망이나 개선 사항을 의원 1인 이상의 소개를 받아 서면으로 제출하는 제도이다. 서울시의회는 활동 기간 중 총 5건의 청원을 처리하였다.

6) 기타

교육위원회는 이상 열거한 일반적인 활동 외에 시기별로 특별한 활동을 통하여 주민들의 의사를 수렴하고 집행부에 그 내용을 전달하거나 집행부의 활동을 견제하고 감시한다. 서울시의회 교육위원회의 경우 특별히 관심을 가지고 대응할 필요가 있는 의제에 대하여 교육위원회 내에 특별위원회를 구성하여 주민들의 의사를 수렴하고 집행부에 이를 전달하였다. 특별위원회는 회의를 개최하거나 안건을 처리하고, 간담회나 토론회 또는 현장 방문 활동을 전개하였다. 다음은 서울시 교육위원회에 한시적으로 활동하였던 특별위원회이다.

- 친환경 무상급식 지원 특별위원회
- 부모교육과 행복 가정 네트워크 특별위원회
- 강남·북 교육격차 해소 특별위원회
- 학교폭력 대책 특별위원회
- 사립학교 투명성 강화 특별위원회

이 밖에 공청회나 토론회, 세미나를 수시로 개최하기도 하였는데, 이런 활동 역시 논란이 되는 사안에 대하여 주민의 의사를 확인하고 수렴하기 위한 활동의 일환이었다. 서울시의회 교육위원회는 '친환경 무상급식 의견 청취'나 '국제중 지정 취소 의견 청취' 등 총 10회의 공청회 등을 개최하였다.

3. 현황

가. 구성

2017년에는 각 시·도의회의 상임위원회로서 교육위원회가 설치되어 있다. 다만, 제주의 경우는 「제주특별자치도 설치 및 국제자유도시 조성을 위한 특별법」에 따라서 종래의 교육의원 제도가 존치되어 있으며, '특별한' 상임위원회로서 교육의원과 지방의원으로 교육위원회를 구성하여 운영하고 있다. 제주를 제외한 16개 시·도에서 교육의원 제도가 폐지됨에 따라 교육위원회 위원 수는 감소되었다. 정당에 소속된 지방의원들이 교육위원회에 참여함에 따라서 교육위원회의 구성은 다양한 양상을 띠게 되었다. 〈표 3-8〉은 제1기 지방의회 흡수형 교육위원회 후반기(2016. 7.~2017. 10.) 구성 현황을 정리한 것이다.

〈표 3-8〉 제1기 지방의회 흡수형 교육위원회 후반기 구성 현황(2017. 9. 기준)

구분	정당별			성별	
	자유한국당	더불어민주당	기타	남	여
서울	3	9	1	11	2
부산	7	0	0	7	0
대구	4	0	1	5	0
인천	4	3	0	6	1
광주	0	3	3	5	1
대전	2	3	0	3	2
울산	5	1	0	4	2
세종	2	4	1	6	1
강원	7	2	0	9	0
경기	8	11	0	15	4
경남	7	1	1	6	3
경북	9	0	0	9	0
전남	1	4	4	8	1
전북	0	5	2	6	1
충남	5	2	1	8	0
충북	3	1	2	5	1
제주	0	2	7(5)	9	0

(계속)

구분	정당별			성별	
	자유한국당	더불어민주당	기타	남	여
계	67	51	23(5)	122	19

주: 괄호 안은 교육의원의 수를 나타낸다.

나. 운영

모든 시·도의회의 교육위원회에서는 앞의 '2절 마. 활동'에서 소개한 활동, 즉 회의, 조례 심사, 예·결산 심사, 행정사무감사 등의 기본적인 활동이 진행되고 있다. 그러나 시·도에 따라서 교육위원회의 활동에는 상당한 차이가 나타난다. 매우 기본적인 활동만을 수행하는 교육위원회가 있는가 하면, 간담회나 정책 토론회는 물론 현안에 대한 기자회견이나 시위 활동에 참여하는 경우도 나타나고 있다. 다음은 서울시의회 교육위원회의 특별한 활동(2014. 7.~2015. 7.)을 정리한 것이다.

- 세계시민교육을 위한 서울시의 역할 전문가 간담회
- 민주시민교육 어떻게 할 것인가 정책 토론회
- 교육 안전 기본 조례안 제정 관련 공청회
- 학교 밖 청소년 지원, 교육의 대안에서 세상의 대안으로 토론회
- 안전한 영·유아급식 식재료 품질 기준 마련을 위한 토론회
- 교육공무직 영양사 처우 개선 관련 간담회
- 자사고 지정 취소 관련 기자회견
- 안전, 안심 학교 급식을 위한 공동 기자회견
- 동구학원 감사원 감사 촉구 관련 기자회견
- 국회 누리과정 예산 심의 관련 보육 예산 국고 지원 촉구 기자회견
- 고등학교 무상교육 대통령 공약 이행 촉구 기자회견
- 초·중·고 교육재정 파탄 관련 청와대 앞 시위

4. 쟁점

「지방교육자치법」제정 당시의 교육위원회와 2017년의 교육위원회는 매우 다른 형태와 성격을 지닌 것이 되었다. 과거의 교육위원회에 대하여 제기된 많은 문제 제기와 쟁점 가운데 상당 부분은 이제는 의미가 없어졌다. 그러나 과거에 제기된 쟁점 가운데 일부는 현재의 교육위원회를 이해하고 평가하는 데에 여전히 의미가 있는 것도 있다. 이 절에서는 과거에 제기된 쟁점 가운데 현재의 교육위원회를 분석하거나 평가하는 데에도 여전히 유효한 쟁점을 중심으로 논의한다.

가. 교육위원회의 성격

「지방교육자치법」제정 이후 줄곧 제기된 쟁점은 교육위원회의 성격을 둘러싼 것이었다. 교육위원회는 전심형 의결기구로 운영되었으나 교육위원들과 교육계는 독립된 의결기구로 전환하여야 한다는 입장을 전개한 반면, 지방의원들은 교육위원회를 폐지하고 지방의회의 상임위원회로 전환하여야 한다는 입장을 나타냈다. 결국 교육위원회는 4년간의 '특별한' 상임위원회를 거쳐 현재는 '보통' 상임위원회로 전환되었다. 지금 와서 생각해 보면, 초기에 전심형 기구로서 교육위원회를 설계한 것은 교육에 대한 전문적 관리와 민중 통제의 요구의 조화를 도모하기 위한 것이었다고 해석할 수 있다. 즉, 전문성을 지닌 사람을 과반수로 하여 교육위원회를 구성하고, 교육위원회가 전문성을 발휘하여 의안을 심사·의결하면, 대부분 그 결과를 존중하되, 일부 의안에 대하여는 종합행정의 필요상 시민들의 입장에서 한 차례 더 심사하여 심사·의결의 타당성 또는 합리성, 민주성을 제고하고자 한 것으로 이해할 수 있다. 따라서 이런 제도는 교육위원과 지방의원 간의 상호 존중과 상호 보완을 전제로 하여 운영될 수 있었다. 그러나 현실에서는 두 주체가 조화로운 공존을 도모하기보다는 서로 간에 힘을 앞세우고 불필요한 대립을 상당히 초래하여 제도에 함축된 정신이 현실에서는 잘 구현되지 않았다.[3]

나. 교육위원의 자격

교육위원회의 성격과 직결된 문제는 교육위원의 자격에 관한 것이었다. 교육위원회 구성에서 전문적 관리와 정치적 중립성을 중시하는 입장을 반영하여 제도 초기에는 교육위원 과반수가 정당에 가입하지 않고 15년 이상의 교육 또는 교육행정 경력을 갖춘 사람들로 구성되도록 하였다. 이후 정당 불가입과 일정 기간 이상의 교육 또는 교육행정 경력이라는 자격 요건은 모든 교육위원에게 요구되었다. 그러나 교육위원회 구성에서 대표성(representativeness) 요건을 강화하여야 한다는 주장이 줄곧 제기되었고, 대표성과 전문성이라는 요건은 상당한 정도는 상쇄 관계(trade-off relation)에 놓일 수밖에 없기 때문에, 대표성 요건이 강화되는 만큼 전문성 요건은 약화되었다. 교육의원 제도가 존재할 때까지는 앞의 자격 요건이 요구되었으나 지방의회의 상임위원회로 전환된 이후로는 자격 요건이 사라졌다.

교육위원회 구성에서 전문성과 정치적 중립성을 중시하여야 한다는 견해에 대하여는 이견이 존재하였다. 교육위원회 구성에서는 대표성이 중요한 것이지 전문성이나 정치적 중립성은 의미가 없는 것이라는 견해가 그것이다(김용일, 2009; 이기우, 2001). 교육위원회 제도의 원형인 미국의 교육위원회 제도를 중심으로 생각하면 이런 견해가 타당하지만, 한

---

3) 송기창(2015a)은 향후 합의제 집행기구 형태의 교육위원회 안이 현실화될 가능성을 전망하고 있다. 즉, 종전에 교육감이 수행하던 기능을 교육위원회가 담당하고, 교육감은 교육위원회의 사무장 역할을 하는 방식, 즉 일본의 교육위원회와 유사한 형태로 재편될 것이라는 전망이다.

국은 한국 나름대로의 교육위원회 제도를 운영할 수 있는 것이고, 앞에서 말한 전심형 의결기구로서 교육위원회를 설계한 이상 전문성을 자격 요건에 포함한 것은 나름의 의미가 있다고도 볼 수 있다. 다만, 교육위원회 구성에서의 전문성을 교육 또는 교육행정 경력으로 단순하게 치환해 버린 것에 대해서는 성찰이 필요해 보인다. 실무적으로 '경력' 외에 전문성을 담보할 수 있는 외적 요건이 무엇이 있을까를 생각하면 대안적인 생각을 하기가 쉽지 않은 것도 사실이지만, 경력의 길고 짧음이 전문성의 정도를 의미하는 것은 아니다. 더 나아가, 교육을 둘러싸고 다양한 견해가 존재할 수 있으며, '전문성'이란 다양한 입장에서 숙의할 때 나타날 수 있는 것이기도 하다. 즉, 전문성은 대표성과도 연관된 것이다. 과거 교육위원회 구성을 보면, 교육위원 다수는 60대 이상 교장 경력을 지닌 남성이었다. 이 경우 젊은 세대, 교사 또는 학부모나 학생, 여성의 시각은 충분히 논의되지 못할 가능성이 상당하다. 교육위원회 구성에서 나타난 위원들의 획일성은 대표성이라는 견지에서도 문제가 있는 것이었지만 전문성이라는 견지에서도 문제가 있는 것이었다. 그 결과, 제도 초기 교육위원회 활동은 시민들은 말할 것도 없고 학교 관계자들에게도 효능감을 발생시키지 못했다. 그나마 2000년대 들어 전교조 출신 교육위원들이 탄생하면서 교육위원회 활동의 일부가 외부로 알려지기 시작하였는데, 이는 교육위원 구성의 변화에서 비롯된 결과라고 평가할 수 있다.

한편, 정당 가입 요건은 교육위원회 구성에서 정치적 중립성을 담보하기 위하여 요구되었다. 「헌법」상 규정된 교육의 정치적 중립성 규정이 그대로 교육위원회 구성에서도 적용된 것이다. 이에 대하여 교육의 정치적 중립성은 교육위원회 구성과 관계가 없다는 비판이 제기되었지만(김용일, 2009; 이기우, 2001) 교육의원 제도가 사라질 때까지 정당 가입 여부는 교육위(의)원의 중요한 자격 요건이 되었다. 그런데 이 문제와 관련해서는 매우 복잡한 쟁점이 존재하는 것이 사실이다. 교육위원회 구성에서 정치적 중립성 요건이 필요한가 여부에 관한 논의를 시작하기 전에 '정치적 중립성' 또는 '교육의 정치적 중립성'이라는 개념 자체가 불확실하다. 정치와 관련된 일체의 논의를 삼가는 것이 중립인가(이른바 'noninvolvement로서의 중립')? 불편부당한 것을 중립으로 보는 경우(이른바 'impartiality로서의 중립'), 무엇이 '불편부당'한 것인가? 사실상의 '불편부당'은 존재할 수 있는가? 이런 질문은 여전히 명확하게 해명되지 않은 채로 남아 있다.

더 나아가, 본래 교육의 정치적 중립성이라고 할 때, 중립을 지켜야 하는 주체는 교육행위자인 교사뿐만 아니라 오랫동안 교육을 부당하게 지배해 온 국가도 포함된다. 그러나 오늘날 국가는 중립성을 판단하는 '객관적인 심판자'로 시나브로 자리를 이동하고 오로지 교사에게만 중립을 요구하는 것이 현실이다. 비슷한 맥락에서 지방교육행정기관의 활동 자체에 상당한 정치적 성격이 나타나는데, 지방교육행정기관의 활동의 정치성에는 눈을 감은 채로 교육위원회 구성의 정치적 중립성만을 요구하는 것이 어떤 의미가 있는지 의문이다.

또한 교육위원회 구성에서 정치적 중립성 요건을 인정하는 경우에도 문제는 남는다. 일정 기간 정당에 가입하지 않을 것을 '정치적 중립성'을 나타내는 징표로 치환하고 있는데, 어제까지 특정한 정당에 가입해 활동하던 사람이 교육위원이 되고자 탈당한다고 해서, 그의 정치적 입장에 어떤 변화가 생기는가? 더 나아가, 정당에 가입하지 않았다고 하는 사실만으로 정치적으로 '중립적인' 판단을 할 수 있다고 보장할 수 있는가? 실제로 2010년부터 2014년까지 정당에 가입하지 않은 교육의원과 정당에 가입한 지방의원으로 구성된 교육위원회의 운영을 관찰하면, '정치적인' 사안을 둘러싸고 교육의원 역시 지방의원과 매우 유사한 행태를 보이는 것이 관찰된다(김용, 2013). 교육의원들도 자신 나름의 정치적 입장을 가지고 있고, 그에 따라 행동하는 것이다. 지난 시기의 교육위원회 운영은 교육위원회 구성에서의 정치적 중립성 요건과 관련하여 이런 복잡한 쟁점을 남겼다.

다. 교육위원회 구성 방식

이와 관련하여 교육위원회의 구성 방식은 여전히 논의의 대상이 되고 있다. 특히 지방의회의 상임위원회로서 운영되고 있는 현재의 교육위원회의 대안 관련 논의가 계속되고 있다. 고전(2014b)이 잘 지적하고 있듯이, 사실상 현재는 교육위원회 제도를 둘러싸고 일종의 정책 실험 상황에 있다고 할 수 있다. 16개 시·도와 제주의 교육위원회 구성이 다르기 때문이다. 백혜선(2014)은 제주 교육위원회 운영을 실증적으로 분석하여 입법 활동이나 주민대표 기능 등 면에서 교육의원들의 성과가 두드러졌음을 보고하였다. 또한 지충남과 선봉규(2013)는 2010년 7월부터 2년간 운영된 통합형 교육위원회의 전반기 활동을 분석하여 예·결산 심의와 본회의 출석 및 발언 등 면에서 교육의원이 지방의원보다 우수하였음을 보고한 일이 있다. 이상철, 주철안, 윤은미(2013)도 부산시 교육위원회 사례 연구를 통하여 지방의원에 비하여 교육의원이 입법 활동, 예·결산 심사, 주민 대표성 등 여러 가지 면에서 우수한 의정 활동을 보이고 있다는 결과를 발표하였다. 송기창(2015a)은 이런 실증 연구 결과를 바탕으로 향후 교육상임위원회 제도와 교육의원 제도를 부활하여야 한다고 강력하게 제안하였다. 반면, 대통령 소속 지방자치발전위원회는 2014년 12월 발표한 '지방자치발전종합계획'에서 교육자치와 지방자치의 연계·통합 방침을 공식화하였다.

라. 교육위원회 설치 단위

교육위원회의 설치 단위는 여전히 쟁점이 되고 있다. 기초자치단체와 광역자치단체 모두에 교육위원회를 두고 있는 미국이나 일본과 달리 한국은 광역자치단체에만 교육위원회를 설치하여 운영하고 있다. 이에 따라 주민들의 교육자치에 대한 체감도는 비교적 낮은 편이다. 근래 교육감 직선제 도입 이후 교육자치의 효능감이 제고되고 있지만, 교육위원회의 효능감에 대한 인식은 여전히 낮은 수준에 있다고 할 수 있다. 이에 따라 기초자치단체 수준에서 교육자치를 실시하여야 한다는 견해가 제기되고 있다. 이기우(2014a)는 현행 광역 수준에서 운영되는 교육위원회 제도는 '주민에 가까운 행정'이라는 자치행정의 이상에 반하는 것으로서, 지역이 너무 넓어서 지역적 특성을 살리는 데 어려움을 초래하고, 결과적으로 교육문제를 주민에게서 격리시키는 문제가 있다고 지적하고 있다. 아울러, 교육감의 권한이 지나치게 비대하여 권력 남용과 부패의 위험이 있음도 경고하면서, 기초자치단체 수준에서 교육자치를 실시할 것을 제안하고 있다. 교육자치를 기초자치단체 수준에서부터 실시하자는 주장에 대하여는 폭넓은 공감대가 이루어진 것처럼 보이지만, 기초 수준에서의 교육위원회의 설치 형태, 교육재정의 배분 등 여러 가지 논의 과제가 존재한다. 이 문제는 행정구역 개편과 긴밀하게 맞물려 있는 것으로서, 여전히 많은 쟁점을 내포하고 있다고 할 수 있다.

5. 성과

제도의 이상적인 모습으로 이해되었던 교육위원회가 사라진 마당에, 교육위원회의 성과를 논하기가 주저되는 것이 사실이다. 이 점을 전제로 하고 몇 가지의 성과를 살펴보고자 한다.

가. 지방교육자치제도의 존속에 대한 기여

비록 그 형태는 초기와 상당히 달라져 버렸지만 지방교육자치제도가 여전히 존속하고 있다는 사실이 교육위원회의 성과라고 할 수 있다. 교육자치제도는 우리나라의 고유한 제도가 아니고 미국에서 수입된, 그것도 어떤 면에서 보면 '강요에 의하여' 수입할 수밖에 없었던 제도라고 할 수 있다. 또한 제도 수입 단계부터 내무부 관료들을 중심으로 지방교육자치제도에 반대하고 폐지할 것을 요구하는 목소리도 상당하였다. 실제로 지방교육자치제도는 제도 도입 단계에서 상당한 논란을 겪고, 폐지 이후 지난한 부활 투쟁의 결과 형식적으로나마 부활하고, 이후 실질적인 부활을 맞이하게 되었다(송기창, 1996a). 1991년 제도 부활 이후에도 지방교육자치제도에 대한 공격은 계속되었으나 교육감 주민직선제를 계기로 새로운 단계의 지방교육자치 시대로 진입한 것은 아닐까 생각한다. 교육자치제도가 사라지지 않고 이나마 유지되고 운영되게 된 데에는 사실상 교육위원들의 공헌이 상당했다고 평가할 수 있다. 교육위원회 제도를 폐지하려는 움직임에 맞서 최선두에서 서서 교육자치제도를 지키고자 노력하였던 주체가 교육위원들이었음은 부인할 수 없는 사실이다.

비록 우리나라와 같은 형태는 아니지만, 교육위원회 제도를 비슷한 시기에 도입하고서도 상당히 유명무실해졌다는 평가를 받고, 지금도 여전히 제도를 존속시킬 필요가 있는가라는 엄중한 비판에 직면하고 있는 일본과 비교하여 보면, 우리나라의 교육자치제도는 비교적 착실히 성장해 왔다고 평가할 수 있다. 여전히 개선 과제가 많이 남겨져 있는 것이 사실이지만, 그나마 이만큼 제도를 운영해 온 데에는 교육위원회의 공헌이 상당했다고 할 수 있다.

나. 교육행정기관에 대한 견제와 감시

교육행정기관에 대한 견제와 감시 기능을 주로 하는 기관으로서 교육위원회는 지방교육행정의 민주성과 합리성을 제고하는 데 일정한 역할을 하였다. 교육위원회 제도가 운영되기 시작할 무렵에는 교육위원 스스로의 역할에 대한 자각도 충분하지 않고 교육행정기관도 교육위원회의 의의를 충분히 의식하지 않았기 때문에 교육위원회 제도의 본래 의의가 충분히 구현되지 않았던 것도 사실이지만, 제도를 운영하면서 교육위원 스스로의 자각이 높아지고 교육행정기관 역시 교육위원회로부터의 견제와 감시가 교육행정 운용에 상당한 도움이 된다는 사실을 인식하게 되었다. 또한 교육위원들이 주민들의 의사를 수렴하여 전달하고, 전문적 식견을 발휘하여 지방교육행정에 기여하면서 지방 수준의 교육행정의 민주성과 합리성이 제고되었다.

다. 교육행정기관에 대한 후원과 지지

교육위원회는 지방교육행정기관에 대한 견제와 감시뿐만 아니라 후원과 지지 역할도 상당히 전개하였다. 교육위원회는 지방의회의 전심형 의결기구로서의 위상을 지니고 있었고, 교육위원들은 교육청에 대한 견제와 감시자로서의 자각뿐만 아니라 일반행정으로부터 교육을 보호하고 진흥하기 위한 역할을 해 온 것도 사실이다(김용, 2013). 예산을 편성할 때 지방교육에 투입할 예산을 가급적 많이 확보하고자 교육청과 협력하여 노력해 온 것이 사실이며 지방교육을 진흥하기 위한 조례를 제정하는 등 지방교육발전을 위하여 교육위원들이 앞장선 것도 사실이다.

라. 주민 의사 수렴 및 전달

교육위원회는 주민들의 의사를 수렴하여 전달하는 활동을 충실히 수행하여 지방교육행정에 대한 주민 참여와 통제를 강화하였다. 교육위원들은 주민들의 요구 사항을 수렴하여 조례를 제정하거나 개정하는 일에 상당한 노력을 기울였다. 교육위원회 활동이 계속되면서 제정되는 조례가 확대되고 조례 개정을 통하여 주민들의 의사를 더 직접적으로 교육행정에 반영하고자 한 것은 교육위원회의 주민 의사 수렴 기구로서의 성과를 보여 준다. 또한 교육위원회에서는 주민 청원에도 적극 대응하고자 하였고, 교육위원회가 종종 활용한 공청회나 각종 조사 활동은 교육에 대한 주민 참여를 제고하는 긍정적 결과를 낳았다. 그러나 이런 일이 모든 교육위원회에서 활성화된 것은 아니며, 일부에서 모범적으로 이루어진 것이라서 향후 더 확대될 필요가 있다.

마. 지방교육 거버넌스 주체 간 조정

교육위원회는 지방교육 거버넌스 주체 간 조정 기구로서의 역할을 원만하게 수행해 오고 있다. 교육자치가 진전되는 과정에서 지방교육행정기관과 교육부, 지방교육행정기관과 지방자치단체, 그리고 시·도교육청과 지방의회 사이에 종종 갈등이 빚어졌다. 이 과정에서 교육위원회는 갈등 주체 사이에 타협을 이끌어 내는 조정 기구로서의 면모를 과시하였다. 경기도 등 여러 지역에서 교육재정 부담금 전출을 둘러싸고 교육청과 시·도청 사이의 갈등이 고조될 때, 교육위원회는 조례를 제정하여 양자 간의 갈등을 해소하였다(김용, 이차영, 고전, 2013). 서울시의 경우는 자율형사립고등학교 지정 해제를 둘러싸고 교육부와 서울시교육청이 갈등을 빚을 때 교육위원회에서 공청회를 개최하는 등 타협점을 모색하기 위한 계기를 마련하기도 하였다. 이런 움직임은 교육위원회가 지방교육 거버넌스 구조에서 윤활유와 같은 역할을 할 수 있음을 보여 준다.

6. 과제

지방교육자치제 부활 이후 한국의 교육위원회는 그 구성뿐만 아니라 성격까지도 상당히 변화하였다. 현재의 상태도 변화가 마무리된 것은 아니며 또다시 변화될 가능성이 있으니, 김용일(2009)의 지적처럼 한국의 교육자치제도는 여전히 '깁고 누비는' 과정에 있다고 할 수 있다. 변화의 과정에서 과제를 정립하고자 할 때는, 이 제도가 탄생한 시점에서의 제도의 의의를 새삼 상기하면서 새로운 방향을 모색하는 것도 좋은 방법이다.

미국의 교육위원회 제도는 작은 규모의 지역주민들이 촌락의 학교를 공동 소유하고 공동으로 운영하며 마을 아이들의 교육에 필요한 갖가지 일을 공동으로 부담하고자 하는 정신이 제도화된 학교 회의(school meeting)에서 시작되었다. 주민들은 학교 회의를 통하여 학교교육과 관련하여 각자의 이익이나 요구와 마을 전체의 공적 이익이나 요구를 함께 조정하였다. 주민들은 공동으로 소유하고 운영하며 더불어 책임을 지는 학교를 통하여 자신들의 미래 세대를 기르고, 학교교육을 통하여 마을을 더 좋은 사회로 만들어 나가고자 하였다. 학교는 배움의 장이고 배움(學)은 조상과의 연계와 친구와의 교류를 지원하는 교사들의 노력을 표상한 글자라는 사실이 알려 주는 것처럼, 학교라는 공간은 현재 세대와 미래 세대를 연결하는 공간으로서의 의미를 지녔다(佐藤学, 2003). 이런 맥락에서 교육위원회라는 공간은 현재의 사회 · 정치와 미래의 사회 · 정치를 연결하는 기능을 하며, 교육위원회는 현재 세대가 아니라 미래 세대의 민의(民意)를 반영하며 미래 세대에 대하여 책임을 지는 기구이다.

요약하면, 교육위원회는 교육에 관한 민의를 수렴하고 이것을 중심으로 견제와 균형 또는 후원과 지지의 형식으로 지방교육행정기관의 활동에 참여하는 기구이다. 그런데 민의란 것이 완전한 것이 아니며, 또 언제든 변용될 가능성이 있다는 사실을 염두에 두고, 몇 번이고 논의를 거듭하면서 교육행정의 대상이 되는 미래 세대의 이익에 부합하도록 겸허하게 결정하여야 한다. 또한 현재 세대는 논의하는 과정에서 교육에 대한 이해를 심화하고 미래 세대에 대한 책임을 다할 수 있는 마음을 기를 수 있어야 한다. 이것이 교육위원회의 역할이다. 주민의 대표로 뽑힌 단체장이나 지방의원이 현재 세대의 이익을 중심으로, 자신들이 민의의 대변자인 양 독단적으로 임하지 않아야 한다는 사실을 경고하는 것이다. 자신들은 현재 세대의 민의를 얻었을지언정, 교육은 미래에 깊은 영향을 미치고, 현재는 목소리가 작은 미래 세대의 민의야말로 진정으로 반영되어야 하는 민의이기 때문이다.[4] 이런 입장을 중심으로 몇 가지 과제를 제안해 보고자 한다.

가. 지방교육행정기관에 대한 전문적 견제

한국의 지방교육자치제도는 '너무 강한 집행부'와 '너무 무기력한 교육 의회'라는 특징을 나타내 왔다. 그동안 교육경력을 가지고 정당에 소속되지 않은 사람들로 교육위원회를 구성했을 때에는 교육을 속속들이 알며 정파적 시각에서가 아니라 중립적으로 교육행정기관을 견제할 수 있으리라는 기대가 존재하였으나, 지방의원만으로 교육위원회가 구성된 현재에는 '전문적인' 사항에 대하여 의회가 어느 정도 견제할 수 있을 것인지, '정치적인' 시각에서 견제를 하여 지방교육을 어렵게 하지는 않을 것인지를 관찰할 필요가 있다. 아울러, 한국의 특수한 정치 상황을 염두에 둘 필요가 있다. 서울이나 수도권과 같이 여당과 야당이 함께 지방의회를 구성하는 경우는 그나마 견제가 가능하지만, 영·호남과 같이 의회에 대한 사실상 일당 지배가 이루어지고 있는 경우에는 견제가 유명무실한 경우도 있다. 지역의 정치 상황을 염두에 두고 교육위원회의 견제력을 파악하고 개선하기 위한 노력이 필요하다. 이런 관점에서 다음과 같은 노력에 힘을 기울일 필요가 있다.

---

4) 일본 고베대학교의 야마시타 고우이치(山下晃一) 교수와의 면담에서 상당한 도움을 얻었다.

교육위원들이 교육위원회의 의의를 자각하여야 한다. 비록 지금은 지방의회에 통합되었지만 20여 년이나 지방의회와는 독립된 교육위원회를 운영해 왔던 데에는 나름의 정신 또는 의미가 있었음을 자각하고, 위원 개개인이 교육위원회의 의의를 어떻게 구현할 것인가에 대하여 깊이 숙고하고 실천할 필요가 있다. 전문적인 연구기관이 위원들의 노력을 지원할 수도 있을 것이다. 또한 시민단체가 교육위원회 활동을 모니터링하여 그 결과를 계속 발표하는 것도 교육위원의 활동을 지원하는 방안이 될 수 있을 것이다. 마지막으로, 교육위원의 활동을 지원하기 위하여 정책보좌관 제도를 도입하는 방안을 적극적으로 검토하여야 한다.

나. 숙의 민주주의의 장

교육위원회의 정신을 생각하면, 교육위원회가 교육위원만의 회의 공간이 아니라 주민들의 숙의(熟議) 민주주의의 장이 되어야 한다. 교육위원회의 활동이 강화되면서 공청회나 토론회 등 주민들의 의사를 수렴하기 위한 활동이 활발해진 것은 사실이지만, 교육위원회가 진정한 의미의 숙의 공간이 되었다고는 할 수 없다. 물론 이것은 교육자치의 실시 범위와 직결되는 문제이다. 현재와 같이 광역 단위에서 교육자치를 실시하는 경우에는 미국의 초기 학교 회의와 같은 형태의 운영을 기대하기에 어려움이 있다. 그러나 현재의 상황에서도 교육위원회가 '학교 만들기'와 '지역 만들기'를 연결하려는 노력을 하여야 한다. 교육위원회가 교육과 마을을 살리는 지역 차원의 자주적인 움직임을 만들어 내기 위하여 무엇을 할 것인가를 숙고하고 실천할 필요가 있다.

다. 교육위원회 실증 연구의 활성화

한국의 교육자치가 '여전히 깁고 누비는 과정에 있다.'는 지적(김용일,

2009)은 교육자치 연구의 필요를 웅변하는 것이다. 교육위원회만 해도 지방의회에서 교육위원을 선출하던 시기, 교육경력을 가지고 정당에 소속되지 않은 위원들로 교육위원회를 구성한 시기, 교육의원 제도를 운영한 시기, 지방의원만으로 교육위원회를 구성한 시기 등 다양한 경험을 하였다. 그동안 교육자치와 관련한 논쟁은 교육자치를 옹호하는 쪽이나 폐지하자는 쪽 모두 일종의 도그마에 사로잡힌 논쟁을 하였다고 할 수 있다. 다양한 교육위원회 운영의 실제를 실증적으로 검토하면서 어떤 형태의 운영이 '지방 교육의 발전'(송기창, 2005) 또는 '교육권의 보장'(김용일, 2009)에 가장 기여하는가를 확인하고 제도의 개선을 도모할 필요가 있다.

교육학계 일부에서는 교육위원회의 상임위원회 전환을 일종의 '패배'로 인식하면서 교육위원회에 관한 논의는 종결된 것처럼 생각하는 경향이 있는 것도 사실이지만, 이제부터 본격적인 논의는 시작이라는 자세를 갖는 편이 좋을 것이다. 특히 지난 25년간의 경험을 통하여 교육위원회의 실제가 완전히 바뀌었고, 따라서 두 가지의 경험을 모두 할 수 있었기 때문에 가정에 입각한 논의가 아니라 실제에 근거한 분석이 가능하게 되었다는 사실은 연구에 축복과도 같은 것이다. 지난 25년간의 교육위원회 경험에 대한 실증적인 연구야말로 향후 교육위원회 제도를 어떻게 설계하고 운영할지에 대한 가장 강력한 지침을 제공할 것이다.

제4장
지방교육행정기관 운영의 성과와 과제

김성기

1. 개관

지방교육행정기관 운영의 성과와 과제를 살펴보기에 앞서 먼저 지방교육행정기관이 왜 존재하는가에 대한 고찰이 필요하다. 지방교육행정기관이 존재한다는 것은 교육행정에 관한 한 중앙교육행정기관이 권한을 독점하여 일률적으로 통제하지 않는다는 것을 의미한다. 이를 교육분권이라 할 수 있다. 이러한 교육분권의 의미와 그것이 왜 중요한가를 돌아보자.

교육분권이라 함은 '교육에 관한 권한을 분산시킨다.'는 의미를 갖고 있다. 여기서 교육에 관한 권한을 분산시킨다는 것은 현재의 지방교육자치제도에서 볼 수 있듯이 지방의 특성이나 상황에 맞는 교육을 시킬 수 있도록 하기 위함이다. 이는 교육행정에 관한 권한을 중앙정부가 독점해서는 안 된다는 의미를 갖고 있다. 지방마다의 상황적 특수성을 무시하고 중앙정부에서 독점적으로 정책을 펼치면 지역 교육 수요자들의 저항에 부딪힐 수도 있다. 오세희(2012: 4)는 교육행정의 지역화 개념 논의에서 요구되는 것이 지방의 다양성이 고려되어야 한다는 것이라고 주장한다. 지방의 다양성이 고려된 교육이 이루어질 때 교육의 적합성은 보다 향상될 것이기 때문이다. 결국 교육분권의 첫 번째 의미는 교육행정에 관한 권한을 행사함에 있어 지방교육행정기관이 중앙정부로부터 독립하여 지역 특성에 맞는 정책을 펼칠 수 있도록 보장하는 것을 의미한다.

또한 교육분권이라 함은 '교육에 관한 권한은 분리되어야 한다.'는 의미도 갖고 있다. 현재의 지방교육자치제도에서 교육감을 주민자치로 선출하는 것에서 볼 수 있듯이 그것은 일반행정으로부터의 독립이라는 의미를 포함하고 있다. 만약 교육행정이 일반행정에 종속된다면 「헌법」 제31조에서 보장한 교육의 자주성과 전문성, 정치적 중립성이 침해될 수 있다. 교육행정이 일반행정으로부터 독립하지 못하고 종속된다는 것은 교육행정을 일반행정의 한 분야로만 취급하는 것이고 이렇게 되면 자칫 단기적 효과를 추구하거나 경제적 · 정치적 논리에 따른 행정이 집행됨으로써 교육의 장기적 효과성, 교육적 논리 등이 실현되지 못하게 만드는 위험한 결과를 초래할 수 있다. 따라서 교육행정에 관한 권한은 일반행정으로부터도 독립해야 한다.

요컨대 교육분권이라 함은 교육행정에 관한 권한을 행사함에 있어 지방교육행정기관이 중앙교육행정이나 일반행정으로부터 독립하여 자율적으로 정책을 펼칠 수 있도록 보장하는 것을 의미한다.

이러한 교육분권은 왜 중요한가? 앞에서 말한 바와 같이 교육분권이 제대로 실현되지 못하면 지방의 상황적 특수성과 교육적 특수성을 반영하지 못한 채 교육이나 교육행정을 왜곡시키고 결국 학생 등 교육 수요자들의 욕구와 필요를 제대로 충족시킬 수 없기 때문이다. 이러한 교육분권은 지방교육행정기관의 자주성 확보로 완성된다. 즉, 지방교육행정기관이 어느 정도의 자율성을 갖고 지방교육을 운영할 수 있는가가 그 분권의 수준을 판가름하는 기준이다. 여기서는 지방교육행정기관이 교육분권의 측면에서 어떻게 변화되어 왔고, 현재 어떤 상태에 있는지 고찰하고자 한다.

2. 변천 과정

해방 이후 지방교육행정기관은 많은 변화를 겪었다. 교육행정기관의 변천사는 지방교육자치제도의 주요한 변화단계와 다르지 않다. 여기서는 김혜숙 등(2011)이 제시한 단계 구분 형식을 따랐다.

가. 교육자치 도입기(미군정기, 1945~1949)

1948년에 미군정이 공포한 3개 법령, 즉 '교육구의 설치' '교육구회의 설치' '공립학교재정경리'의 내용에서 교육행정기관 관련 규정을 볼 수 있다. 교육구를 통한 교육자치가 실시될 예정이었으나 미군정의 종식으로 폐기되었다.

〈표 4-1〉 미군정 '교육자치 3법'의 주요 내용

교육구의 설립(법령 제 216호)		
구분	내용	비고
목적	• 각 도내 교육구 설치 • 교육구 내에 교육구회 설치 • 각 교육구 내의 공립학교 관리 및 재산유지	행정대상을 공립학교로만 국한
교육구 구역 설정	• 서울시 · 부(현재의 시) · 군 · 울릉도로 하고, 교육구는 독립적 단위임을 인정	당시 행정구역과 동일
교육구회의 설치(법령 제 217호)		
구분	내용	비고
목적	• 교육구회는 구내의 구민을 대표하는 지방교육행정기관 • 국가 · 도 · 시의 공인을 받은 대표기관이며 법률, 규칙 및 정책의 지배를 받음	－

(계속)

구회의원	• 의원의 정수는 9인 • 8명은 선출, 1명은 당연직 의원(행정기관장) • 교육감은 참석권만 있고 의결권 없음 • 선출의원에 대한 선거규칙은 문교부장이 제정 • 선거인에 의한 선출 • 임기 4년, 2년마다 선거 • 문교부장 지시로 의원에게 소요경비를 포함한 교육구회 참석 비용 지급	교육위원에 해당
교육구회 권한	• 교육정책 수립, 교육감 임명, 규칙 제정, 세금 부과 • 교육감은 당해 교육구의 수석행정기관으로서 교육구회의 정책과 임무를 수행	교육위원회에 해당
공립학교재정경리(법령 제218호)		
구분	내용	비고
목적	• 남한의 공립학교를 당해 교육구의 재원과 국가재원으로 유지하고 구의 부족한 재정은 국고금으로 평등하게 보증함 • 학부모에 대한 강제적 기부 요구를 지양하며 징세기관을 통한 교육구 내 교육재정을 확보	–

출처: 김혜숙 외(2011: 23).

나. 교육자치 시도기(1949~1960)

1949년 제정된 「교육법」에서 도를 제외하고 시·군 단위의 교육자치를 하도록 했다. 또한 군에는 특별교육법인으로서 교육구를 설치하도록 했다. 1952년에 「교육법 시행령」 제정을 통해 시교육위원회와 교육구 교육위원회가 구성되면서 교육자치가 본격적으로 도입되었다.

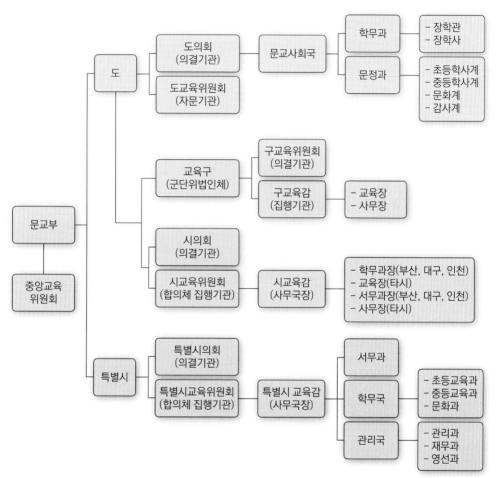

[그림 4-1] 1949~1960년대 교육자치 구조

출처: 백현기(1961: 115): 김혜숙 외(2011: 24)에서 재인용함.

다. 교육자치 중앙 예속기(1961~1990)

1961년 5·16 군사정변으로 국회와 지방의회가 해산되고 자치단체장이 임명제로 변경되었다. 이에 따라 교육위원회가 정지되고 교육감만 존속하여 실질적으로 교육자치가 중단되었다.

〈표 4-2〉 1963년 당시의 지방교육자치제도

구분	특별시·직할시·도	시·군
교육위원회		
성격	합의제 집행기관	
의장	시장, 도지사	
위원 정수	7인	없음
위원 선출	• 선출직 5인: 지방의회 • 당연직 2인: 시·도지사, 교육감	
집행기관	교육위원회	교육장
지위	교육감은 교육위원회의 사무책임자	집행기관(독임제)
선임	교육감은 대통령이 임명(교육위원회의 추천 → 문교부장관의 제청)	교육장은 대통령이 임명(교육감의 추천 → 문교부장관의 제청)
지휘·감독	문교부장관	• 1차: 도교육위원회 • 2차: 문교부장관
교육재정	교육비 특별회계	교육비 특별회계
지방의회 구성여부	• 미구성 • 문교부장관이 권한 대행	• 미구성 • 문교부장관이 권한 대행

출처: 옹정근(1993: 122): 김혜숙 외(2011: 26)에서 재인용함.

라. 「지방교육자치법」에 의한 교육자치기(1991~현재)

1991년 「지방교육자치에 관한 법률」이 단일법으로 제정되면서 본격적으로 지방교육자치 시대가 개막되었다. 지방교육자치제도는 변화되었지만 교육행정기관의 성격과 기능, 지위의 기본틀은 유지되고 있다. 현재는 17개 시·도교육청 산하에 176개의 하급교육행정기관이 운영되고 있다.

3. 현황

현행 지방교육행정기관은 1991년에 제정된「지방교육자치에 관한 법률」을 근간으로 하여 다음과 같이 운영되고 있다. 여기서 관련된 몇 가지 용어를 구분할 필요가 있다.

① '지방교육행정기관'이란 특별시·광역시·특별자치시 및 도(이하 '시·도'라 한다)의 교육·학예에 관한 사무를 담당하기 위하여 설치된 행정기관으로서 그 관할권이 미치는 범위가 일정 지역에 한정되는 기관을 말한다.

② '시·도교육청'이란 교육감을 보조하는 기관 및 교육감 소속으로 설치된 기관을 말한다.

③ '본청'이란 시·도교육청의 기관 중 직속기관 등을 제외하고 교육감을 직접 보조하는 기관을 말한다.

④ '교육지원청'이란 시·도의 교육·학예에 관한 사무를 분장하기 위하여 1개 또는 2개 이상의 시·군·자치구를 관할구역으로 하여 설치된「지방교육자치에 관한 법률」(이하 '법'이라 한다) 제34조에 따른 하급교육행정기관을 말한다.

⑤ '직속기관'이란 각급 학교를 제외한 본청 소속의 법 제32조에 따른 교육기관을 말한다.

⑥ '교육지원청 소속 기관'이란 각급 학교를 제외한 교육지원청 소속의 법 제32조에 따른 교육기관을 말한다.

⑦ '각급 학교'란「초·중등교육법」제2조에 따른 초등학교·공민학교, 중학교·고등공민학교, 고등학교·고등기술학교, 특수학교, 각종학교 및「유아교육법」제7조 제2호에 따른 유치원을 말한다.

⑧ '보조기관'이란 지방교육행정기관의 의사 또는 판단의 결정이나 표시를 보조함으로써 행정기관의 목적 달성에 공헌하는 기관을 말한다.

⑨ '보좌기관'이란 지방교육행정기관이 그 기능을 원활하게 수행할 수 있도록 그 기관장이나 보조기관을 보좌함으로써 행정기관의 목적 달성에 공헌하는 기관을 말한다.

가. 시·도교육청

현재 8개 (광역)시와 9개 도에 교육청(본청)이 설치·운영되고 있다. 교육감이 시·도의 교육·학예에 관한 사무의 집행기관으로서 시·도교육청을 운영한다. 따라서 교육감의 관장 사무가 곧 시·도교육청의 사무라 볼 수 있다.

교육감의 관장 사무는 다음과 같다.

① 조례안의 작성 및 제출에 관한 사항
② 예산안의 편성 및 제출에 관한 사항
③ 결산서의 작성 및 제출에 관한 사항
④ 교육규칙의 제정에 관한 사항
⑤ 학교, 그 밖의 교육기관의 설치·이전 및 폐지에 관한 사항
⑥ 교육과정의 운영에 관한 사항
⑦ 과학·기술교육의 진흥에 관한 사항
⑧ 평생교육, 그 밖의 교육·학예진흥에 관한 사항
⑨ 학교체육·보건 및 학교환경정화에 관한 사항
⑩ 학생통학구역에 관한 사항
⑪ 교육·학예의 시설·설비 및 교구(敎具)에 관한 사항
⑫ 재산의 취득·처분에 관한 사항
⑬ 특별부과금·사용료·수수료·분담금 및 가입금에 관한 사항
⑭ 기채(起債)·차입금 또는 예산 외의 의무부담에 관한 사항
⑮ 기금의 설치·운용에 관한 사항

⑯ 소속 국가공무원 및 지방공무원의 인사관리에 관한 사항

⑰ 그 밖에 당해 시·도의 교육·학예에 관한 사항과 위임된 사항

시·도교육청의 일반적인 기능을 보면 〈표 4-3〉과 같다. 뚜렷이 구분되는 것은 아니지만 일반적으로 학무 및 장학 등 교육과 직접적으로 관련된 기능은 교육전문직원이 주를 이루어 담당하고 재무 및 시설 등 교육활동을 지원하기 위한 기능은 일반직공무원이 주를 이루어 담당한다. 시·도에 따라서는 그 인력배치가 다를 수 있다.

〈표 4-3〉 시·도교육청의 기능

단위 기능		하위기능
학무 및 장학기능	초등교육	초등교육, 유아교육, 특수교육 등의 정책 기획
	중등교육	중등교육, 장학기획, 생활지도 등의 정책 기획
	평생교육	평생교육기획, 방과후교육, 특별활동, 평생교육지도
	과학정보	과학교육, 영재교육, 과학교육지원, 교육정보화 등
일반학사 및 관리기능	교원정책	초등인사, 중등인사, 교원연수 등
	학교운영지원	학교설립기획, 학교운영지원, 학생 수용 등
	재무	경리, 예산, 재산관리, 계약관리, 법무 등
	총무	총무, 인사, 공무원단체, 국제협력 등
	기획관리	행정관리, 의회협력, 행정정보기획 등
	감사	감사, 공보 등
	혁신복지	혁신기획, 학교혁신, 교육복지지원 등
	학교체육보건	체육교육, 청소년, 학교보건, 학교급식 등
	교육시설	시설기획, 사학시설, 일반시설 관리 등

출처: 교육과학기술부(2008).

나. 보조기관 및 소속교육기관

교육감 소속하에 국가공무원으로 보하는 부교육감 1인(인구 800만 명 이상이고 학생 170만 명 이상인 시·도는 2인)을 두되, 대통령령이 정하는 바에 따라 「국가공무원법」 제2조의2의 규정에 따른 고위공무원단에 속하는 일반직공무원 또는 장학관으로 보한다. 부교육감은 주로 교육부의 국장급 인사가 파견되고 있다. 부교육감은 당해 시·도교육감이 추천한 자를 교육부장관의 제청으로 국무총리를 거쳐 대통령이 임명한다. 부교육감은 교육감을 보좌하여 사무를 처리한다.

부교육감 2인을 두는 경우에 그 사무 분장에 관한 사항은 대통령령으로 정한다. 이 경우 그중 1인으로 하여금 특정 지역의 사무를 담당하게 할 수 있다. 이 규정은 관할구역이 남부와 북부로 나뉘어져 있는 경기도교육청의 사무분장을 예정한 것이다.

〈표 4-4〉 경기도교육청의 부교육감 사무분장

제1부교육감	제2부교육감
제2부교육감이 관장하는 지역을 제외한 지역의 교육 사무에 관한 교육감 보좌	의정부시·동두천시·고양시·구리시·남양주시·파주시·양주시·포천시·연천군·가평군 지역의 교육 사무에 관한 교육감 보좌

비고: 시·도 전체의 통일성을 유지할 필요성이 있거나 지역적으로 구분하기 곤란한 사무는 제1부교육감의 사무로 하되, 제1부교육감이 그 사무를 처리하는 때에는 미리 제2부교육감과 협의를 거쳐야 한다.
출처: 「지방교육자치에 관한 법률 시행령」 [별표 1].

교육감 소속하에 보조기관을 두되, 그 설치·운영 등에 관하여 필요한 사항은 대통령령이 정한 범위 안에서 조례로 정한다. 교육감은 보조기관의 설치·운영에 있어서 합리화를 도모하고 다른 시·도와의 균형을

유지하여야 한다. 교육감은 조례 또는 교육규칙이 정하는 바에 따라 그
권한에 속하는 사무의 일부를 보조기관, 소속교육기관 또는 하급교육행
정기관에 위임할 수 있다.

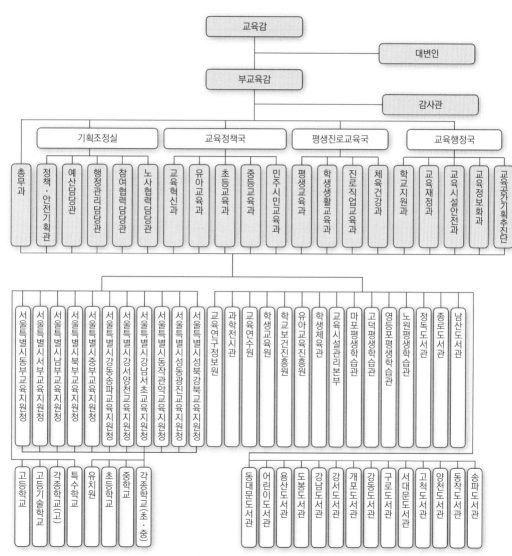

[그림 4-2] 교육청조직 사례: 서울시교육청 기구표

본청에 두는 실·국의 설치 및 그 사무 분장은 해당 시·도의 조례로 정하며, 실·국의 설치 기준은 〈표 4-5〉와 같다.

〈표 4-5〉 본청 실·국의 설치 기준(2018. 2. 27. 개정 기준)

구분	실·국의 수
1. 서울특별시 교육청	3실·국 이상 5실·국 이하
2. 경기도 교육청	4실·국 이상 6실·국 이하
3. 그 밖의 교육청	2실·국 이상 3실·국 이하

주: 실·국의 수를 산정할 때 해당 보조기관의 직급에 상응하는 정원을 실·국의 명칭이 아닌 기구의 정원으로 유지하고 있는 경우에는 해당 기구의 수를 실·국의 수에 포함하여 산정한다.
출처: 「지방교육행정기관의 행정기구와 정원기준 등에 관한 규정」 제8조 제1항 [별표 1].

〈표 4-6〉 본청에 두는 보조·보좌기관의 직급 기준 등

구분	부교육감	실장	국장	과장·담당관
서울특별시 교육청	고위공무원단에 속하는 일반직공무원 또는 장학관	고위공무원단에 속하는 일반직공무원	장학관 또는 3급 일반직 지방공무원	장학관 또는 4급 일반직 지방공무원
부산광역시 교육청	고위공무원단에 속하는 일반직공무원 또는 장학관	—	장학관 또는 3급 일반직 지방공무원	장학관 또는 4급 일반직 지방공무원
경기도 교육청	제1부교육감 및 제2부교육감: 고위공무원단에 속하는 일반직공무원 또는 장학관	고위공무원단에 속하는 일반직공무원	장학관 또는 3급 일반직 지방공무원	장학관 또는 4급 일반직 지방공무원

(계속)

구분	부교육감	실장	국장	과장 · 담당관
그 밖의 특별자치시 · 광역시 · 도 교육청	고위공무원단에 속하는 일반직공무원 또는 장학관	–	장학관 또는 3급 일반직 지방공무원	장학관 또는 4급 일반직 지방공무원

주: ① 표의 과장 · 담당관의 직급기준에도 불구하고 기획업무를 담당하는 1명의 담당관
　　은 3급 또는 4급 일반직 지방공무원으로 보(補)할 수 있으며, 과 · 담당관 단위의
　　기획업무 기구의 장 밑에는 1명(경기도 교육청은 2명)의 4급 일반직 지방공무원
　　을 둘 수 있다.
　② 서울특별시 교육청의 과장 및 담당관 중 1명은 3급 또는 4급 일반직 지방공무원
　　으로 보할 수 있으며, 과장 또는 담당관 밑에 4명의 범위에서 4급 일반직 지방공
　　무원을 추가로 둘 수 있다.
　③ 서울특별시 교육청 외의 교육청은 과장 또는 담당관 밑에 2명(경기도 교육청의
　　경우에는 5명)의 범위에서 4급 일반직 지방공무원을 둘 수 있다. 이 경우 해당 교
　　육청의 4급 일반직 공무원의 총수에 변동이 없어야 한다.
　④ 표의 직급기준에도 불구하고 제8조 제2항에 따른 감사기구는 과 · 담당관 단위의
　　기구로 한다. 이 경우 서울특별시 교육청, 부산광역시 교육청 및 경기도 교육청의
　　감사기구의 장은 3급 상당 임기제공무원으로, 그 밖의 시 · 도교육청의 감사기구
　　의 장은 3급 또는 4급 상당 임기제공무원으로 보할 수 있으며, 감사기구의 장 밑
　　에는 1명(경기도 교육청은 2명)의 4급 일반직 지방공무원을 둘 수 있다.
출처:「지방교육행정기관의 행정기구와 정원기준 등에 관한 규정」[별표 2].

다. 하급교육행정기관

1) 현황과 기능

　시 · 도의 교육 · 학예에 관한 사무를 분장하기 위하여 1개 또는 2개 이상의 시 · 군 및 자치구를 관할구역으로 하는 하급교육행정기관으로서 교육지원청을 둔다. 교육지원청의 관할구역과 명칭은 대통령령으로 정한다. 교육지원청에 교육장을 두되 장학관으로 보하고, 그 임용에 관하여 필요한 사항은 대통령령으로 정한다. 교육지원청의 조직과 운영 등에 관하여 필요한 사항은 대통령령으로 정한다.

교육지원청의 종전 명칭은 지역교육청이었으나 교육청의 학교현장 지원기능을 강화한다는 취지에 따라 명칭을 변경하였다. 교육장은 시·도의 교육·학예에 관한 사무 중 교육감으로부터 다음 각 호의 사무를 위임받아 분장한다.

① 공·사립의 유치원·초등학교·중학교·공민학교·고등공민학교 및 이에 준하는 각종 학교의 운영·관리에 관한 지도·감독
② 그 밖에 조례로 정하는 사무

〈표 4-7〉 교육지원청의 기구 설치 기준(2017. 5. 8. 개정 기준)

구분	국	과·담당관·센터
가. 인구가 50만 명 이상이고, 학생이 6만 명 이상인 경우	2국	–
나. 인구가 30만 명 이상이고, 학생이 4만 명 이상인 경우	–	4과(담당관), 2센터
다. 인구가 15만 명 이상이고, 학생이 2만 명 이상인 경우	–	3과(담당관), 2센터
라. 인구가 10만 명 이상이고, 학생이 1만 명 이상인 경우	–	2과(담당관), 2센터
마. 인구가 10만 명 미만이거나 학생이 1만 명 미만인 경우	–	2과(담당관), 1센터

주: ① 학생 수는 각급 학교의 해당 연도 4월 1일을 기준으로 한 학생 수를 말하고, 인구 수는 주민등록표상의 해당 연도 4월 1일을 기준으로 한 인구수를 말한다.
② 이 설치 기준에도 불구하고 「경상남도 창원시 설치 및 지원특례에 관한 법률」에 따라 설치되는 경상남도 창원시를 관할하는 교육지원청은 2020년 6월 30일까지 2과(담당관)를 별도의 한시기구로 설치할 수 있다.
③ 이 설치 기준에도 불구하고 「지방교육자치에 관한 법률 시행령」 제5조 제2항에 따라 다른 교육지원청 사무의 일부를 처리하는 교육지원청은 2과(담당관) 이내의 기구를 추가로 설치할 수 있으며, 그 설치에 관한 세부사항은 교육부장관이 정하는 바에 따른다.
④ 이 설치 기준에도 불구하고 「지방교육자치에 관한 법률 시행령」 제5조 제3항에 따른 교육감의 소속 교육지원청 통합 요청이 반영되어 통합 설치된 교육지원청은 과(담당관) 또는 센터를 추가로 설치할 수 있으며, 해당 교육지원청이 추가로 설치할 수 있는 구체적인 기구 및 기구의 수와 그 설치에 관한 세부사항은 교육부장관이 정하는 바에 따른다.
출처: 「지방교육행정기관의 행정기구와 정원기준 등에 관한 규정」 제11조 제1항 [별표 3].

〈표 4-8〉 교육지원청의 기관 직급 기준(2017. 5. 8. 개정 기준)

구분	직급
가. 국장	장학관 또는 4급 일반직 지방공무원
나. 과장(담당관)	장학관 또는 5급 일반직 지방공무원
다. 센터장	장학사 또는 6급 이하의 일반직 지방공무원

주: ① 이 직급 기준에도 불구하고 제6조 제4항에 따른 과의 설치기준을 충족하는 센터
　　의 경우 그 센터장은 장학관 또는 5급 일반직 지방공무원으로 보할 수 있다.
　②제1호나목의 구분에 해당하는 교육지원청이 제1호나목의 설치기준에도 불구하
　　고 과(담당관)를 3개(센터장이 장학관 또는 5급 일반직 지방공무원인 센터가 있
　　는 경우 해당 센터는 과로 보아 계산한다) 이하로 설치한 경우, 이 직급기준에도
　　불구하고 5급 일반직 지방공무원으로 보하여야 하는 과장(담당관) 중 1명은 4급
　　일반직 지방공무원으로 보할 수 있다.
출처: 「지방교육행정기관의 행정기구와 정원기준 등에 관한 규정」 제11조 제1항 [별표 3].

2) 교육지원청 조직 · 기능 개편

　관리와 감독 위주의 기능을 수행한 지역교육청을 교육현장 공감형 지원기능을 수행하는 교육지원청으로 개편하고자 한 2010년 '선진형 지역교육청 기능 · 조직 개편' 정책은 완전히 새로운 정책이 아니라, 1995년 5 · 31 교육개혁 이후 지속되어 오던 자율과 책무성에 기반을 둔 교육개혁의 연장선상으로 이해될 수 있다(황준성 외, 2012: 20). 2009년 10월 교육과학기술부는 지역교육청을 학교현장 지원기관으로 변화시키기 위해 4개 지역교육청(부산 남부, 울산 강북, 충남 부여, 경기 군포 · 의왕)을 시범 지역교육청으로 선정하고 시범운영을 실시하였다. 시범운영을 통해 드러난 기능 및 조직 개편 과정에서 나타난 문제점을 보완하여 2010년 5월 '선진형 지역교육청 기능 · 조직 개편방안'을 수립하였다. 이후 2010년 6월부터 8월에 걸쳐 「지방교육자치에 관한 법률 시행령」 개정 등을 추진하고 9월부터 전면적으로 지역교육청의 교육지원청 전환을 시행하였다. 또한 전환 시행 과정이 현장에 착근될 수 있도록 주기적인 이행 실

태 점검을 실시하였고, 특히 2011년 10월부터 11월까지의 이행 실태 점검에 근거하여 후속조치 방안을 통보한 바 있다. 아울러 2012년에는 정책의 안착을 위하여 교육지원청에 대한 컨설팅장학을 시행하였고 선도적 교육지원청 우수프로그램이 지역 간 전파될 수 있도록 우수프로그램 선정을 통해 확산을 시도하였다.

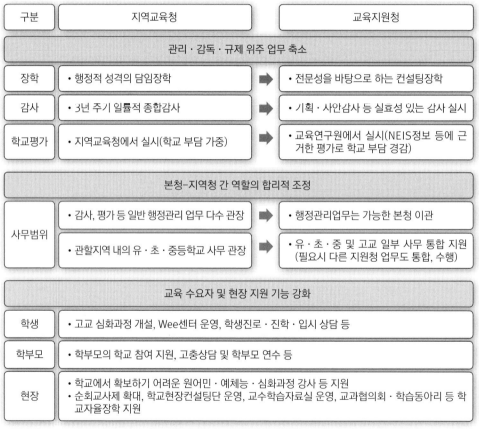

[그림 4-3] 교육지원청 기능 개편 주요 내용

출처: 황준성 외(2012: 23).

라. 총액인건비제 실시와 지방교육행정기관 조직 진단

「지방교육행정기관의 행정기구와 정원기준 등에 관한 규정」의 개정에 따라 2013년 1월 1일자로 지방교육행정기관 총액인건비제가 전면 실시되고 있다. 총액인건비제의 도입에 따라 시·도교육청은 자율과 책임의 기반하에 기구 및 정원 관리에 대한 자율성을 확대하고, 자율통제 장치를 통하여 실질적인 교육분권화 체제를 구축할 수 있는 토대를 마련함으로써 자율과 책임에 바탕을 둔 지방교육자치의 실질적인 구현에 기여할 것으로 기대된다. 그러나 시·도교육청은 총액인건비제에 따른 정원과 기구를 법령상 기준의 범위 내에서 조례로 자율 운영하여야 하며, 지방의회 및 주민참여 등에 의한 자율적 통제시스템의 적용을 받아야 한다(오세희, 2012).

「지방교육행정기관의 행정기구와 정원기준 등에 관한 규정」 제23조 제1항
 ① 교육부장관은 정원의 효율적인 관리·운영을 위하여 교육부령으로 정하는 바에 따라 기구와 정원의 관리·운영 상황을 분석하고, 그 결과 다음 각 호의 어느 하나에 해당하는 지방교육행정기관에 대해서는 조직 진단을 하여야 한다. 〈개정 2013. 3. 23.〉
 1. 학교·학생 수 감소 등으로 인하여 교육행정수요가 조직 설치 당시에 비하여 현저히 줄어든 경우
 2. 직속기관 등의 설치 당시 목적이나 기능 등을 상실한 경우
 3. 조직이 법령상의 설치 요건에 현저히 미달되는 경우
 4. 그 밖에 교육부장관이 필요하다고 인정하는 경우

「지방교육행정기관의 행정기구와 정원기준 등에 관한 규정 시행규칙」 제5조 제1항
 ① 교육부장관은 영 제23조 제1항에 따라 지방교육행정기관에 대한 조직 분석을 해마다 실시하고, 그 결과에 따라 조직 진단 여부를 결정한다. 〈개정 2013. 3. 23.〉

총액인건비제를 통해 지역의 특성과 교육 여건에 따라 자율적이고 탄력적인 기구 및 인력 운영이 제도적으로 가능해졌지만, 지방교육행정기관 총액인건비제 시행 초기로 시·도교육청의 조직 및 정원 관리·운영의 적정성과 효율성을 판단하고 총액인건비제 운영에 관한 방향을 제시할 필요가 있다. 이와 관련하여 「지방교육행정기관의 행정기구와 정원기준 등에 관한 규정」(2013. 3. 23.) 제5조에서 교육부장관은 지방교육행정기관에 대한 조직분석을 해마다 실시하고, 그 결과에 따라 조직 진단 여부를 결정하도록 하고 있고 충북대 '한국지방교육연구소'의 주관하에 2013년부터 조직 진단이 이루어지고 있다.

교육부는 나민주 등(2013)의 '총액인건비제 시행에 따른 조직 분석·진단 방안 연구'를 통해 지방교육행정기관 조직분석 진단 지표를 마련하였다. 여기서 조직분석 지표를 활용하여 총액인건비제 실시에 따른 조직 운영의 실태 및 문제점을 진단하고, 보완이 필요한 부분을 확인하고, 조직 운영의 책임성 확보 및 효율성 준거를 제시하여 총액인건비제 실시에 따른 지방교육행정기관의 자체적인 조직 운영 효율성을 확보하기 위한 방향을 제시하였다. 구체적인 목적은 다음과 같다.

- 시·도교육청의 조직 및 인력 운영 현황과 재정의 건전성 확인
- 조직구조와 효율적인 인력 운영을 위한 정책유도 및 지방자치 역량 강화
- 향후 조직분석 지표와 진단모형 개발 등의 기본 틀 마련

[그림 4-4] 시·도교육청 조직 진단 추진체계

2015년에 실시된 조직분석 지표는 〈표 4-9〉와 같다.

〈표 4-9〉 2015년 시·도교육청 조직분석 지표

영역	지표 내용	배점	지표 성격
조직	인력 규모의 적정성	30	정성, 정량
	기구 규모의 적정성	15	정성, 정량
	기구 설치 기준 준수율	10	정량
인력관리	상위직급 공무원 비율 및 증가율	15	정량
	인력 운용계획의 타당성	10	정성
	학교회계직원 인력관리의 적정성	20	정성, 정량
보조지표	총정원 변동률 및 평균 결원율	–	정량

출처: 교육부(2015d).

마. 시·도교육청 평가

시·도 단위 지방교육의 책무성을 확인·진단·처방하기 위한 방안으로 지방교육에 대한 종합적인 평가의 필요성이 제기되었다. 이에 시·도교육청 평가를 통해 지방교육의 특성화·다양화를 강화하고, 전반적인 학교교육 경쟁력을 제고하는 방안이 강구되었다.

 시 · 도교육청 평가는 교육의 분권화 · 자율화 확대에 따라 교육청의 책무성을 확보하고 교육청 간 선의의 경쟁을 통해 교육의 질적 수준을 제고하기 위하여 1996년부터 매년 실시되고 있다. 2014년 대상 2015년 평가 결과는 종합등급을 기준으로 2015년 하반기 특별교부금(재해대책 특별교부금 잔액) 지원에 차등 반영한다.

〈표 4-10〉 2015년 시 · 도교육청 평가지표

평가영역	평가지표	주요 평가내용	배점
① 학교교육 내실화 [22점]	1. 중학교 자유학기제 운영	자유학기제 교원, 학부모 연수 추진 실적	2
		자유학기제 운영학교 컨설팅 실적 및 체험 인프라 구축 실적	2
		자유학기제 인프라 교원, 학생, 학부모 만족도	2
	2. 인성교육 중심 수업 강화	인성교육 중심 교육과정 강화 노력	6
	3. 학교 체육 · 예술 교육 활성화	학교스포츠클럽 등록률, 예술동아리 운영 학교 수 비율	2
		초등학교 체육교과전담교사 지정 비율	1
		학생체육 활성화 지원 노력	1
	4. 기초학력 미달 학생 비율 및 학업중단 예방	기초학력미달학생 비율 및 향상도	2
		학업중단 예방 종합대책 추진 및 학업중단 학생 비율 등	3
	5. 영재교육 활성화	영재교육 대상자 수혜 비율, 예산 확보 및 증감률	1
② 학교폭력 및 학생위험 제로환경 조성[21점]	1. 교육분야 안전관리 기반 구축	학생보호인력 내실화, 소규모 · 테마형 수학여행 운영 비율	1.5
		안전서비스 운영 및 CCTV 설치학교 비율	1.5
		교직원 및 학생 심폐소생술 교육 실시율, 교직원 안전 관련 전문교육 이수율	2
		어린이 통학버스 신고율	0.5

(계속)

평가영역	평가지표	주요 평가내용	배점
② 학교폭력 및 학생위험 제로환경 조성[21점]	1. 교육분야 안전관리 기반 구축	특정관리대상시설 등 지정·관리, 안전점검 결과 조치 실적, 재난위험시설 해소 실적, 재난대피 체험 실제 훈련 실적 등	3.5
	2. 현장중심 학교폭력 예방 및 근절	개인정보보호 및 정보보호 수준진단 결과	1
		학교폭력 예방 및 근절 노력 등	11
③ 능력중심 사회기반 구축[10점]	1. 직업교육 체제 강화	특성화고 취업률 및 향상도	4
		일반고 직업교육 위탁과정 수용률 및 향상도	1
	2. 진로탐색·진로설계 지원	진로체험(캠프) 학생 참여 비율, 진로진학상담 교사 배치율, 진로코치 양성 현황 등	5
④ 교육비 부담 경감 [13점]	1. 사교육비 부담 완화	사교육 참여율 및 사교육비 증감률	2
		선행교육 근절 의지 및 사교육비 감소 노력	3
		학원비 인상률 및 지도점검 실적	1
	2. 유아교육비 부담 경감	유치원 납입금 증감 정도	2
		공립유치원 취학률 수준 및 향상도	1
	3. 초등 방과후 돌봄기능 강화	초등 돌봄교실 서비스 수용 비율, 참여 학부모 만족도	3
		방과후 학교 프로그램 학생 참여율	1
⑤ 교육현장 지원역량 강화[11점]	1. 일반고 교육역량 강화	일반고 교육과정의 다양화·특성화 노력	3
	2. 농어촌 교육지원 강화	농어촌학교 지원 예산 비율	1
		교육복지우선지원사업 지원 수준	1
	3. 교원연수 활성화	직무연수 이수시간, 능력향상연수 이수자 수 등	1
	4. 교장공모제 추진	교장 공모학교 지정 및 공모학교 수 비율	1
	5. 교육청의 기간제 교사 운영지원 활성화	교육청의 기간제교사 인력풀 구축·운영 결과	1

(계속)

평가영역	평가지표	주요 평가내용	배점
⑤ 교육현장 지원역량 강화[11점]	6. 시·도교육청 「정부3.0」구현	「정부3.0」세부 추진 실적	1
	7. 교원의 교육전념 만족도	교원의 교육전념 여건 조성 만족도	2
⑥ 교육만족도 제고[13점]	1. 교육만족도 및 향상도	학생, 학부모 만족도	8
	2. 청렴도 및 향상도	청렴도 및 향상도	5
⑦ 특색사업[10점]	1. 교육청 특색사업	교육청 특색사업	10
⑧ 가·감점 사항	1. 가·감점	우수 교육정책 추진 등(가점)	+5
		공직자 비리 및 사건 등(감점)	−5
합계			100

출처: 교육부(2015a).

4. 성과

교육행정기관이 변화를 겪어 오면서 몇 가지 문제들이 있었지만 그러한 문제의 해결 과정 속에서 합리적 조정과 책무성 제고라는 성과도 있었다.

가. 중앙정부 권한의 이양과 위임

교육행정기관의 권한과 관련해서는 많은 영역에서 교육부장관의 권한이 교육감에게 이양 혹은 위임되었다. 「행정권한의 위임 및 위탁에 관한 규정」 제22조에서 교육부장관은 비영리법인의 설립허가 및 그 취소, 정관변경허가, 해산신고의 수리, 그 밖의 지도·감독에 관한 권한, 교원자격검정 등에 관한 권한, 임시교원양성기관의 설치·운영에 관한 권한, 국유재산의 관리 및 처분에 관한 권한, 교육부장관 소관

비영리민간단체의 등록 및 변경등록 수리, 관보 게재 및 통지에 관한 권한, 대학수학능력시험 관리 등에 관한 권한을 교육감에게 위임하고 있다.

이외에도 중앙정부의 권한을 대폭 지방정부에 이양하였다. 내용은 〈표 4-11〉과 같다.

〈표 4-11〉 중앙정부의 권한 이양 내용

권한 이양 관계	주요 내용
장관 → 교육감	타 시·도 인사교류권, 시·도교육청 소속 연수기관 설폐권
부령 → 조례	도서벽지 지역, 등급 지정 해제 권한
장관/교육감 → 교육감	연구학교 지정 운영권
장관 → 교육감	장학지도 실시권, 학교평가권, 학교급별 교원 배치기준, 학교급별 보직교사 배치 기준 권한, 국립유치원 장학지도권, 유치원 운영 실태 평가권

출처: 고전(2014a: 121).

나. 교육지원청의 조직 및 기능 개편

교육지원청의 조직 및 기능 개편 정책은 컨설팅장학 도입을 통한 지방교육행정체제의 장학행정 전문성 및 자율성 신장에의 기여, 기능 및 역할의 재분배를 통한 지방교육행정체제의 효율성 제고, 지방교육행정체제를 관리·감독에서 지원행정 중심으로 전환시키는 계기 마련, 다양한 교육 수요자들의 교육행정체제에 대한 접근성을 향상시키는 계기 마련, 지방교육행정체제 개편을 통한 단위학교 자율화 및 새로운 수요 대응 지원이라는 성과를 낳은 것으로 평가되고 있다(황준성, 2012: 21-23).

실제로 컨설팅장학은 전통적 장학의 형태를 벗어나 실질적으로 교사들의 교수활동을 지원하는 방식으로 활발히 진행되고 있다. 그러나 한편으로는 조직 개편에 있어 과명칭을 대상중심에서 기능중심으로 변경하였다가 현실적으로 많은 혼란이 있어 다시 환원되기도 했다.

다. 시 · 도교육청 조직 진단의 정착

시 · 도교육청 조직 진단은 총액인건비제 도입 이후로 지속적으로 이루어지고 있으며 그 과정에서 컨설팅이 이루어지고 있어 교육청이 조직 및 정원관리, 예산 계획 · 지출 등에 있어 합리성을 제고하는 자극제가 되고 있다. 예컨대, 그 결과로 공무원 외 계약직 근로자의 채용과 근로형태 및 근로시간, 보수와 관련된 불합리한 관행들이 개선되고 있다. 또한 상위직공무원 비율을 과다하게 책정하지 않도록 하여 조직의 안정성과 체계성을 기함과 동시에 재정효율성을 제고하는 데에도 도움이 되도록 유도하고 있다.

라. 시 · 도교육청 평가를 통한 교육책무성 제고

시 · 도교육청 평가에 대해서는 앞서 밝힌 바와 같이 그것이 자칫 교육청의 자율적인 정책 시행을 제약하고 교육부의 정책사업 추진에 맞게 획일화하고 경직화하는 문제를 야기할 수 있다는 점을 지적했지만 한편으로는 지방교육의 질적 수준을 제고하고 교육 수요자들의 눈높이에 맞게 책무성 높은 교육을 시키는 데 일조한 것도 사실이다.

구자억과 정규열(2012)은 시 · 도교육청 평가의 긍정적 효과로서 국가교육정책 추진의 일관성과 효과성 제고, 국가 교육정책에 대한 신뢰성 증진, 시 · 도교육청 간 선의의 경쟁을 통한 학교교육 경쟁력과 책무성 강화, 교육청 간 협력을 통한 교육경쟁력 제고, 교육 수요자 중심 교육행정체제 구축 등을 제시하고 있다. 예컨대, 2015년 시 · 도교육청 평가 결과를 보면 대부분의 시 · 도교육청이 자유학기제 체험 인프라 구축 실적

및 인프라에 대한 교원·학생·학부모 만족도가 높았으며, 인성교육중
심 수업, 학교 안전에 대한 노력 등을 기울이고 있는 것으로 나타났다(교
육부, 2015a: 2).

5. 쟁점

가. 교육부와 교육청의 권한 배분

　지방교육자치제도의 기본취지는 지방의 특수한 상황에 맞게 교육운
영을 해 나갈 수 있도록 지방정부에 권한을 부여하기 위한 것이다. 그
러나 교육부와 교육청의 권한 다툼이 종종 생기곤 한다. 자사고나 특성
화고, 특성화중학교의 지정 및 지정 취소 또는 체벌과 관련한 논쟁이 그
대표적인 예이다.

　2014년 9월 자사고 지정 취소 입장으로 서울시교육감이 교육부장관에
게 협의신청하였으나 장관이 반려하면서 학교 지정 및 지정 취소에 관
한 법적 권한 다툼이 발생했다. 종전의 문용린 교육감 재임 당시에는 자
사고 지정 유지 판정이 나왔는데, 조희연 교육감 부임 후 실시한 평가에
서 자사고 지정 취소라는 결과가 나왔고 이러한 입장을 교육부장관과
협의하고자 했으나 장관이 거부하면서 문제가 제기되었다. 교육부는 교
육청의 평가 절차에 대해 문제 삼고, 잘 운영되는 자사고는 유지·발전
시킨다는 게 교육부의 기본방침이라고 밝히면서 「초·중등교육법 시행
령」상의 '협의'는 동의로 해석할 수 있다고 주장하였다. 이에 대해 전국
시·도교육감협의회는 긴급기자회견을 갖고 "교육부가 교육자치를 훼
손하고 있다. 교육감의 권한을 보장하라."는 성명을 발표하기도 했다.

　「초·중등교육법 시행령」상의 '협의'에 대한 해석 문제가 논란이 되자
결국 교육부는 시행령 개정을 추진하여 '협의'를 '동의'로 바꿨다. 결국

종전까지 자사고 지정 및 지정 취소에 관한 권한은 교육감의 권한이었으나 현재는 교육부장관이 사실상 최종 결정하도록 되었다.

〈표 4-12〉 학교 지정 및 지정 취소 관련 「초·중등교육법 시행령」 개정 내용

종전	개정(2014. 12. 9.)
제76조(특성화중학교) ① 교육감은 교육과정의 운영 등을 특성화하기 위한 중학교(이하 '특성화중학교'라 한다)를 지정·고시할 수 있다. 이 경우 미리 교육부장관과 협의하여야 한다. 〈개정 2001. 1. 29., 2001. 10. 20., 2007. 5. 16., 2008. 2. 29., 2013. 3. 23.〉 ⑥ 교육감이 특성화중학교의 지정을 취소하는 경우에는 미리 교육부장관과 협의하여야 한다. 〈신설 2011. 6. 7., 2013. 3. 23.〉	제76조(특성화중학교) ① 교육감은 교육과정의 운영 등을 특성화하기 위한 중학교(이하 '특성화중학교'라 한다)를 지정·고시할 수 있다. 이 경우 미리 교육부장관의 동의를 받아야 한다. 〈개정 2001. 1. 29., 2001. 10. 20., 2007. 5. 16., 2008. 2. 29., 2013. 3. 23., 2014. 12. 9.〉 ⑥ 교육감이 특성화중학교의 지정을 취소하는 경우에는 미리 교육부장관의 동의를 받아야 한다. 〈신설 2011. 6. 7., 2013. 3. 23., 2014. 12. 9.〉
제90조(특수목적고등학교) ③ 교육감이 제1항 제5호, 제6호 및 제10호(공립·사립의 고등학교만 해당한다)의 특수목적고등학교를 지정·고시하고자 하는 경우에는 미리 교육부장관과 협의하여야 한다. 〈신설 2007. 5. 16., 2008. 2. 29., 2010. 6. 29., 2013. 3. 23.〉 ⑤ 교육감이 제1항 제5호, 제6호 및 제10호(공립·사립의 고등학교만 해당한다)의 특수목적고등학교의 지정을 취소하는 경우에는 미리 교육부장관과 협의하여야 한다. 〈신설 2011. 6. 7., 2013. 3. 23.〉	제90조(특수목적고등학교) ③ 교육감이 제1항 제5호, 제6호 및 제10호(공립·사립의 고등학교만 해당한다)의 특수목적고등학교를 지정·고시하고자 하는 경우에는 미리 교육부장관의 동의를 받아야 한다. 〈신설 2007. 5. 16., 2008. 2. 29., 2010. 6. 29., 2013. 3. 23., 2014. 12. 9.〉 ⑤ 교육감이 제1항 제5호, 제6호 및 제10호(공립·사립의 고등학교만 해당한다)의 특수목적고등학교의 지정을 취소하는 경우에는 미리 교육부장관의 동의를 받아야 한다. 〈신설 2011. 6. 7., 2013. 3. 23., 2014. 12. 9.〉

(계속)

종전	개정(2014. 12. 9.)
제91조(특성화고등학교) 　① 교육감은 소질과 적성 및 능력이 유사한 학생을 대상으로 특정분야의 인재양성을 목적으로 하는 교육 또는 자연현장실습 등 체험위주의 교육을 전문적으로 실시하는 고등학교(이하 '특성화고등학교'라 한다)를 지정·고시할 수 있다. 〈개정 2001. 1. 29., 2001. 10. 20.〉 　② 특성화고등학교 지정 신청서의 제출, 교육감의 해당 학교 평가에 따른 지정 취소, 지정 취소 시 교육부장관과의 협의에 관하여는 제90조 제2항, 같은 조 제4항 제5호 및 같은 조 제5항을 준용한다. 이 경우 '특수목적고등학교'는 '특성화고등학교'로 본다. 〈개정 2014. 2. 18.〉	제91조(특성화고등학교) 　① 교육감은 소질과 적성 및 능력이 유사한 학생을 대상으로 특정분야의 인재양성을 목적으로 하는 교육 또는 자연현장실습 등 체험위주의 교육을 전문적으로 실시하는 고등학교(이하 '특성화고등학교'라 한다)를 지정·고시할 수 있다. 〈개정 2001. 1. 29., 2001. 10. 20.〉 　② 특성화고등학교 지정 신청서의 제출, 교육감의 해당 학교 평가에 따른 지정 취소에 관하여는 제90조 제2항 및 같은 조 제4항 제5호를 준용한다. 이 경우 '특수목적고등학교'는 '특성화고등학교'로 본다. 〈개정 2014. 2. 18., 2014. 12. 9.〉
제91조의3(자율형 사립고등학교) 　① 교육감은 다음 각 호의 요건에 모두 해당하는 사립의 고등학교를 대상으로 법 제61조에 따라 학교 또는 교육과정을 자율적으로 운영할 수 있는 고등학교(이하 '자율형 사립고등학교'라 한다)를 지정·고시할 수 있다. 다만, 제77조 제2항에 따라 교육감이 입학전형을 실시하는 지역의 고등학교를 자율형 사립고등학교로 지정하려는 경우에는 미리 교육부장관과 협의하여야 한다. 〈개정 2013. 2. 15., 2013. 3. 23.〉 　⑤ 교육감이 자율형 사립고등학교의 지정을 취소하는 경우에는 미리 교육부장관과 협의하여야 한다. 〈신설 2011. 6. 7., 2013. 3. 23.〉	제91조의3(자율형 사립고등학교) 　① 교육감은 다음 각 호의 요건에 모두 해당하는 사립의 고등학교를 대상으로 법 제61조에 따라 학교 또는 교육과정을 자율적으로 운영할 수 있는 고등학교(이하 '자율형 사립고등학교'라 한다)를 지정·고시할 수 있다. 이 경우 미리 교육부장관의 동의를 받아야 한다. 〈개정 2013. 2. 15., 2013. 3. 23., 2014. 12. 9.〉 　⑤ 교육감이 자율형 사립고등학교의 지정을 취소하는 경우에는 미리 교육부장관의 동의를 받아야 한다. 〈신설 2011. 6. 7., 2013. 3. 23., 2014. 12. 9.〉

체벌에 관한 논쟁도 마찬가지로 교육부와 교육청이 권한 다툼을 벌인 대표적 사건이다. 종전까지 학교장은 교육상 필요한 경우에는 체벌을 할 수 있었다. 그러나 2011년에 정부가 체벌 금지에 관한 명시적 규정을 「초·중등교육법 시행령」에 반영하였다. 그러나 여기서 금지되는 것은 직접체벌이라고 해석하였다. 그 이후 2012년 1월 26일 서울시가 학생인권 조례를 제정하면서 모든 체벌을 전면적으로 금한다고 발표하였다. 이에 당시 교육과학기술부는 대법원에 여러 조항을 문제 삼아 조례 무효 확인소송을 제기하고 집행정지 가처분신청도 하였다. 그러나 서울시교육청이 1월 27일 학교에 서울시 학생인권 조례 시행에 따른 학칙 개정 권고 공문을 보내자 교과부는 교장의 학칙 제정권을 침해하는 법령 위반사항으로서 대법원 판결 시까지 학칙 개정지시를 유보하라고 시정명령하기도 했다. 이 와중에 당시 곽노현 교육감이 선거법 위반으로 유죄 판결을 받아 부교육감이 간접체벌을 허용한다는 방침을 밝혔다.

정부는 훈육 차원의 간접체벌은 교육상 필요하고, 훈육권의 주체는 교장으로서 훈육권은 교장의 고유한 권한이므로 조례로서 제한할 수 없다는 입장을 밝혔다. 그러자 교육청에서는 조례가 학칙보다 상위법으로서 체벌을 제한할 수 있다는 논리로 대응했다. 교육부에서는 조례보다 상위법인 대통령령에서 학교장에게 훈육권을 부여한 것이므로 조례로 제한할 수 없다는 입장을 밝혔다.

〈표 4-13〉 체벌 관련「초·중등교육법 시행령」개정 내용

종전	개정(2011. 3. 18.)
제31조(학생의 징계 등) ⑦ 학교의 장은 법 제18조 제1항 본문의 규정에 의한 지도를 하는 때에는 교육상 불가피한 경우를 제외하고는 학생에게 신체적 고통을 가하지 아니하는 훈육·훈계 등의 방법으로 행하여야 한다.	제31조(학생의 징계 등) ⑧ 학교의 장은 법 제18조 제1항 본문에 따라 지도를 할 때에는 학칙으로 정하는 바에 따라 훈육·훈계 등의 방법으로 하되, 도구, 신체 등을 이용하여 학생의 신체에 고통을 가하는 방법을 사용해서는 아니 된다. 〈개정 2011. 3. 18.〉

이렇게 중앙정부와 지방정부 간 권한다툼이 발생하는 것은 근본적으로 우리나라의 지방교육자치제도에 있어 중앙정부와 지방정부의 기능이 분리되어 있지 않고 서로 중복되어 있다는 점에서 비롯되는 것이다. 예컨대, 고교 이하 각급 학교에 대한 행정사무가 중앙정부의 사무이기도 하고 지방정부의 사무이기도 한 것으로 되어 있다(황준성, 2015: 256). 따라서 권한 충돌이 발생할 수밖에 없는 구조적 문제가 있다.

나. 교육지원청 조직·기능 개편

학교자율화 정책의 맥락에서 학교를 지원하기 위한 기능을 전환해야 한다는 목소리를 반영하여 기존의 지역교육청도 명칭을 교육지원청으로 바꾸고 그 조직 및 기능도 개편하여 왔다. 그러나 최근에는 다시 그 조직이나 기능이 예전으로 환원되는 경우를 볼 수 있다. 대표적으로 과 명칭을 대상중심에서 기능중심으로 바꾸라 해서 '초등교육과' '중등교육과'라는 명칭 대신, 예컨대 '교수학습지원과' '교육과정운영과' 등과 같은 명칭으로 변경하였는데, 현재는 다시 '초등교육과'와 '중등교육과'로 재개칭한 경우가 많아졌다.

교육청 사무의 내부를 보면, 장학사들의 업무가 실질적으로는 학교급 별로 구분되도록 되어 있다. 특히 인사업무에 있어서는 초등교원인사와 중등교원인사의 성격이 다르기 때문에 한 명의 장학사가 담당하기에 곤란하다. 또한 장학활동을 함에 있어서도 초·중등학교의 교육체제가 다르기 때문에 곤란하다. 더 근본적인 문제는 교육 수요자인 학부모의 입장에서 해당 자녀의 문제와 관련하여 민원을 접수하는 경우에도 과명칭만 봐서는 어느 과에 민원을 제기해야 하는지 혼란스러워 불만이 제기되곤 했다.

이런 상황에서 최근에 교육청들은 다시 예전의 명칭을 사용하고 있는 것이다. 이처럼 교육부에서 기능과 명칭이 이상적일 수 있지만 현장의 생리와는 맞지 않는 사례가 있을 수 있다. 문제는 이러한 조직·기능 개편이 교육청 차원에서 자발적으로 시작된 것이 아니라 상명하달식으로 추진되었다는 것이다.

이에 대해 고전 등(2010)은 교육부가 과거부터 정부가 독점해 왔던 권한을 분산하는 작업을 꾸준히 진행하고 있으나 이 또한 각 교육청 및 단위학교의 필요에 의해 요구된 것이 아니라, 정부의 로드맵에 의해 이뤄지고 있는 문제를 가지고 있음을 지적한 바 있다. 학교자율화 정책 및 지방교육행정체제의 개편 모두 진정한 교육자치를 이루기 위한 정책임에도 결코 자율적이지 않는 방식이 오히려 문제를 양산하고 있다는 것이다.

다. 시·도교육청의 조직 진단

총액인건비제가 시행됨에 따라 교육청의 정원과 인사의 자율성을 좀더 확보할 수 있게 되었다. 한편으로는 이에 따라 자칫 승진욕구를 충족시키기 위한 취지로 5급 이상 상위직급을 많이 만드는 경우에 재정압박을 초래할 수도 있기 때문에 총액인건비제 시행의 본래 취지에 역행하는 결과를 초래할 수도 있다. 또한 공무원 외 계약직 근로자들을 학교에서 채용하면서 방만하게 운영되는 경우가 있어 재정낭비라는 문제가 제기되기도 한다. 이에 교육부에서는 시·도교육청에 대한 조직 진단을 실시하고 이러한 방만한 운영이 되지 않도록 유도하고 있다.

문제는 그것이 자칫 교육청의 자율사항으로 되어 있는 권한을 이러한 조직 진단을 통해 실질적으로 제한하는 결과를 초래할 수 있다는 점이다. 총액인건비제의 취지가 해당 지역의 특수한 상황에 맞게 자율적으로 정원을 책정하고 인력을 배치하여 행정효율성을 달성하라는 것인데, 그것을 일률적인 잣대로 평가하는 것이 과연 타당한 것인지에 대해 의문이 제기될 수 있다. 조직 진단 혹은 평가가 그러한 특수한 상황을 충분히 고려하여 판단할 수 있는 정성평가라면 가능하겠지만 정량평가로만 구성된다면 이런 문제가 발생할 수 있다.

특히 공무원 외 계약직 근로자는 학교 실정을 고려하여 교육청이 자율적으로 인력을 고용 및 배치해야 하는데, 그것을 평가지표에 넣을 경우 자율적 판단이 제한되는 결과를 초래할 수 있다. 물론 기존에 이러한 공무원 외 계약직 근로자 채용이 방만하게 이루어진 사례가 있음은 사실이다. 그러나 교원 업무경감 차원에서 도입된 이러한 지원인력의 채용은 학교와 교육청 실정에 맞게 자율적으로 운용하도록 하는 것이 적절하다고 본다.

라. 시·도교육청 평가

시·도교육청 평가는 교육의 분권화·자율화에 따른 시·도교육청의 책무성을 확보하고 시·도교육청 간 선의의 경쟁을 통해 교육의 질적 수준을 제고하는 데 도움이 된다. 실제로 이러한 평가를 의식하여 교육청에서는 교육을 개선하기 위해 많이 노력하고 있음을 볼 수 있다. 특히 지역의 특색이 드러나는 고유한 사업을 개발하는 등 교육의 다양화에도 기여하고 있다.

그러나 그 항목들을 보면 주로 교육부에서 추진하는 정책들로 구성되어 있다. 결국은 교육부의 정책사업이 성공하도록 만드는 도구로 이용되고 있는 측면이 있다. 평가의 근본적 속성이 그렇지만 이러한 평가는 결국 교육청 활동을 정량적 지표에 맞게 획일화하는 문제를 야기할 수 있다. 이것은 사실상 간접적으로 교육청의 활동을 규제하는 결과를 가져온다. 정부의 규제완화정책에 반하는 결과를 가져올 수 있다.

간접규제는 직접적으로 규제 대상자의 행동을 제한하는 것은 아니지만 규제 대상자가 행동을 선택할 때 중요하게 고려할 것으로 예상되는 관련 변인을 조정하는 데 초점을 맞춘다. 정부지원, 행정지도나 행정계획, 각종 유인책 등을 이용하여 간접적으로 규제의 효과가 나타나도록 기대하는 규제 정책이다. 간접규제는 규제 대상자에게 1차적으로 행동 선택의 자유를 부여한다는 점에서 직접규제보다는 덜 통제적이라는 인상을 주지만 결과적으로 규제의 효과를 발휘한다(김형근 외, 2011: 6).

직접규제는 물론이고 평가와 그 결과에 따른 차등적 재정 지원에 의해 교육청은 정부의 규제를 간접적으로 받고 있다. 이러한 간접규제는 자칫 시·도교육청 운영 과정을 획일화시키고 경직되게 만들 수 있다.

마. 지방교육자치 단위의 조정 논의

현재의 17개 시·도교육청과 176개 교육지원청 체제로 이루어지는 지방교육자치 체제는 효과적으로 지역교육을 관리·지원하기가 어렵다는 지적이 있다. 이에 황준성(2011: 238-239)은 중역 단위 교육자치제도의 도입이 필요하다고 주장한다. 현재 지방교육자치제도의 불완전성, 특히 기초 단위에서는 자치가 이루어지지 않으면서 광역 단위의 자치 역시 교육감이 일반 지방자치단체의 교육·과학·기술·체육·기타 학예에 관한 사무를 관장하는 기관으로서의 불완전한 위상을 갖고 있는 체제를 벗어날 수 있는 기제가 될 수 있기 때문이다. 즉, 중역 단위 지방교육자치제도를 실시할 경우, 현재 광역과 기초로 구분되어 있는 일반지방자치단체와는 완전히 독립된 특별지방자치단체로의 법적 위상을 추구할 수 있을 것이기 때문이다

이것은 미국의 학교구(school district)와 비슷하다. 일반자치단체와는 다른 특별자치단체로서 교육과정, 교과서 등 교육내용, 교원인사 등과 같은 교육 고유의 영역에 대한 독립적이며 고유한 자치법규 제정권, 조세 및 예산권을 갖고, 지역학교 및 주민의 요구에 따른 자치 행정을 한 후 그 과정 및 결과를 선거를 통해 주민들에게 지속적인 평가를 받도록 하는 것이 중역 단위 교육자치제의 취지이다.

그러나 이러한 특별자치단체로서의 중역 단위 지방교육자치체제가 구현되기 위해서는 조세권 등이 주어져야 하지만 현재의 17개 시·도교육청도 갖고 있지 못한 조세권이 주어질 수 있는지 의문이다. 시민들 입장에서는 세금을 한 번 더 내는 것으로 받아들여져 자칫 조세저항에 부딪힐 수 있기 때문이다.

🗄 6. 과제

가. 교육행정권한 이양에 관한 체계적 입법화

앞에서도 지적한 바와 같이 중앙정부와 지방정부의 권한 다툼이 발생하는 것은 그 기능이 중복되어 있기 때문이다. 예컨대, 「초·중등교육법」「유아교육법」등 많은 교육관련법령을 보면 하나의 사무에 대하여 '국가와 지방자치단체' '국가 및 지방자치단체' '국가 또는 지방자치단체' '장관 및 교육감'이 교육행정권한 행사의 공동주체로 제시되어 있는 것들이 많다(황준성, 2015: 264). 이러한 예만 보더라도 기능중복이 얼마나

많은지 알 수 있다.

단순히 기관위임으로 권한을 배분할 것이 아니라 교육행정권한을 포괄적·일괄적으로 이양할 필요가 있는 영역과 과제를 발굴하여 이양을 입법화할 필요가 있다. 이를 통해 국가사무와 지방사무를 명확히 구분하고 행정기관 간 권한 다툼으로 인해 교육 수요자들이 피해를 보는 일이 없도록 해야 한다.

나. 교육지원청의 기능 재정립

교육지원청 조직·기능 개편 정책을 추진했지만 그다지 성공적이지 않았다. 심지어 과거의 조직형태로 환원되기까지 했다. 교사들은 교육지원청이 어떻게 바뀌었는지도 모르는 경우가 많다. 교육지원청이 또 하나의 상급기관으로 학교에 비춰지지 않도록 하기 위해서는 실질적인 지원기능이 강화되어야 한다. 이를 위해서는 컨설팅장학 기능을 강화하고, 교육지원청에 여유기구를 탄력적으로 설치할 수 있도록 보장하여 말 그대로 교육지원청이 학교지원센터로서의 역할을 할 수 있도록 해야 할 것이다.

다. 시·도교육청 조직 진단 결과에 따른 컨설팅 활성화

현재 이루어지고 있는 시·도교육청 조직 진단은 본격적인 '진단'에 앞서 진단체계 및 지표를 탐색하기 위한 과정이었다고 볼 수 있다. 컨설팅도 결과보고의 의미를 갖고 있다. 그러나 그 정책적 취지가 그 결과에 따라 실질적으로 조직 및 정원관리에 있어 변화를 도모하기 위한 것이므로 그 결과에 대한 체계적인 컨설팅이 이루어져야 한다.

라. 시·도교육청 평가 시 자율성 존중

시·도교육청 평가가 지방교육의 책무성과 경쟁력을 제고하는 데 기여한 것은 사실이다. 그러나 과열경쟁으로 인한 부작용도 야기되고 있다. 정량적인 지표값을 확보하기 위해 형식적으로 사업들을 추진하거나 그 기준에 맞춰서 획일화되는 현상이 나타나고 있다. 전시행정적 사례들이 발생하고 있다. 지역에 따라서 어느 지역은 특정 정책이나 사업을 펼칠 필요가 없는 안정된 상태인데도 지표에 들어 있다는 이유 때문에 사업을 억지로 해야 하는 문제가 발생할 수 있다. 지역의 특수성을 고려하여 자율적으로 시책을 펼치는 것을 존중하는 방향에서 지표체계가 수정되어야 한다. 구체적으로 말하면 지역의 특수사업과 자율적 시책을 정성적으로 평가하는 비중이 좀 더 확대될 필요가 있다.

제5장
지방교육재정의
성과와 과제

김병주

1. 개관

가. 지방교육재정의 구조

지방교육재정의 구조는 크게 국가부담수입, 지방자치단체 전입금, 교육청 자체수입으로 구성된다. 이를 정리하면 [그림 5-1]과 같다. 이 중에서 국가지원금이 가장 큰 비중을 차지하며, 지방자치단체의 일반회계 전입금이 그다음을 차지한다. 국가지원금과 지방자치단체 일반회계 전입금에 의한 이전재원이 지방교육재정의 대부분을 차지한다.

지방교육재정의 세입 구조를 보다 자세히 살펴보면 [그림 5-2]와 같다. 지방교육재정교부금은 지방자치단체가 교육기관 및 교육행정기관을 설치·운영함에 필요한 재원을 「지방교육재정교부금법」 제3조[1]에 따라 지방자치단체에 교부하는 것이다. 지방교육재정교부금은 다시 보통교부금과 특별교부금으로 나뉜다(〈표 5-1〉 참조).

---

1) 「지방교육재정교부금법」 제3조(교부금의 종류와 재원) ① 국가가 제1조의 목적을 위하여 지방자치단체에 교부하는 교부금(이하 '교부금'이라 한다)은 이를 보통교부금과 특별교부금으로 나눈다. ② 교부금의 재원은 다음 각 호의 금액을 합산한 금액으로 한다.

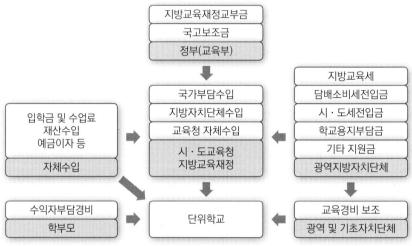

[그림 5-1] 학교재정 수입의 흐름

---

1. 해당 연도의 내국세(목적세, 종합부동산세, 담배에 부과하는 개별소비세 총액의 100분의 20 및 다른 법률에 따라 특별회계의 재원으로 사용되는 세목의 해당 금액을 제외한다. 이하 같다) 총액의 1만분의 2,027에 해당하는 금액

2. 해당 연도의 「교육세법」에 따른 교육세 세입액 중 「유아교육지원특별회계법」 제5조 제1항에서 정하는 금액을 제외한 금액

③ 보통교부금의 재원은 제2항 제2호의 규정에 의한 금액에 동항 제1호의 규정에 의한 금액의 100분의 97에 해당하는 금액을 합한 금액으로 하고, 특별교부금의 재원은 제2항 제1호의 규정에 의한 금액의 100분의 3에 해당하는 금액으로 한다. 〈개정 2017. 12. 30.〉

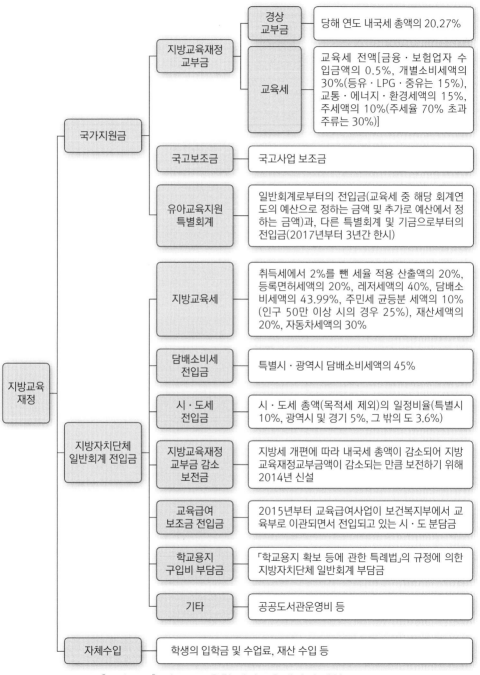

[그림 5-2] 시·도교육청 지방교육재정의 세입 구조

〈표 5-1〉 지방교육재정교부금의 재원과 교부방법(2018년 기준)

교부금재원 (법 제3조)	지방교육재정교부금의 교부방법(법 제5조 및 제5조의2)			
	보통교부금 (지방교육재정 교부금의 97%)	특별교부금(지방교육재정교부금의 3%)		
		국가시책사업 수요 (특별교부금의 60%)	지역교육현안 수요 (특별교부금의 30%)	재해대책 수요 (특별교부금의 10%)
내국세의 20.27%* + 교육세 전액**	기준재정 수입액과 수요액을 고려하여 총액 교부	전국에 걸쳐 시행하는 교육 관련 국가시책사업으로 따로 재정 지원계획을 수립하여 지원하여야 할 특별한 재정수요가 있거나 지방교육행정 및 지방교육재정의 운용실적이 우수한 지방자치단체에 대한 재정 지원이 필요할 때	특별한 지역교육현안 수요가 있을 때	재해로 인하여 또는 재해를 예방하기 위한 특별한 재정 수요가 있을 때

* 국가는 의무교육기관 교원 수의 증감 등 불가피한 사유로 지방교육재정상 필요한 인건비가 크게 달라질 때에는 내국세 증가에 따른 교부금 증가 등을 고려하여 교부율(20.27%)을 보정(補正)하여야 한다 (「지방교육재정교부금법」 제4조 제1항).

** 단, 교육세 세입액 중 「유아교육지원특별회계법」 제5조 제1항에서 정하는 금액을 제외한 금액(「지방교육재정교부금법」 제3조 제2항 제2호)

출처: 「지방교육재정교부금법」 제3조, 제5조 및 제5조의2.

나. 교육부 예산 규모

2017년도 교육부 소관의 예산 규모는 기금을 제외하면 57조 660억 원으로 2016년 예산(53조 2,461억 원) 대비 3조 8,199억 원 증가하였다. 2017년 지방교육재정교부금 예산은 42조 9,317억 원으로 전년도 43조 1,6150억 원 대비 2,298억 원 감소하였으나, 유아교육지원 특별회계의 설치로 3조 9,409억 원이 추가되어 총액은 3조 7,109억 원이 증액된 셈이다(교육부, 2017). 2017년 지방교육재정교부금의 96%인 보통교부금은 41조 2,144억 원, 지방교육재정교부금의 4%(2018년부터 3%로 조정)인 특별교부금은 1조 7,173억 원으로 나누어진다(「지방교육재정교부금법」 제3조 제3항).

다. 지방교육재정(시 · 도 교육비 특별회계)

2016년 결산기준 시 · 도 교육비 특별회계 세입액은 66조 979억 원으로서 세부 내역을 보면, 이전수입 55조 8,855억 원[84.5%, 중앙정부 43조 8,345억 원(66.3%), 지방자치단체 일반회계 11조 9,035억 원(18.0%), 주민 및 기관 부담 등 기타 1.475억 원(0.2%)], 자체재원 1조 4,659억 원(2.2%), 지방교육채 3조 102억 원(4.6%), 기타 전년도 이월금 등 5조 7,363억 원(8.7%)이다.

2016년 결산기준 시 · 도 교육비 특별회계 세출액은 60조 419억 원으로서 세부 내역을 보면, 인건비가 36조 3,511억 원(60.5%)으로 가장 많으며, 물건비 2조 460억 원(3.4%). 이전지출 3조 657억 원(5.1%), 자본지출 6조 1,092억 원(10.2%), 전출금 11조 9,933억 원(20.0%) 등이다.

2. 변천 과정

지방교육재정의 변천 과정은 확보와 배분으로 구분하여 살펴볼 수 있다. 여기서는 1991년 이후의 변천 과정을 정리한다.[2)]

---

2) 2017년 12월 30일 개정되고, 2018년 1월 1일 시행된 「지방교육재정교부금법」에 의해 2018년부터 보통교부금은 97%로, 특별교부금은 3%로 조정되었다. 윤정일, 송기창, 김병주, 나민주(2015)의 내용을 정리하되, 최근 내용을 보완하였다.

가. 지방교육재정 확보 제도의 변천

1991년의 지방교육재정은 교육세와 지방교육재정교부금이라는 큰 틀에 근거하고 있었다. 1991년 말 제정된 「교육세법」은 운용시한의 연장, 담배판매세의 제외, 방위세원 흡수 및 영구세화 등을 거쳤다. 지방교육재정교부금은 1982년의 개정에 의해 1972년 8·3 조치 이전의 교부율을 회복하였으나, 보통교부금 11.8%만을 회복하고, 특별교부금 1.18%는 회복하지 못함으로써 교육세 신설효과를 반감시키는 결과를 가져왔다.

1995년 교육개혁위원회가 발표한 5·31 교육개혁안의 교육재정 GNP 5% 확보정책의 일환으로, 1995년 말 「지방교육재정교부금법」을 개정하여 1996년부터 시·도세 총액의 2.6%를 지방자치단체 일반회계에서 교육비 특별회계로 전출하는 제도를 도입하였고, 시·군·자치구가 관할구역 내 단위학교에 교육경비를 보조할 수 있는 근거를 마련하였다.

1993년부터 유류에 관한 특별소비세가 교통세 재원으로 전환됨에 따라 초래된 내국세 결손분 지방교육재정교부금을 보전하기 위하여 담배소비세 전입률이 45%로 조정되었다. 담배소비세 전입금 제도는 특별시와 광역시에 국한된 제도이기는 하나, 지방세의 일부가 교육재원으로 전입되는 제도가 시행된 것으로 볼 수 있다.[3] 시·도세 전입비율은 2001년부터 3.6%로 상향조정되었고, 2005년부터 중등교원 봉급전입금 제도와 통합되어 서울 10%, 광역시와 경기도 5%로 조정되었고, 나머지 도는 3.6%를 유지하였다.

1995년 말 개정된 「지방교육재정교부금법」에 의하여 제정된 「시·군

---

3) 중등교육이 일반지방자치단체 관할에서 벗어난 1964년 이후, 지방세가 교육재원으로 전입되기 시작한 것은 1964년으로, 서울과 부산에서 시작된 공립 중등교원 봉급전입금 제도가 그것이다. 서울은 공립중등교원봉급 전액, 부산은 공립중등교원봉급 반액을 지방자치단체 일반회계에서 부담하도록 했다.

및 자치구의 교육경비 보조에 관한 규정」⁴⁾은 일반 지방자치단체가 단위
학교에 교육경비를 직접 보조할 수 있는 길을 터놓았으며, 1995년 말 개
정된 「교육세법」에 의해 교육세의 과세대상을 확대하고 기존 지방세분
교육세 중 일부에 대하여 세율을 조정하였다. 교통세의 15%와 등유에
대한 특별소비세의 15%, 담배소비세의 40%를 교육세로 신규 부과하게
되었고, 경주·마권세(현재의 레저세)에 대한 교육세의 세율을 20%에서
50%로 인상하였다.

  2000년 초 개정된 「지방교육재정교부금법」(2001년부터 시행)은 시·도
세 전입금 전입비율을 2.6%에서 3.6%로 조정한 것 외에, 부산을 제외한
광역시와 경기도의 공립 중등교원 봉급 10%를 전입하는 제도를 도입하
였고, 내국세 교부금 교부율을 11.8%에서 13%로 상향조정하였고, 의무
교육기관 교원봉급교부금에 봉급액을 기준으로 하여 지급액이 산정되
는 수당뿐만 아니라 「교육공무원법」 제35조 각 호에서 규정한 수당을 추
가함으로써 지방교육재원을 대폭 확충하였다. 아울러 「교육세법」을 개
정하여 2001년부터 지방세 부가분 교육세를 지방교육세로 전환하였다.

  2004년 말 개정된 「지방교육재정교부금법」은 2005년부터 공립 중등
교원봉급전입금과 시·도세 전입금을 통합하였고 교육세 수입액을 재
원으로 하는 지방교육양여금 제도를 폐지하며, 교원봉급교부금을 내국
세교부금에 통합하여 내국세교부율을 19.4%로 조정하였다. 내국세교
부율은 2008년부터 유아교육지원사업이 교부금사업으로 이양됨에 따라
20%로 조정되었고, 2010년부터 부가가치세의 일부가 지방소비세로 전
환됨에 따라 발생하는 내국세교부금 결손을 보전하기 위하여 교부율이
20.27%로 조정되어 오늘에 이르고 있다.

---

4) 시·도의 경우에도 교육경비를 보조할 수 있도록 2007년 말 「지방자치단체의 교
  육경비 보조에 관한 규정」으로 바뀌었다.

2001년부터 「지방세법」에 규정하기 시작한 지방교육세도 몇 차례 변화가 있었다. 「지방세법」 개정 법률(법률 제6312호, 2000. 12. 29.)은 지방세분 교육세를 지방교육세로 규정하고, 경주·마권세 지방교육세율을 50%에서 60%로 인상하되 2005년 12월 31일까지 효력을 가지며, 2006년 1월 1일부터는 20%로 환원하고, 담배소비세분 지방교육세율을 40%에서 50%로 인상하되, 2005년 12월 31일까지 효력을 가지도록 하였다. 이후 담뱃값의 인상에 따른 세수 증가와 소비 감소를 고려하여 2014년 1월 1일부터 담배소비세분 교육세는 43.99%로 인하되었다. 2001년 말 개정된 「지방세법」은 경주·마권세의 명칭을 레저세로 변경하였다. 2005년 말 개정된 「지방세법」은 레저세분 지방교육세의 세율은 100분의 60에서 100분의 40으로 인하하되, 2008년 12월 31일까지는 100분의 60을 유지하고 2009년 이후 100분의 40으로 인하하였다. 2010년 3월 말 「지방세법」 개정에서는 등록세 개편에 따라 등록세분 지방교육세가 부동산, 기계장비(자동차 제외), 항공기 및 선박의 취득에 대한 취득세의 20%와 등록에 대한 등록면허세(자동차에 대한 등록면허세 제외)의 20%로 조정되었다.

2017년에는 누리과정, 특히 어린이집 보육비의 재원부담 문제를 해결하기 위하여 3년 한시의 '유아교육지원 특별회계'를 설치하였다.

한편, 1995년 12월 29일에는 택지개발사업 등으로 학교설립 수요가 급증함에 따라 이에 필요한 재원을 확보하기 위하여 지방자치단체와 개발사업 시행자에게 학교용지 매입비의 일부를 부담하게 하는 것을 주요 내용으로 하는 「학교용지 확보에 관한 특례법」이 제정되었다. 동법은 2005년 3월 24일에 「학교용지 확보 등에 관한 특례법」으로 개정되었고, 부담률 등에 관한 수차례의 개정 과정을 거쳤다. 2017년 3월 21일에는 학교용지 부담을 명확히 하도록 하기 위하여 각 지방자치단체에 학교용지부담금 특별회계를 설치하도록 하였다.

나. 지방교육재정 배분 제도의 변천

1990년 말 「교육세법」이 개정되면서 교육세 전액이 지방교육양여금으로 시·도에 지원되는 제도가 도입되었다. 지방교육양여금 제도는 교육자치라는 교육 여건 변화를 수용하고 교육환경개선이라는 당면 교육재정부문 정책목표에 부응하기 위해서 도입된 제도라 할 수 있다. 정부가 교육세를 지방교육세 형태로 지방 교육세원화하지 않은 채 양여금 세원으로 활용하고 있는 것은 동 세원이 지역적으로 편재되어 있는 관계로 이를 지방교육세원으로 이양할 경우 교육자치단체 간 재정력 격차가 유발되기 때문이라고 할 수 있다(오연천, 1992: 261).

종전의 교육세는 그 신설 목적을 "교육기반의 확충을 위하여 학교시설과 교원의 처우개선에 소요되는 재원을 확보하는 것"으로 규정하고 있었으나, 개정 「교육세법」에서는 교육세 신설의 목적을 "교육의 질적 향상을 도모하기 위하여 필요한 교육재정의 확충에 소요되는 재원 확보"로 규정함으로써 목적재원의 용도를 명확히 하지 않은 채 교육양여금의 재원 확보근거만을 명시하고 있다. 이와 같이 재원의 용도에 관한 명확한 법적 규정이 없는 가운데 재원 배분과정에서 교육양여금의 용도를 교원의 인건비와 학교시설의 확충에 충당하도록 하고 있다(오연천, 1992: 262).

지방교육양여금 제도의 도입으로 지방교육재정 지원은 교부금 제도와 함께 이원적인 방식으로 이루어지게 되었다. 그러나 양여금이 학생 수나 교원 수 등에 의하지 않고 시·도별 인구비율에 의하여 배분되기 때문에 재원 배분의 형평성 시비에 휘말렸으며, 양여금을 「지방교육재정교부금법」상의 기준재정수입액으로 계상하기 때문에 교부금과의 통합운영이 불가피하여 양여금의 배분 목적을 살리기가 전혀 어렵다는 문제를 안고 있었다. 형식상으로는 교부금과 양여금 제도로 이원적으로 운영된다고 하나 양여금이 교부금 속으로 통합되기 때문에 실제로는 교

부금 제도에 의하여 지방교육재정이 지원되고 있는 것이나 다름이 없었다.[5]

한편, 1990년 말에 「지방교육재정교부금법 시행규칙」이 제정되어 이제까지 국고보조금 형태로 배분되던 교부금이 교육비 차이도에 의한 총액배분제로 바뀜에 따라 교부금의 일반재원 성격을 회복하였다. 따라서 1991년 이후는 명실상부한 교부금 제도의 시기로 분류할 수 있게 되었다. 지방교육양여금 제도는 2004년 말 「지방교육양여금법」(폐지 법률)과 「지방교육양여금관리특별회계법」(폐지 법률)에 의해 폐지되었다.

2004년 말 지방교육양여금 제도가 폐지됨에 따라 2005년부터 다시 교부금 제도만으로 지방교육재원이 배분되는 정책이 시행되었다. 지방교육재정의 지원구조를 단순·투명하게 하기 위하여 여러 종류로 나뉘어져 있던 지방교육재정교부금의 재원을 통합하고, 교육세를 지방교육재정교부금의 재원으로 추가하며, 국가와 지방자치단체의 재정사정 등을 감안하여 국가 및 지방자치단체의 지방교육재정의 지원구조를 재조정하는 데 목적이 있었다. 이러한 목적의 일환으로 대통령령인 「지방교육재정교부금법 시행령」이 신규 제정됨으로써 법률－시행령－시행규칙으로 이어지는 「지방교육재정교부금법」의 시행이 체계화되었다.

다. 지방교육재정 규모의 변화

지방교육재정교부금 규모는 2000년 9조 7,700억 원에서 2014년 40조 8,690억 원으로 약 4.18배 증가하였고, 보통교부금은 동기간 8조 8,260억 원

---

5) 지방교육양여금을 지방양여금의 일종으로 본다면 교육의 질적 향상을 위한 목적도 특정사업으로 볼 수 있으나, 현행법상 지방양여금과 지방교육양여금은 분명히 구분되고 있기 때문에 교육의 질적 향상이라는 목적을 개괄적인 용도로 보기 어렵다.

에서 39조 2,340억 원으로 약 4.45배 증가하였다. 증감률을 보면 보통교부금 규모가 연도에 따라 큰 폭으로 변동한 것처럼 보이지만 2009년을 제외한 나머지 연도의 변동은 모두 지방교육재정교부금 제도 변화에 따른 것이다. 2001년에는 내국세분 교부율이 11.8%에서 13.0%로 인상되었고, 봉급교부금도 의무교육기관의 교원봉급 전액에 해당하는 금액에서 교원에게만 지급하는 수당[6]이 추가로 포함되었다. 2005년에는 봉급교부금과 증액교부금이 폐지되면서 내국세 교부율이 19.4%로 조정되었고, 특별교부금도 내국세분 교부율의 1/11에서 4/100으로 축소되었기 때문에[7] 상대적으로 보통교부금의 규모가 커졌다. 2008년에는 유아교육비와 방과후 학교교육비 등이 지방이양사업으로 전환되면서 내국세분 교부율이 다시 19.4%에서 20.0%로 인상되었고, 2010년부터 부가가치세의 일부가 지방소비세로 전환됨에 따라 발생하는 내국세 교부금 결손을 보전하기 위하여 교부율이 20.27%로 조정되었다. 반면, 2009년의 보통교부금 감소는 경기침체에 따른 내국세와 국세 교육세의 세수감소에 따른 것이다.

---

6) 교직수당, 교직수당가산금, 학급담당수당, 교원 등에 대한 보전수당, 보직교사수당, 교원특별수당, 보건교사수당(2002년 추가) 등이 여기에 해당된다.

7) 특별교부금은 2017년 12월 30일에 「지방교육재정교부금법」 개정을 통해 내국세분 교부율의 100분의 3으로 하향 조정되었다.

3. 성과

가. 지방교육재정의 안정적 확충

교육비 특별회계 총세입 규모는 2000년 22조 4,402억 원에서 2014년 52조 9,028억 원으로 약 2.5배 증가하였다. 2001년과 2008년의 증가율이 상대적으로 크게 나타났으며, 나머지 기간은 대체로 완만한 증가추세를 나타내었다. 특히 최근 들어서는 거의 증가하지 않았다.

교육재정의 안정성이란 교육 외적 상황의 변화에 관계없이 일정 수준 이상의 교육재정을 보장받는 것으로 정의할 수 있다. 즉, 교육은 지속적인 투자를 필요로 하기 때문에 교육재정의 규모에 지나친 변화가 없어야 한다는 것을 의미한다. 그러나 변화가 없어야 한다는 말은 교육재정의 지나친 확대가 없어야 한다기보다는 지나친 삭감으로 인한 교육활동의 위축이 없어야 한다는 의미로 해석해야 한다. 따라서 교육재정의 안정성을 소극적으로 해석하면 교육재정의 규모변화가 적은 것을 의미하지만 보다 적극적으로 해석하면 교육재정 규모의 확대를 의미한다(송기창, 1994). 2009년을 제외한 모든 연도에 보통교부금의 규모가 확대되었기 때문에 안정적으로 재원이 확보되고 있다고 볼 수 있다. 교육세와 내국세의 일정률로 교부금 규모를 결정하는 보통교부금 제도는 교육재정의 안정적 확보 면에서는 상당히 우수한 제도이다(윤홍주, 2012).

나. 총액배분을 통한 재정운용의 자율성 제고

우리나라의 지방교육재정 배분방식은 1991년 지방교육자치제가 도입되면서 종전의 항목별 교부 방식에서 총액 교부 방식으로 바뀌었다. 항목별 배분방식에서는 당시 문교부가 시·도교육청의 예산을 일일이 편성해 주었기 때문에 시·도교육청의 입장에서는 재정운용의 자율성을 거의 행사할 수 없었다. 그러나 지방교육자치제도가 실시된 1990년대에는 교육필요를 감안한 가중학생 수와 지역별 교육비 차이도를 감안한 시·도별 지수개념을 도입하여 교부액을 산정한 후 총액으로 배분하는 총액배분제가 도입되었다. 이러한 배분방식은 학교급별 교육비 차이도를 반영한 학생당 교육비 제도에 근간을 두고 있다는 점에서 포뮬러 펀딩이라 할 수 있다(천세영, 이선호, 2002: 150). 포뮬러 펀딩은 미리 설정된 객관적 지표와 일련의 공식을 사용함으로써 재정배분의 합리성과 공정성을 확보하려는 재정 배분방식이며, 측정단위와 단가를 적용하여 배분한다는 의미에서 단위단가 배분 또는 재정배분에 있어 표준교육조건을 기준으로 삼는다는 점에서 표준교육비 배분방식으로 불리기도 한다. 이후 「지방교육재정교부금법」의 개정에 따라 기준재정수요액을 산정하는 항목과 단위 등의 변화는 있었지만 보통교부금의 총액배분 기조는 변함없이 유지되어 왔다. 표면적으로 보통교부금은 시·도교육청에 기본적으로 총액으로 배분되기 때문에 총액배분을 통한 재정운용의 자율성 보장 측면에서 문제가 될 것이 없다. 실제 지방교육재정교부금 중 총액으로 배분되는 보통교부금의 규모도 지속적으로 확대되어 왔다. 비록 내국세분 교부율의 변경에 따른 것이기는 하지만 2005년부터 내국세분 보통교부금의 비중이 교부율의 10/11에서 94/100로 확대되었으며, 실제 2005년 이후 특별교부금의 상대적 비중은 크게 낮아졌다.

다. 교육재정의 공평한 배분

지방교육재정교부금 중 보통교부금의 중요한 목적은 「지방교육재정교부금법」 제1조에 명시된 바와 같이 지방의 재정자립도나 빈부의 격차로 인해 발생하는 교육기회의 불균형과 교육의 질적 격차를 해소하기 위하여 교육재정을 지원하는 것이다. 지방교육재정교부금 제도에서 안정성, 자율성, 효율성, 책무성 등 다양한 가치가 강조되지만 그럼에도 불구하고 교부금 제도가 지향해야 할 제1원칙은 공평성이라 할 수 있다(남수경, 2007: 32). 교육재정에서 공평성은 주어진 시대나 여건에 따라 그 의미와 강조점이 달라지기 때문에 교육재정정책의 목표로서 공평성을 논의할 때, 어떤 관점과 입장에서 공평성 문제가 제기되는지 분석·평가하는 것이 중요하다(고장완, 2004: 50; 반상진, 1998: 202-203). 우리나라의 경우 지방교육자치단체가 과세권 등의 재정 확보 수단을 갖고 있지 못하다는 점, 지방교육재정의 대부분을 중앙정부 등에 의존하고 있다는 점을 고려할 때, 지방교육재정교부금 제도는 확보된 재원을 어떻게 시·도별로 균형 있게 배분해 주느냐에 초점을 두고 운영되어 왔다(김왕복, 1996: 495).

교육재정에서 공평성은 다양한 측면에서 정의될 수 있지만 대체로 학생당 교육비가 가장 빈번하게 활용된다. 보통교부금에서 공평성에 직접 영향을 미치는 것은 기준재정수요액의 산정방식이다. 기준재정수요액은 측정항목별로 측정단위와 단위비용에 의해 결정되는데, 이 세 가지 항목을 합리적으로 설정하는 것은 공평성의 전제조건이라 할 수 있다(윤홍주, 2012).

보통교부금 배분방식은 크게 측정단위로서 교육비 차이도 계수에 의한 가중학생 수에 강조점을 두고 배분한 시기와 단위비용으로서 소요경비 산정결과에 강조점을 두고 배분한 시기로 구분할 수 있다. 교육적 필요를 충족시키기 위한 재원의 규모, 즉 표준교육비를 산정하고자 하였다는 점에서 보면 단위비용에 강조점을 둔 소요경비 산정에 의한 배분방식이 보다 공평성을 추구하는 배분방식이라 할 수 있다(남수경, 2007: 44-45). 다만, 측정단위의 수가 증가할수록 공평성이 증가한다고 볼 수는 없으므로 단위비용에 대한 정확한 측정과 산출이 전제되어야 할 것이다.

라. 교육재정 분석 진단 및 성과 평가 등을 통한 재정운용의 효율성 제고

일반적으로 효율성이란 어떤 주어진 양의 재화 또는 서비스를 최소의 비용으로 생산하는 것을 의미한다. 교육의 경우에는 정책 목표가 교육의 질을 높이는 데 있으므로 교육재정의 효율성이란 교육의 질을 정해진 수준까지 최소의 비용으로 향상시키는 것이라고 정의할 수 있다(김경환, 김홍균, 1998). 그러나 현실적으로 교육의 질을 수치화하는 것은 불가능하므로 여기서는 교육재정 효율성의 개념을 최소의 비용으로 교육의 질을 최대한 높이는 것, 혹은 교육예산의 생산성을 제고하는 것으로 정의한다.

교육재정 운영의 효율화는 교육재정의 구조적인 문제를 완전히 해결해 주지는 못하더라도 전반적인 교육의 질을 향상시킬 수 있는 현실적인 대안의 하나라는 점에서 의의가 있다. 교육재정의 효율화는 교육재정의 절약을 통하여 달성될 수 있으며, 교육재정의 절약은 곧 인력의 재구조화를 통하여 달성될 수 있다. 이에 정부는 총액인건비 등을 통하여 재정운영의 효율성을 제고하고자 하였다. 또한 투명하고 책임 있는 예산 편성 유도, 투자우선순위의 조정, 시·도교육청 예산 공개, 관리시스템의 효율화를 통한 재정 지출의 감소, 소규모 학교 통폐합, 정기적인 성과 평가체제의 도입 등을 통하여 재정운영의 효율성을 도모하였다. 더불어 매년 지방교육재정의 효율화를 위한 워크숍 개최 및 지방교육재정 효율화 우수 사례집 발간을 통하여 예산의 절감 및 효율적 사용방안에 대한 토론과 시·도교육청별 수범사례를 공유할 수 있는 기회를 가졌다.

특히 교육부는 「지방재정법」 및 지방교육재정 분석 진단에 관한 규정에 따라 2010년부터 2014년까지 매년 지방교육재정 분석 진단을 시행하였고, 2015년에는 지방교육재정 운영의 성과 평가로 전환하였다. 교육재정 수요에 대한 적절한 대응과 전략을 수립하기 위해 지방교육재정

운영 결과에 대해 보다 종합적이고 체계적인 분석 및 환류가 필요하다. 이러한 관점에서 지방교육재정 분석 진단 제도는 지방교육재정 운용의 효율성 제고 및 개선에 많은 시사점을 제공하였다. '지방교육재정 운영의 성과 평가'는 시·도교육청의 비효율적 재정운용 실태를 점검하는 동시에 자체적인 노력을 유도하기 위해 올해 처음으로 도입됐다. 평가 결과에 따라 특별교부금이 차등 반영된다. 교육재정 운영의 효율성 제고를 위해서는 교육청 차원의 자체적인 노력도 필요하지만, 이를 점검·관리하기 위한 제도적인 뒷받침도 필요하다. 지방교육재정 분석 진단 및 성과 평가 제도는 지방교육재정 운영의 효율성 제고에 기여하였다.

교육부가 2015년 5월 발표한 지방교육재정 효율화 방안에서는 재정배분 체계 재정립, 재정운영 효율성 강화, 재정 투명성 및 책임성 제고의 세 가지 전략을 설정하고, 각각의 세부과제를 제시하였다. 특히 재정운용 효율성 강화를 위해 ① 적정규모 학교 육성, ② 교원 배치 효율화, ③ 이월·불용액 축소(재정 성과 평가 강화, 특별교부금 조기 교부, 장기계속계약 및 예비결산제도를 통해 이월·불용액 축소)를 제시하였다. 이는 교육재정 운영의 효율성 제고를 위한 정부의 노력을 잘 보여 주는 것이다.

마. 교육재정 배분 및 운영의 투명성 제고

교육재정 배분방식의 투명성은 포뮬러 펀딩에 의해 확보될 수 있다. 우리나라 지방교육재정 배분은 지방교육재정의 기준재정수요에서 기준재정수입을 감한 금액으로 배분되기 때문에 투명성이 어느 정도 확보되어 있다고 볼 수 있다. 다만, 측정단위의 수가 증가하고 조정지수가 많을수록 투명성을 담보하기 어려우므로 기준재정수요 산정방식을 단순화·투명화할 필요가 있다.

아울러 교육부는 건전하고 투명한 지방교육재정을 국민들이 실시간으로 쉽게 파악할 수 있도록 디지털 예산·회계시스템을 구축하였다.

이를 위해 재정운용에 필요한 통계를 맞춤형으로 제공하고, 학교신설 등에 필요한 업무관리 프로그램을 개발하기로 하였다. 또한 지방교육재 정업무를 개선하면서, 수입·지출 내용만을 기록하는 현금주의 방식을 발생주의·복식부기 회계 제도로 구축하였다. 또한 디지털 예산·회계 시스템에 의해 일선학교, 교육지원청을 비롯한 시·도교육청의 재정운 영이 실시간으로 공개됨으로써 예산편성과 집행결과를 주민에게 내실 있게 공개하여 주민참여를 활성화함으로써 투명성을 제고하였다.

시·도 교육비 특별회계 예산편성 및 집행과정에서 재정운영의 투명 성 제고 등을 위해서는 교육 수요자가 만족하는 제도 운영 등 자체 노력 을 유도할 필요성이 있다. 정부와 교육청은 주민참여예산 운영 등 다양 한 제도의 효율적 운영을 통해 재정운영의 투명성 제고를 위해 노력하 였다. 대부분의 교육청이 조례 제정 등을 통하여 주민참여예산 제도를 도입하여 예산편성 과정에 주민이 직접 참여하도록 절차와 방법을 규정 하였다.

모든 시·도교육청에서 예산편성 및 집행과정의 투명성 제고를 위한 예산낭비신고센터 운영, 시민참여위원회 운영 등 다양한 방안을 마련하 여 시행하고 있으며, 교육청에 따라 청렴 옴부즈맨 제도, 학부모감사관 제도, 청렴계약제 등을 실시하고 있다.

교육부와 시·도교육청에서는 주민들의 알 권리 보장과 투명성 제고 를 위해 홈페이지 등을 통하여 재정 관련 정보에 쉽게 접근할 수 있도록 노력하고 있으며, 지방교육재정 관련 공시정보를 적시에 100% 공시하 고 있다. 시·도교육청마다 공개방법에 있어서의 편차는 있으나, 모든 교육청에서 교육재정방, 교육정보자료실 등 교육재정 관련 정보를 탑재 한 별도의 자료실을 홈페이지에 개설하는 한편, 교육청 홈페이지의 메 인 화면에 바로가기 배너를 설치하여 주민들이 쉽고 편리하게 재정정보 에 접근할 수 있도록 하고 있다. 특히 지방교육재정 진단 분석 이후 대 부분의 교육청이 소관부서별로 산재되어 공시하고 있던 재정정보를 통합한 자료실을 홈페이지에 개설함으로써 대국민 접근성을 강화하였다. 대부분의 시·도교육청에서 재정운영의 투명성 제고를 위하여 기관장의 업무추진비와 수의계약내역 등 공개 대상 범위를 확대하고 있으며, 업무추진비 공개 대상도 확대하여 왔다.

교육부가 2015년 5월 발표한 지방교육재정 효율화 방안에서는 재정 투명성 및 책임성 제고를 위한 세부과제로서 ① 시·도교육청 재정정보 공시 강화, ② 재정운영의 성과 평가 강화, ③ 특별교부금의 계획성·투명성 제고를 제시함으로써 교육재정 운영의 투명성 제고를 위한 노력을 더욱 기울이고 있다.

4. 쟁점

가. 교육재정의 안정적 확보의 문제

내국세 총액의 20.27%와 교육세로 대표되는 지방교육재정교부금은 지방교육재정의 안정적 확보에 큰 기여를 해 왔다. 그러나 과연 이것이 지방교육재정의 안정적 확보에 기여했는지 재검토가 필요하다. 여기에는 재정 전망과 교원 봉급교부금 문제가 포함된다. 후자는 별도로 논의한다.

경기회복 지연 및 세수탄성치 약화 등으로 교부금 증가가 심각하게 둔화될 경우 교육재정이 심각하게 부족한 상황이 발생할 우려가 있다. 실제로 2013년 세수결손에 따른 2015년 교부금 감액 정산과 2014년 세수결손에 따른 2016년 교부금 감액 정산이 그 예이다. 그동안 지방교육재정교부금 규모는 연 6~8% 성장해 왔으나, 2014년에는 세수부족으로 전년 대비 0.5% 감액되었고, 2015년에는 2013년 세수결손에 따른 정산분(-2조 6,733억 원)과 내년도 내국세 감소 등에 따라 전년 대비 3.3%가 감액되었다. 누리과정이나 고교 무상교육 등의 추가적인 정책지출이 증가할 경우 교육재정의 부족은 심각해질 것이다.

학생 수의 감소가 교육재정 축소로 연결되는 직접적인 상관이 매우 낮은 상황에서 세입 전망에 대한 엇갈린 추계와 전망, 그리고 실제로 낮은 세입은 향후 지방교육재정의 안정적 확보를 위한 중요한 단초를 제공하게 될 것이다.

나. 교육복지 투자의 확대와 재원부담 불균형

2012년 이후 누리과정 및 초등학교 방과후 돌봄교실 운영 확대 등에 따른 추가적인 지방교육의 재정소요를 충당하기에 어려운 점이 있다. 누리과정은 유치원과 어린이집을 통한 공통 교육·보육과정으로 부모의 소득에 관계없이 유아학비 또는 보육료를 지원하게 되며, 2012년에 5세 누리과정이 도입된 후 2013년부터 3~4세까지로 확대되었다. 2013년과 2014년까지는 각각 만 3세 및 만 4세 '어린이집' 보육료를 보건복지부(국비), 지방자치단체(지방비), 지방교육재정교부금(교육부)으로 부담하였으나, 2015년부터는 시·도교육청이 지방교육재정교부금을 통해 어린이집 보육료를 전액 지원하도록 하였다.

교육부는 지방교육재정교부금 감소 등 어려운 지방교육재정 여건을 감안하여 3~5세 누리과정 소요예산 3조 9,641억 원 중 보건복지부 소관 어린이집 보육료 지원분 2조 1,545억 원, 초등돌봄교실 사업비 5,995억 원, 고교무상교육 2,422억 원을 2015년 예산안에 신규로 반영할 것을 요청했으나 관련 예산은 전액 반영되지 않았다. 기획재정부는 학령인구 감소 등에 따른 지방교육재정의 세출구조조정 및 지방채 발행 등을 통해 현 지방교육재정교부금 범위 내에서 소요재원을 충당하라는 입장이었다.

어린이집 누리과정 보육료 지원과 관련하여 2014년 10월 7일 전국 시·도교육감협의회는 지방교육재정교부금으로 어린이집 누리과정 보육예산을 부담하는 것이 법률적으로 맞지 않고,[8] 특히 교육부가 보건복지부 관할인 어린이집까지 지방교육재정에서 부담하도록 함에 따라 지방교육재정 악화를 초래하였다면서 보건복지부가 부담해야 하는 어린이집 보육료 지원 예산 2조 1,429억 원[9] 전액을 편성하지 않기로 의견을 모았다.

누리과정의 경우 당초 지원 단가를 연차적으로 인상할 계획[10]이었으나 2014년에는 세수부족 등 재정 여건을 감안하여 2013년 수준인 22만 원(유아학비 기준)으로 동결하였고, 이후에도 재정 여건 악화로 2013년 수준으로 계속하여 동결하였다.

학부모의 교육비 부담을 경감하고 생애 출발선에서의 균등한 교육기회를 제공하기 위하여 만 3∼5세 유아에 대한 누리과정을 계속하여 유지할 필요가 있음은 분명하다. 2016년 12월 20일 「유아교육지원특별회계법」이 제정됨으로써 급한 불은 진화되었으나, 3년 한시로 설치됨으로써 여전히 불씨는 남아 있는 셈이다.

한편, 초등학교 방과후 돌봄교실 운영지원 사업의 경우 지원대상이 2014년부터 저소득층 및 맞벌이 가정의 학생에서 희망하는 모든 초등학생(2014년 1∼2학년)으로 확대됨에 따라 운영교실 수는 2013년의 7,395교실에서 1만 6,600교실로, 참여학생 수는 15만 9,737명(2013년)에서 33만

---

8) 어린이집은 '교육기관'이 아닌 '보육기관'이다. 「지방교육재정교부금법」 제1조에서 지방교육재정교부금은 교육기관 및 교육행정기관을 설치·경영하는 데 필요한 재원을 교부하도록 하고 있는 바, 교육기관이 아닌 어린이집은 지방교육재정교부금 교부대상이 아니라는 것이다.

9) 어린이집 이관분과 관련하여 교육부가 산출한 금액(2조 1,545억 원)과 시·도교육감협의회가 산출한 금액(2조 1,429억 원) 간 차이는 유아통계 등 산출시점 등에 따라 달라진 것으로 보인다.

10) 당초: (2013) 22만 원 → (2014) 24만 원 → (2015) 27만 원 → (2016) 30만 원
    변경: (2013) 22만 원 → (2014) 22만 원 → (2015) 22만 원 → (2016) 30만 원

1,892명으로 증가할 것으로 예상된다. 이에 따라 초등학교 방과후 돌봄교실 운영 지원예산이 2013년 2,918억 원에서 2014년 6,109억 원으로 증가하여 3,191억 원의 추가 재정소요가 발생하였다. 이 역시 지방교육재정이 부담해야 할 몫이 되어 있다.

다. 교육투자 불균형

누리과정의 급속한 확대, 무상급식, 각종 교육복지 및 보조사업의 증가는 이미 지방교육재정의 중요한 증가요인이 되어 왔다. 이에 더하여 교육 여건 및 환경 개선은 시급히 해결해야 할 지방교육재정의 중요한 수요 증가요인이다.

특히 경직된 재정구조는 지방교육재정의 중요한 위협요인이다. 지방교육재정의 세입은 교부금 등 외부 의존수입이 91%인 반면, 세출은 인건비 등 경직성 경비가 80% 수준으로서 매우 경직된 구조를 가지고 있다. 여기에 최근 들어 증가하고 있는 누리과정이나 고교 무상교육, 돌봄교실 등의 과제를 포함할 경우 경직성 경비 비중은 크게 증가한다.

이러한 상황에 따라 교육투자의 불균형은 심각하다. 무상급식 및 돌봄교실 등 비가역적(非可逆的)인 복지투자 및 누리과정 등 대규모 재정수요는 증가하는 반면, 학교 재난위험시설(D·E급) 등 교육환경 개선 투자는 감소하고 있다. 교육투자의 불균형은 물론, 중요 사업 추진을 위한 교육재정의 부족을 잘 보여 준다.

최근 안전에 대한 관심이 증가하면서, 일선학교의 노후화된 건물에 대한 관심도 증가하고 있다. 하지만 예산이 없어서 낡은 건물을 개보수하지 못하는 교육청이 적지 않다. 시설 개보수를 위한 교육예산이 부족하게 된 가장 중요한 원인은 지방교육재정교부금의 증액 없이 무상급식이 확대되고, 만 3~5세 누리과정이 전면 실시되었기 때문이다. 그 배경에는 '내국세 총액이 증가하면서 매년 지방교육재정교부금도 증가하는 반면, 학생 수는 감소하기 때문에 유·초·중등교육 재정은 여유가 있을 것'이라는 시각에 근거한다.

그러나 학생 수가 줄더라도 학교 수나 학급 수는 그에 비례하여 줄지 않는다. 오히려 학교 수는 증가하였다. 교육비는 학생 수 못지않게 학교 수나 학급 수에 비례하여 증가한다. 교육비에서 가장 큰 비중을 차지하는 교원인건비는 학교 수와 학급 수에 비례하기 때문이다.

전국의 초·중등학교 건물 2만여 동 중 20년 이상 된 건물이 절반을 넘으며, 35년 이상 된 것만도 20%를 초과한다. 심지어 D·E급 재난위험 시설로 지정된 건물도 있다. 전국 초·중등학교 건물을 모두 미래형 학교로 재건축하기 위해서는 약 450조 원이 필요하다. 매년 4.5조 원씩 투자한다 하더라도 100년이 걸린다. 하지만 각 시·도교육청에서는 현재의 학교시설을 개보수할 예산여력조차 부족하다. 인건비 등 경직성 경비를 뺀 가용재원이 절반 이상 줄었기 때문이다. 실제로 2010년에 각각 5,290억 원, 4,845억 원이던 누리과정, 무상급식 지원비가 2014년에 각각 1조 4,497억 원, 2조 6,853억 원으로 급증하면서, 교육환경 개선 투자비는 4조 2,913억 원(2010년)에서 2조 8,238억 원(2014년)으로 크게 줄었다.

추가적인 사업과 지출에 대해서는 해당 금액만큼의 지방교육재정교부금 교부율이나 교육세 증액 또는 국고보조금의 확충이 이루어져야 한다는 전제가 마련되어야 한다.

라. 교육투자 우선순위와 교육여건 개선

무엇보다도 교육여건 개선 노력은 지방교육재정 수요의 중요한 증가 요인이다. 이는 학생 수가 감소한다고 해서 더불어 교육재정이 함께 감소할 수 없는 원인이다. 실제로 1980년 대비 학생 수는 34% 감소한 반면, 교육의 질적 수준에 영향을 끼치는 교원 수(90%), 학급 수(34%) 및 학교 수(15%)는 증가하였다. 2000년을 기준으로 할 때, 학생 수는 19% 감소한 반면, 교원 수, 학급 수 및 학교 수는 각각 27%, 13%, 15% 증가하였다. 이는 교원당 학생 수 개선, 과밀학급 및 과대규모 학교의 축소에 크게 기여하였다. 2010년 대비로는 누리과정 시행에 따라 학생 수는 7%인 51만 명이 오히려 증가하였으며, 학교 수는 1.5%, 교원 수는 3.8% 증가하였다.[11]

〈표 5-2〉 학생 수, 학교 수, 학급 수, 교원 수 변동 현황

구분	학생 수*	학교 수	학급 수	교원 수	학급당 학생 수	교원 1인당 학생 수
1980년(A)	983만 명	9,961	175,988	224,870	55.8	43.7
2000년	795만 명	9,955	209,927	336,940	37.9	23.6
2010년(B)	724만 명	11,237	240,478	411,958	30.1	17.6
2011년	699만 명	11,317	239,403	422,364	29.2	16.5
2012년	738만 명	11,360	237,556	425,392	28.3	15.8
2013년(C)	775만 명	11,408	236,144	427,689	27.4	15.2
증감(C−A)	△208만 명	1,447	60,156	202,819	△28.4	△28.5
비율(%)	△21.1%	14.5%	34.2%	90.2%	△50.9%	△65.2%
증감(C−B)	51만 명	171	△4,334	15,731	△2.7	△2.4
비율(%)	7.0%	1.5%	△1.8%	3.8%	△9.0%	△13.6%

* 2012년부터 누리과정 시행에 따라 2012년 만 5세 아동 66만 명, 2013년 만 3~5세 아동 127만 명을 학생 수에 포함한다.

---

11) 더욱 중요한 것은 누리과정 합의 당시(2011. 5.) 교부금은 매년 3조 원 이상 증가하는 것으로 추계하였으나, 2015년 교부금은 오히려 2.2조 원 감소하였다. 교부금 추계가 불안정하고 과잉 추정되었다는 점은 후반부에 제시하였다.

핵심적인 교육여건 중 하나인 교원 1인당 학생 수와 학급당 학생 수에 있어서 우리나라는 OECD 국가 평균에 여전히 미달한다. 2012년 한국의 교원 1인당 학생 수는 초등학교 18.0명, 중학교 18.0명, 고등학교 15.0명으로 OECD 국가 평균인 15.0명, 14.0명, 14.0명에 비해 열악하다. 학급당 학생 수에 있어서도 우리나라는 초등학교 25.0명, 중학교 33.0명으로 OECD 국가 평균인 21.0명, 24.0명에 비해 많다. 특히 중학교는 OECD 국가 평균과의 격차가 더 큰 것으로 나타났다. 교육투자의 우선순위를 어디에 두어야 하는지에 대한 심도 깊은 논의가 필요한 시점이다.

마. 이월액 · 불용액 과다 문제

최근 5년간 지방교육재정 결산 현황을 살펴보면 매년 이월액과 불용액이 4~5조 원 발생하고 있는데,[12] 이월액 · 불용액을 최소화하여 그 재원을 누리과정, 초등학교 방과후 돌봄교실 운영 등 추가적 교육재정소요에 대한 지원에 사용하는 방안을 검토해 볼 필요가 있다는 주장이 있다.

지방교육재정의 이월액 · 불용액 규모는 연간 4조 원 수준으로 지자체 대비 작은 규모이나, 국가 대비로는 과다한 수준이다. 국고예산 집행과 달리 회계연도 중 추경 편성 등 지자체 재정운영의 특성상 불가피한 측면을 감안하더라도 이월액 · 불용액의 축소는 필요하다. 다만, 이월액 · 불용액 발생사유에 대한 검토를 통해 축소할 수 있는 부분과 그렇지 않는 부분을 구분하여 방안을 마련하는 것이 필요하다. 특히 연도 말 교부 등을 통해 구조적으로 이월 및 불용이 불가피한 경우가 적지 않으므로 이는 이월액 및 불용액 총액을 계산할 때 감안되어야 한다.

---

12) 지방교육재정의 최근 5년간 이월액 · 불용액은 2008년 5조 1,375억 원, 2009년 5조 1,967억 원, 2010년 5조 3,548억 원, 2011년 4조 7,783억 원, 2012년 4조 3,694억 원이다.

바. 교부금 배분기준으로서의 학생 수 문제

최근 교육부는 지방교육재정교부금 교부기준에 학교 수 비중을 낮추고 학생 수 비중을 높여, 최종 교육 수요자 중심의 지출구조를 확립하겠다는 계획을 포함한 지방교육재정 효율화 방안을 발표하였다(교육부, 2015c). 교육과정 및 기관 운영비, 복지지원비 등의 교부기준 중 학생 수 비중을 확대하겠다는 것이다. 이는 학생 수가 감소하면 지방교육재정교부금의 축소가 불가피하다는 주장과 맥을 같이한다. 학생 수 감소에 따라 지방교육재정교부금 규모를 축소해야 한다는 주장을 보면(기획재정부, 2012: 11-17), 학생 수의 감소 전망에도 불구하고 지방교육재정의 규모는 오히려 증가할 수밖에 없는 교부금 확보 구조의 개선이 필요하다는 것이다. 즉, 조세수입에 따라 자동으로 교육비 규모가 결정되는 방식을 학생 수에 따라 결정하는 방식으로 변경해야 한다는 것이다. 교부금 규모가 학생 수와 무관하게 결정되기 때문에 최근 교육비의 2/3 이상을 차지하면서 학생 수와 밀접한 관계를 가진 교직원 인건비는 3% 내외의 비교적 안정적인 증가세를 보였음에도 불구하고 교부금은 2011년과 2012년 각각 9% 내외 증가하였다는 것이다. 또한 학생 수가 감소됨에 따라 비례적으로 교육비를 줄일 수 있으려면 소규모 학교를 통·폐합하여 학교당 소요되는 경비를 축소하여야 한다는 것이다. 이러한 문제를 개선하고 지방교육재정의 효율화, 나아가서는 국가재정의 효율화를 도모하기 위해서는 학생 수와 교부금·지방교육재정 규모의 연관성을 강화하는 방안을 모색할 필요가 있다는 것이다(윤홍주, 2012).

이상의 주장을 몇 가지 점에서 검토하면 다음과 같다(윤홍주, 2012). 첫째, 학생 수가 교육비 규모를 결정하는 중요한 요인임은 분명하지만 학생 수만을 기준으로 삼는 것은 문제가 있다. 그 이유는 일반적인 공공서비스와 교육서비스의 제공단위가 다르다는 데서 찾을 수 있다. 일반적으로 공공서비스의 제공단위는 개인인 반면, 교육서비스는 학교와 학급이라는 집단이다. 예를 들어, 보건소의 공중보건의는 개인 단위의 환자를 대상으로 의료서비스를 제공하기 때문에 환자 수를 기준으로 필요한 공중보건의 수를 결정할 수 있다. 그러나 교육의 경우 학습이 비록 학생 개인 수준에서 이루어지지만 제공되는 교육서비스의 대부분은 학생이 아닌 학교와 학급 차원에서 제공된다. 교육과정을 구현하는 수업은 학생이 아닌 학급 단위로 이루어지며, 따라서 필요한 교원 수를 산정할 때는 학생 수보다는 학급 수를 고려하는 것이 보다 합리적이다.

그동안 인건비 증가에 비해 교부금의 증가가 컸다는 점은 사실이지만 그 이유가 학생 수의 증감에 있다기보다는 경상 GDP, 내국세, 지방세 등 세수는 꾸준히 증가한 반면, 공무원의 보수는 동결하거나 세수 증가율보다 낮은 수준으로 인상해 왔기 때문이다. 실제 2000~2010년 사이 경상 GDP, 내국세, 지방세 등은 모두 2배 이상 증가한 반면, 동 기간 공무원 보수는 약 1.37배 증가하는 데 그쳤다.[13] 인건비 비중이 10% 내외에 불과한 자치단체와 달리 인건비 비중이 60%가 넘는 교육재정에서는 공무원 보수 인상률에 따라 가용재원의 규모가 크게 달라질 수 있다는 점을 고려하지 않은 주장이다(윤홍주, 2012).

학생 수를 기준으로 할 경우 소규모 학교의 통·폐합은 불가피하다. 그런데 비효율적으로 운영되는 소규모 학교를 통·폐합하는 것은 당연한 일이지만 학생 수 60명 이하인 학교를 획일적으로 소규모 학교로 지정하는 것은 문제가 있다. 오히려 현재의 소규모 학교 통·폐합 기준이 적절한가를 검토하여 합리적인 기준에 따라 통·폐합을 추진할 필요가 있다. 시·도에 따라 차이는 있지만 대체로 통·폐합 제외 대상학교 기준은 1면 1교, 적정통학거리를 벗어난 경우, 학생 수 증가가 예상되는

---

13) 공무원 보수 인상률은 2000년 3.0%, 2001년 5.5%, 2002년 6.5%, 2003년 3.0%, 2004년 3.9%, 2005년 1.3%, 206년 2.0%, 2007년과 2008년 2.5%, 2009년과 2010년 동결, 2011년 5.1% 인상되었다(중앙인사위원회 홈페이지 자료).

학교 등이다(한국교육개발원, 2011: 76-78). 그러나 비록 1면 1교라 하더라도 도로 여건 등을 감안하여 인접 지역 학교와 통합하는 것이 합리적인 경우도 있을 것이며, 적정통학거리도 합리적 근거에 의해 설정될 필요가 있다.[14] 소규모 학교를 전수 조사하여 통·폐합 가능여부를 판단하고, 통·폐합이 가능한 학교를 대상으로 정책을 추진할 필요가 있다(윤홍주, 2012).

아울러 교육재정 규모의 적정성은 단순히 학생 수의 변화보다는 교육과정 운영의 적정성 측면에서 판단해야 한다. 2015 개정 교육과정은 교육과정 운영상 큰 틀의 변화를 요구한다. 교육과정 운영의 측면에서 적정 학교 규모, 학급 규모 및 교원 수, 적정 교육재정 규모를 판단하는 것이 필요하다.

사. 지방교육재정의 안정적 확보와 봉급교부금

교육재정의 안정성이라는 측면에서 볼 때, 교육재원이 느는 것도 중요하지만 줄지 않는 것이 더 중요한데, 재원 산정기준을 분산시키면 늘어날 때 조금 늘어날 수 있지만 줄어들 때도 조금 줄어들 수 있다.

이러한 점에서 2004년 봉급교부금과 증액교부금과 경상교부금을 하나로 통합한 것은 보통교부금이 늘어날 때 많이 늘어날 수 있지만 줄어들 때도 많이 줄어들 수 있다는 문제가 있다. 2004년「지방교육재정교부금법」개정에서 당시 기획예산처가 봉급교부금을 내국세 교부금에 통합하는 방안을 제시한 것은 봉급교부금을 그대로 둔 상태에서는 의무교육 중학교 교원 봉급교부금 부담 시비에서 벗어나기 어렵다고 판단한 데

---

14) 민부자, 홍후조(2011)는 선행연구 등을 고려하여 유치원생과 초등학교 저·중학년의 통학시간은 10~30분, 거리는 5km, 초등학교 고학년과 중학생은 각각 30~60분, 통학거리는 20km 이하를 제시하고 있다.

따른 것이다. 결과적으로, 경상교부금과 봉급교부금과 증액교부금을 통합한 2004년 「지방교육재정교부금법」 개정은 교부금 재원의 안정성을 떨어뜨렸다(송기창, 2006b).

봉급교부금은 의무교육기관에 근무하는 교원의 봉급(교원에게 지급하는 수당 포함)을 경상교부금과 별도로 산정하여 교부함으로써 교원증원이나 봉급인상 등으로 인한 인건비 증가가 경상운영비나 시설비에 영향을 미치지 않도록 하는 제도적 장치였다. 그러나 예산 당국은 중학교 의무교육 완성에 따라 중학교 교원에 대한 인건비를 봉급교부금에 포함시키는 문제에 대하여 부정적이었다. 중학교 의무교육이 완성되었다고 해서 중학교 교원을 추가로 신규 임용한 것이 아니기 때문에 세출 수요가 추가로 늘어나지 않은 것은 사실이다. 이에 따라 2005년부터 논란이 될 소지가 있는 봉급교부금 재원을 경상교부금에 통합하여 제도 자체를 폐지하였다. 그러나 이를 부활시켜야 한다는 주장이 있다(송기창, 2006b; 우명숙, 2006).

교육계가 인식하고 있었던 봉급교부금 제도는 두 가지 의미가 있었다. 하나는 인건비에 의한 경상운영비나 시설비 삭감을 방지하는 장치로서의 의미며, 다른 하나는 교육재원 확충 수단으로서의 의미다. 중학교 무상 의무교육을 확대하면서 중학교 교원에 대한 봉급교부금을 폐지한 것은 장차 내국세 규모가 줄어들거나 교원 정원이 늘어날 경우 인건비에 의한 경상운영비와 시설비의 잠식을 막을 수 없다는 문제가 있었다(송기창, 2006b).

한편, 교육재원 확충수단으로서 봉급교부금의 의미도 가볍게 다룰 문제는 아니었다. 중학교 의무교육을 도서·벽지 지역에서 처음 실시하고, 읍·면 지역으로 대상을 확대할 때, 수업료와 입학금 결손을 보전하는 방식 대신에 봉급교부금을 지원하는 방식으로 재원 확충을 한 역사를 가지고 있기 때문이다. 그런데 이러한 제도적 변화가 이뤄진 2004년부터 내수 불황으로 내국세와 교육세 수입이 줄어들어 교부금과 교육세 결손이 누적됨으로써 지방교육채가 늘어나고 있었고, 중학교 의무교육 완성이라는 변수가 없어도 교육재원의 추가적인 확충이 요구되는 상황이었다. 따라서 교육계로서는 당시 법령이 규정하고 있었던 봉급교부금을 활용할 경우 교육재정 문제가 자연스럽게 해결될 것으로 기대하고 있었다. 그런데 법규정을 바꿔 봉급교부금을 폐지함으로써 누적된 교육재원 결손을 더욱 악화시키는 결과를 가져온 것이다(송기창, 2006b).

따라서 교원 인건비를 안정적으로 확보하고, 지방교육재정교부금 재원을 확충하기 위한 수단으로 의무교육기관 교원에 대한 봉급교부금을 부활시킬 필요가 있다. 교원 수가 증가하는 경우에는 교원 인건비를 별도로 산정하여 교부하는 것이 효과적이었다. 내국세 교부율은 고정되어 있기 때문에 교원증원에 필요한 재원 소요액을 감당하는 데 한계가 있다. 수당을 제외하고 본봉만 교부금으로 확보했을 때, 교부금 교부대상이 아닌 각종 수당의 인상을 통해 교원 처우가 개선됨으로써 교원 인건비에 의해 경상교부금이 잠식되는 문제가 발생하였다.

이러한 제도적 결함을 보완하기 위하여 의무교육기관 교원 보수(본봉과 수당 및 복리후생비 포함) 반액 또는 전액 등과 같이 규정할 필요가 있으며, 의무교육기관에 근무하는 교원뿐만 아니라 모든 유·초·중·고등학교 교원의 보수 반액으로 규정하는 방안도 검토할 수 있다. 의무교육기관 교원 보수교부금 제도는 의무교육에 대한 국가의 책임한계를 교원 인건비로 설정하는 효과가 있으며, 모든 교원에 대한 보수교부금 제도는 국가의 교육재원 책임과 지방자치단체의 책임을 분담하는 기준이될 수 있다는 점에서 의미가 있다(송기창, 2006b).

아. 증액교부금 폐지와 부활 논의[15)]

증액교부금은 1990년 신설되었으나 봉급교부금과 함께 2004년 말 「지방교육재정교부금법」 개정으로 폐지되었다. 증액교부금 제도의 도입은 특별교부금 제도와 밀접한 관련이 있다. 특별교부금은 법정교부율로 정해져 있었으나 교육세가 신설된 1982년부터 임의교부금화되었고, 1991년 이후 다시 보통교부금을 분할하여 법정교부율로 바뀌면서 임의교부금으로 증액교부금이 신설되었다.

2004년 당시 증액교부금을 규정한 「지방교육재정교부금법」 제3조 제4항은 "국가는 지방교육재정상 부득이한 수요가 있는 경우에는 국가예산이 정하는 바에 의하여 제2항의 규정에 의한 교부금 외에 따로 증액교부할 수 있다."고 되어 있었다. 그러나 2004년 말 「지방교육재정교부금법」을 개정하면서 증액교부금 중 저소득층 학비 지원사업(당시 821억 원)은 국고보조사업으로 전환하고, 중학교 의무교육 납입금 결손 8,592억 원은 내국세 교부율 0.84%로 환산하여 내국세 교부금에 통합하였다(우명숙, 2006).

증액교부금이 폐지된 이후 교부금 재원으로 감당하기 어려운 재원이 시급하게 필요한 경우 교부금 제도에서는 이러한 재원을 확보해 주는 종전의 증액교부금이 없다는 것이 문제점으로 지적되었다. 증액교부금은 저소득층 중고생자녀 학비보조사업비, 특기적성교육 활성화, 학교교육시설 확충 등 국가정책사업을 추진하기 위해 또는 중학교 의무교육 실시에 따른 납입금 결손액, 수업료 인상동결에 따른 결손 보전, 세제 제도 개선에 따른 경상교부금 감소 보전 등 재정 보전을 위해 활용되었다.

최근 누리과정 예산을 둘러싸고 교육부와 교육청의 갈등이 크게 나타

---

15) 송기창 등(2017)을 참고하였다.

난 바 있고, 국가가 고교무상교육 등을 추진하기 위해 재원을 마련해야 하는 상황이다. 중장기적으로 누리과정이나 고교무상교육과 같이 전국 적인 수준에서 시행해야 하는 국가교육정책은 보통교부금의 교부율을 인상해 재원을 확보해야 하지만 임시적으로 증액교부금 제도를 활용할 수 있다는 점에서 증액교부금의 부활은 논의될 필요가 있다. 특히 학생 수가 줄어들고 있는 가운데 교부금이 많다고 주장하는 예산당국이 초·중등교육 재원으로 교부금 이외에 국고보조금 예산을 지원하지 않는 현 실에서 교부금 중 증액교부금 제도를 부활한다면 지방교육재정상 부득 이한 수요가 있는 경우 증액교부금을 활용할 수 있다. 증액교부금을 부 활하는 안이 현실적으로 어렵다면 국가가 대규모 국책사업에 대해 국고 보조금을 지원하는 것이 타당하다.

자. 교육세 폐지 논의[16]

교육세 폐지 논의는 여전히 진행 중이다. 먼저, 교육세 폐지의 논거를 정리하면 다음과 같다.[17] 첫째는 교육세의 조세확보라는 전략적 의미 상실이다. 교육세는 도입 당시부터 교육만을 위한 재원은 아니라 조세 확보 전략의 일환이었다. 교육재원을 확충할 필요가 있을 때 교육세는 조세저항을 줄이면서 세 부담을 늘릴 수 있지만, 그렇지 않을 경우 거센 조세저항을 견뎌 내야 하므로 교육재원 확충이 그만큼 어려워진다. 따 라서 정부가 교육세 폐지를 추진하는 것은 앞으로 교육재원 확충의 필 요성이 없을 것으로 전망하고 있다는 의미가 된다. 또한 그동안 교육세 가 국민들의 조세저항을 완화하는 데 도움을 주었던 것은 사실이지만, 국민들의 인식이 달라져서 앞으로는 교육세가 조세저항을 줄이는 효과

---

16) 송기창 등(2017)을 참고하였다.
17) 이 부분은 송기창(2016)과 송기창(2017)의 내용을 요약·정리하였다.

가 적을 것으로 판단했다는 의미도 된다. 그러나 향후 고등교육재원 수
요가 늘어나 재정에 부담요인으로 작용할 때, 일반재원으로 조달하는
대신 교육세로 조달할 경우 교육세가 가지는 조세확보 전략으로서의 의
미는 여전히 유효하다.

둘째, 교육에 대한 부정적 인식이다. 교육세 도입 당시보다 교육 여건
이 다소 호전된 것은 사실이지만, 아직도 교육환경은 선진국 수준보다
훨씬 뒤떨어져 있고, 교육의 양적 성장에 비해 교육의 질적 수준은 미흡
한 실정이다. 그럼에도 불구하고 정부가 교육세 폐지를 추진하는 것은
교육에 대한 인식이 부정적이어서라고 추측된다.

셋째, 교육재원 삭감 가능성 증대이다. 교육세를 폐지하고 내국세 교
부율을 높여 교육재원을 보전할 경우, 교육세를 유지하는 경우보다 일
시적으로 교육재원이 늘어날 수도 있다. 그러나 교육세 폐지로 국가재
정 운용의 경직성은 커질 수 있다. 기획재정부가 내세운 교육세 폐지논
리가 국가재정 운용의 경직성 완화라면 모순이 된다. 기획재정부가 교
육세 폐지를 추진하는 의도는 다음과 같이 볼 수 있다(송기창, 2017). 우
선, 교육세 폐지로 교육재원을 삭감하려는 의도가 있을 수 있다. 교육세
규모만큼 일반회계 재원으로 보전해 주겠다고 하지만, 정말 그렇게 될
는지 불확실하다. 우월한 세수정보와 세입전망자료를 바탕으로 자신들
에게 유리한 방식으로 교육재원을 전환했던 역사가 많기 때문이다. 다
음으로, 장차 교육재원을 삭감하기에 용이한 제도를 구축하기 위한 의
도일 수 있다. 교육세 수입의 일부를 교육 외의 다른 용도로 전용할 경우
비판을 면하기 어렵다. 그러나 내국세에 통합해 놓은 상황에서 내국세
교부율을 조정하는 것은 예산부처의 고유 업무에 속한다. 교육세를 일단
내국세 교부금에 통합하면 교부금 규모가 커져 교육재원이 국가재정 운
용의 경직성을 초래하고 있다는 사실을 보여 주기 쉽고, 학생 수 감소나
국가예산의 어려움 등을 내세워 교부율을 인하하기가 용이할 것이다.

넷째, 예산부처의 교육재원 관리권 확보이다. 교육세 수입은 교육부

가 관리해 왔다. 따라서 교육세를 내국세로 전환하는 것이 관리권을 교육부에서 기획재정부로 바꾸기 위한 의도일 수도 있다. 기획재정부는 교육세를 구분하여 교육부가 관리하는 것보다 내국세에 통합하여 자신들이 관리할 경우 국가재정 운용의 융통성이 보다 확대될 수 있다고 보는 듯하다. 기획재정부 입장에서는 교육세 폐지에 따른 실익이 당장 나타나는 것이 아니지만 장차 예산부처가 개입하는 데 용이한 제도를 구축해 놓으면 교육세 폐지의 효과는 장기적으로 나타날 수 있다(송기창, 2017). 이러한 상황은 지방교육세의 경우에도 마찬가지다. 지방교육세로 존치되어 있을 경우, 지방세목을 조정할 때는 교육부와 협의해야 하지만, 지방교육세를 폐지하고 일반회계 전입금으로 전환했을 경우 교육부와 협의할 필요가 없어진다.

다섯째, 지방교육자치 폐지기반 조성이다. 교육세는 지방교육자치를 실현하는 자주재원으로서의 의미를 가지고 있다. 교육세가 존치된 상황에서는 지방교육재정교부금과 지방교부세를 통합하여 지방자치단체의 장에게 일괄 교부하고 싶어도 불가능하다. 그러나 교육세가 내국세 교부금에 통합되면 지방교육재정교부금과 지방교부세의 통합이 가능해지고, 교부금과 교부세의 통합교부가 이뤄질 수 있다면 지방교육자치의 폐지도 가능해진다. 현행 교육세가 교부금과 교부세의 통합을 가로막는 장애물인 셈이다. 요컨대 장차 교부금과 교부세 통합을 추진할 경우 장애가 될 수 있는 요소를 사전에 제거하기 위해 교육세를 폐지하려는 의도가 있는 듯하다.

앞에서 정리한 교육세 폐지의 논거를 바탕으로 교육세와 지방교육세 폐지의 문제점을 정리하면 다음과 같다(송기창, 2017).

첫째, 교육세 폐지논리의 모순이다. 교육세는 목적세로서 당연히 특정목적에 사용하는 것으로, 그것이 재정운용의 경직성을 초래한다고 볼 수 없고, 교육세의 목적인 '교육의 질적 향상'이 달성되었다는 객관적 증거가 없는 상황에서 교육세를 폐지할 경우 우리 교육의 질적 발전을 담

보할 수 없게 된다. 교육세의 존치가 교육의 질을 자동적으로 보장해 주
는 것은 아니지만, 교육의 질적 발전을 추진하는 원동력이 되는 것은 분
명하다. 교육세가 조세체계를 복잡하게 하는 측면이 있으나, 이는 교육
세 폐지의 근거라기보다는 교육세체계를 개선해야 하는 이유일 뿐이다.

둘째, 교육세 폐지에 따른 교육재원 감소다. 기획재정부는 교육세를 폐
지하는 대신 내국세 교부율을 인상한다고 하며, 행정안전부는 지방교육세
폐지 대신에 일반회계로부터의 전입금을 보장하겠다고 하지만, 교육세와
지방교육세 규모만큼 교부금과 전입금을 보장하는 방안이 불확실하다. 재
원의 속성상 교부금과 전입금은 교육세와 지방교육세보다 삭감이 용이
한 재원이기 때문에 교육세 폐지는 교육재원의 안정성을 해칠 수 있다.

셋째, 교육의 중요성을 포기하는 결과다. 교육세는 국가의 교육에 대
한 역할과 지원 의지를 상징한다. 따라서 교육세를 없애는 것은 국가의
교육지원 의지를 포기하는 상징이 될 수 있다. 교육세 수입의 일부가 다
른 용도에 전용되었음에도 불구하고, 교육세가 교육의 질적 개선과 교
육환경 개선의 바탕이 되었던 것은 분명하다. 교육세 제도의 폐지는 국
가의 교육에 대한 관심과 지원을 약화시키는 요인이 될 수 있다.

넷째, 교육재원 확충을 위한 수단의 상실이다. 교육세 제도는 교육재
원 확충을 용이하게 하는 통로로 활용되어 왔다. 내국세나 지방세는 제
로섬 구조이기 때문에 내국세 교부율 인상이나 지방세 전입비율 인상,
그리고 일반회계 교육사업비 확보를 통해 교육재원을 확충하는 데는 한
계가 있기 마련이다. 향후 대규모 교육재원 수요(교육복지 확대, 고등학교
의무교육화, 유아교육 무상화, 고등교육지원 확대 등)가 발생할 경우 교육재
원을 확충할 수단이 없어진다.

다섯째, 지방교육자치를 구성하는 자주재정권 상실이다. 교육세 제도
는 교육영역의 자주재정권을 보장하는 수단으로서의 기능을 해 왔다.
따라서 교육세를 폐지하겠다는 것은 「헌법」이 보장하고 있는 지방교육
자치를 폐지하겠다는 의미로 받아들여질 수 있다. 교육세가 폐지되면

교육의 자주성, 전문성, 정치적 중립성도 흔들릴 수 있다.

 그러나 한편으로 교육세가 없어지면 특별한 재원 수요가 발생하였을 때 적절하게 대응하기 곤란하다는 점에 대한 반대 의견도 있다. 과거와 달리 정부가 일반재원으로 감당할 수 없는 수준의 대규모 재원 수요가 발생할 것으로 전망되지 않는다는 것이다. 예를 들어, 누리과정의 경우 대규모 재원 수요가 있었음에도 불구하고 교육세 인상에 대해 한 번도 논의되지 않았으며, 고등학교 무상교육도 많은 재원이 소요될 것으로 전망되지만 한 번도 교육세 인상에 대해서는 논의하지 않고 일반재원으로 해결하려고 노력하고 있다는 점이다(안종석, 2008).

차. 기준재정수요액 산정방식과 총액교부[18]

 「지방교육재정교부금법」 제5조 제1항은 기준재정수입액이 기준재정수요액에 미치지 못하는 지방자치단체에 대해서는 그 부족한 금액을 기준으로 하여 보통교부금을 총액으로 교부하도록 규정하고 있다. 지방교육재정교부금 교부에서 중요한 것은, 첫째, 기준재정수입액과 기준재정수요액의 산정방식, 둘째, 총액교부 방식이다.

 기준재정수요액 산정방식은 교부금의 변천 과정만큼이나 다양하게 변화해 왔다. 기준재정수요액 산정방식은 첫째, 교육비 차이도에 의한 가중학생 수를 기준으로 산정하거나 둘째, 재정소요 경비를 모두 산정해 주는 것으로 구분할 수 있다. 2008년 이후에는 자체노력수요라는 새로운 기준재정수요액 산정방식이 등장했다. 자체노력수요는 재정과 관련된 재정 절감이나 재정 확보와 관련된 항목이 있는가 하면 학교교육 성과를 측정하는 항목을 포함하기도 했다. 2015~2017년에 걸쳐 학교

---

18) 송기창 등(2017)을 참고하였다.

교육성과를 측정하는 항목을 모두 삭제해 기준재정수요 항목은 재정소요나 확보와 관련한 항목으로 환원되었다.

2008년 이후 재정소요 경비를 산정하는 항목을 지나치게 세분화했는데, 특히 교육부가 중점적으로 추진하는 국가교육정책사업을 강제하기 위해 기준재정수요 항목을 활용함에 따라 교육감의 재정운영 자율성을 제약하고 있다. 예를 들면, 누리과정사업비에 대한 추가적인 재원을 확보하지 않은 채 기준재정수요 항목에 유아교육비·보육료 지원을 포함함으로써 국가는 교부금으로 누리과정사업비를 지원했다고 주장하고 이에 대해 교육청이 반발했다. 기준재정수요 산정방식이 교육청의 예산편성권을 비롯한 재정운용의 자율성을 압박한 대표적인 예이다. 국가가 대대적으로 추진하는 사업을 기준재정수요 항목에 포함시키고 일부는 사후 정산하도록 함으로써 국가가 교부금의 사용을 통제했다는 지적을 피하기 어렵다. 국가가 국가사업을 시행하도록 기준재정산정 항목을 추가하거나 세분화하는 방식은 교부금이 지방재정 조정 제도라는 점과 총액교부에 의해 교육청의 재정운용의 자율성을 보장하도록 하는 것과 모순된다.

지방교육재정교부금 중 보통교부금은 지방교육자치를 위한 자주재원으로, 국가가 지방의 재정격차를 해소하기 위해 지방재정 조정 제도로 활용하는 제도라는 점을 고려해야 한다. 기준재정수요 산정방식은 교육의 균형 있는 발전을 위해 최소한의 필요한 교육서비스를 모든 지역에서 보장받을 수 있도록 해야 한다. 총액교부의 원칙이 교육감의 재정운용 자율성을 보장한다는 취지이기 때문에 기준재정수요 산정방식 또한 재정운용의 자율성을 보장할 필요가 있다.

5. 과제

가. 지방교육재정의 안정적 확충

지방교육재정교부금 교부율의 법제화는 분명 지방교육재정의 안정적 확보에 기여한 바가 크다. 그러나 지속적으로 증가하는 새로운 재정소요에 대한 대응은 미흡하였다. 누리과정 도입 및 확대, 고교무상교육 도입 논의, 취약계층 학생 수 증가 등 과거에 비해 새로운 재정소요 요인이 끊임없이 등장하고 있는데, 이를 반영하지 못한 것이다. 국회예산정책처의 현안분석에서조차도 경기변동에 영향을 받는 지방교육재정교부금으로 급격히 증가할 보육·교육 재정을 안정적으로 감당할 수 있을지 의문을 나타낼 정도이다(조은영, 2012). 또한 보건복지부가 관할하는 어린이집에 취학하는 아동에게도 지방교육재정교부금을 지원하는 것이 법령상 타당한지 엄밀한 검토가 필요하다(윤홍주, 2012).

고등학교 무상교육이 실시될 경우 추가적 재정소요는 불가피하다. 이미 정치권에서는 고교 무상·의무교육 도입을 추진하고 있다. 고교 무상·의무교육을 실시할 경우 한 해 약 2조 원[19] 이상의 추가 재정소요가 예상되지만 별도의 추가 재원을 마련하기보다는 현재 보통교부금 재원으로 추진될 가능성도 있다. 고등학생을 둔 대부분의 직장인은 자녀보조수당을 지급받기 때문에 고교 무상·의무교육의 추진에 따른 혜택은 개인이 아닌 기업이나 정부가 누리게 된다. 따라서 최소한 기업의 비용 감소에 해당하는 부분만큼이라도 교부금 교부율을 인상하는 방안을 제시할 필요가 있다. 더불어 기초생활수급자, 한부모 가정, 다문화 가정, 북한이탈주민 가정 등 추가적인 교육프로그램이나 재정 지원이 필요한

---

19) 새누리당 총선공약개발단에서는 고교 무상·의무교육에 소요되는 비용을 약 2조 3천억 원으로 추정하였다.

취약계층 학생의 비율도 급격하게 증가하고 있다. 2011년 전체 초·중등 학생 수는 7,468,964명이며, 이 중 기초생활수급자 263,452명, 한부모 가정 131,181명, 다문화 가정 44,681명, 북한이탈주민 가정 1,714명 등 취약계층 학생의 비율은 전체 5.9%에 해당한다(한국교육개발원, 2012).

최근 지방교육재정교부금이 넉넉하다는 잘못된 인식으로 새롭게 발생하는 재정수요를 교부금으로 떠넘기는 경우가 빈번하다. 실제 2010년 내국세 교부율을 20.27%로 상향조정한 것은 지방소비세 도입에 따른 것이지만 지방교육재정교부금 규모가 확대된 것으로 오해하는 사람들이 많다. 국회 예산정책처(2011)의 입장도 2012년 재정 지출 증가율이 5.5%, 교육분야 증가율이 3.9%임을 감안할 때, 지방교육재정교부금 증가율 9.1%는 상대적으로 높은 수준이라는 것이다. 이에 따라 일반회계를 재원으로 수행하던 사업 중 상당수가 지방교육재정교부금을 재원으로 수행하도록 변경이 이루어지고 있다. 2011년에는 일반회계 재원으로 수행되었으나 2012년부터 지방교육재정교부금으로 재원이 변경된 사업이 15개에 이르며,[20] 그 규모만도 1,911억 원에 달한다.

교육활동을 운영하는 데 있어서 최소한의 필요한 재원은 반드시 확보되어야 한다. 이는 정상적인 교육발전을 도모하기 위해서 매우 중요하다. 역사적으로 볼 때, 우리는 과거의 교육발전을 위한 많은 교육개혁안

---

20) 초·중등학교 교육정보공시제 운영(972백만 원), 정부초청 해외영어봉사 장학생 사업(7,517백만 원), 국가영어능력평가시험 개발 및 운영(6,305백만 원), 교육행정 정보시스템 구축(4,174백만 원), 지방교육행·재정통합시스템 운영(4,081백만 원), 사이버가정학습 운영지원(400백만 원), 고교단계 직업교육체제 혁신 지원(14,775백만 원), 특성화고 장학금지원(126,400백만 원), 학교에서 직업세계로의 원활한 이행촉진(1,216백만 원), 학업성취도 및 시·도교육청 평가(5,975백만 원), 학생건강증진 및 급식환경 개선(144백만 원), 공공자금관리기금 이차보전(17,267백만 원), 방과후 학교 운영(775백만 원), 유아교육지원(810백만 원), 학교폭력예방 및 대책지원(315백만 원)이다.

과 교육계획을 수립한 바 있으나, 최종적으로 이를 실천 가능케 하는 교육재정을 확보하지 못함으로써 그대로 사장시키거나 본래 계획했던 목표를 달성할 수 없었던 경험을 가지고 있다. 1970년에 발표된 장기종합교육계획은 교육재정의 뒷받침이 보장되지 못하여 실천에 옮길 수 없었던 경우이며, 1972년에 고등교육의 질적 수월성을 추구하기 위하여 수립된 고등교육개혁안도 필요한 재정 지원이 부족하여 결국 '대학의 특성화'는 학생 수만 증원시켜 놓은 채 대학의 질적 저하를 유발하였다. 또한 1974년부터 실시된 고교평준화 역시 재원의 부족으로 선행조건 중 시설과 교원의 평준화가 이루어지지 않은 상태에서 도입됨으로 인하여 현재까지도 여러 가지 문제를 야기시키고 있다. 따라서 교육의 성패도 결국은 이에 소요되는 교육재정을 어떻게 적정 수준까지 안정적으로 확보하느냐에 달려 있다고 해도 과언은 아닐 것이다.

교육재정은 총량규모가 확대되는 것도 중요하지만 무엇보다도 안정적으로 확보되어야 한다. 그래야만 장기적인 전망에서 교육 계획과 정책을 추진할 수 있는 기반을 마련할 수 있다. 정치, 경제 등 다른 부문의 필요에 따라 교육재정이 좌우되지 않고 안정적으로 확보되기 위해서는 교육재정에 관한 사항을 법령으로 규정하도록 해야 한다. 앞으로 추가적으로 확보되는 재원도 법제화하여 국가재정이나 지방재정의 형편에 따라 삭감되거나 영향을 받지 않도록 하여야 한다. 지방자치와 교육자치의 관계, 지방재정과 교육재정의 관계도 궁극적으로 교육재정의 안정성을 해치지 않는 범위에서 이루어져야 할 것이다.

2004년 지방교육재정교부금의 봉급교부금을 내국세의 일정비율인 경상교부금으로 통합한 것은 국가경제가 좋으면 별 문제가 없으나, 국가경제가 좋지 않으면 내국세가 줄어들고 지방교육재정교부금의 절대액이 줄어들어 교육재정을 안정적으로 확보하는 데 큰 문제가 있다. 봉급교부금은 의무교육기관에 근무하는 교원의 봉급(수당 포함)을 경상교부금과 별도로 산정하여 교부함으로써 교원증원이나 봉급인상 등으로 인한 인건비 증가가 경상운영비나 시설비에 영향을 미치지 않도록 하는 제도적 장치였다. 봉급교부금 제도는 인건비에 의한 경상운영비나 시설비 삭감을 방지하는 장치와 교육재원 확충 수단으로의 의미를 가진다. 따라서 교원 인건비를 안정적으로 확보하고, 지방교육재정교부금 재원을 확충하기 위한 수단으로 의무교육기관 교원에 대한 봉급교부금을 부활시킬 필요가 있다. 의무교육기관 교원에 대한 보수교부금 제도는 의무교육에 대한 국가의 책임한계를 교원 인건비로 설정하는 효과가 있으며, 모든 교원에 대한 보수교부금 제도는 국가의 교육재원 책임과 지방자치단체의 책임을 분담하는 기준이 될 수 있다는 점에서 의미가 있다(송기창, 2006b).

나. 지방교육재정의 자율성 확대

지방교육재정에서 절대적인 비중을 차지하는 지방교육재정교부금의 보통교부금이 총액으로 배분되고 있음에도 시·도교육청에서 재정운용의 자율성을 어느 정도 보장하고 있다. 그러나 그것이 지방교육재정 운영의 자율성을 완전하게 보장한다고 보기는 어렵다(윤홍주, 2012). 보통교부금의 총액교부 방식에서는 다음의 두 가지 문제가 해결되어야 한다(윤홍주, 2012). 첫 번째 문제는 기준재정수요액 측정항목이 지나치게 복잡하다는 것이다. 보통교부금의 기준재정수요 산정을 위한 측정항목은 2001년 3개(소항목 9개)에서 2005년 5개(소항목 7개), 2008년 7개(소항목 20개), 2010년 7개(소항목 26개), 2011년 7개(소항목 27개)로 지속적으로 세분화되어 왔다. 여기에 자체노력 등 수요항목 11개를 더할 경우 현재 보통교부금의 기준재정수요 측정항목은 소항목을 기준으로 무려 38개에 이른다. 측정항목이 과다할 뿐 아니라 수요항목별로 측정단위가 다르고 측정방식이 복잡하여 이해가 쉽지 않다. 이처럼 세부항목별로 구분하여 비용을 측정하기 때문에 총액배분 방식임에도 불구하고 마치 국고보조금과 같은 역할을 할 가능성이 있다는 점이 문제이다(기획재정부, 2012: 11). 즉, 지나치게 세분화된 항목에 대해 구체적인 측정단위와 단가를 적용하여 수요액을 산출하다 보니 교육청의 입장에서는 그 산출기준 자체가 지출에 대한 지침으로 작용할 수 있다는 것이다.

　한편, 현재 기준재정수요 측정항목이 복잡하다는 이유로 학생 수만을 활용하여 기준재정수요액을 산정하려는 시도는 검토가 필요하다. 기획재정부(2012: 12)에서는 지역별 학생 수 변화와 교부금 배분액 간의 관계를 명확하게 설정할 수 있도록 기준재정수요액의 산정방식을 개선해야 한다고 주장하고 있다. 즉, 교부금 규모뿐 아니라 배분도 학생 수를 중심으로 해야 한다는 것이다. 그러나 이미 현행 기준재정수요액의 상당부분이 학생 수를 기준으로 산정되고 있으며, 학생 수에 의한 산정이 불가피한 경우만 학교와 학급 수 등을 적용하고 있다. 실제 교원 인건비를 비롯하여 상당수의 측정항목이 학생 수를 기준으로 구성되어 있으며, 그 비중은 74.4%에 이른다. 그럼에도 불구하고 모든 측정항목을 학생 수 기준으로 구성하려는 것은 오히려 시·도별 교부액의 편중과 왜곡을 가져올 가능성이 높기 때문에 신중한 검토가 필요하다.

　두 번째 문제는 보통교부금 배분규칙을 규정하고 있는「지방교육재정교부금법 시행규칙」을 개정할 때 시·도교육청 담당자 및 외부 전문가의 의견을 반영하고, 교육부장관이 정할 수 있는 적용률과 단위비용 등을 보다 투명하고 합리적으로 설정할 필요가 있다는 것이다. 보통교부금 배분기준은 시행규칙에 의해 구체화되는데, 이 규칙을 어떻게 제정하느냐에 따라 시·도의 보통교부금 교부규모가 상당부분 좌우된다. 인건비와 같은 경직성 경비의 경우 거의 변함없이 실수요를 반영해 주었기 때문에 오히려 문제가 되지 않았지만 가용재원 성격의 측정항목은 단위비용, 측정항목의 설정 등이 상당부분 중앙정부에 의해 견제 없이 설정된다. 물론 매년 법령에 따라 국회 소관 상임위원회에 보통교부금 교부보고는 하지만 워낙 교부기준이 복잡하여 이를 체계적으로 검토하기가 쉽지 않다(송기창, 2008a: 185). 보통교부금의 기준재정수요 측정항목의 거의 대부분은 단위비용을 교육부장관이 정하거나 단위비용이 결정된 경우에는 적용률을 교육부장관이 정하는 방식으로 이루어져 있다. 즉, 중앙정부의 의지에 따라 시·도별 보통교부금 배분액에 일정 정도 차이가 날 수 있는 구조이다. 물론 가용재원 범위 내에서 시·도별 배분액을 산정해야 하기 때문에 단위비용과 적용률을 조정할 수밖에 없다는 점은 이해하지만 이에 대한 근거와 논리는 제시되어야 하며, 그 과정에 시·도교육청과 외부 전문가의 검토와 의견이 반영될 필요가 있다(윤홍주, 2012).

다. 지방교육재정의 형평성 및 효율성 제고

기준재정수요액과 기준재정수입액의 차액을 기준으로 배분하는 현 지방교육재정교부금 배분방식은 지방교육재정 배분의 형평성 제고에 기여한다. 그러나 측정단위의 수가 증가하면서 공평성이 약해질 가능성이 있으므로 단위비용에 대한 정확한 측정과 산출이 전제되어야 할 것이다.

이와 함께 지역별, 학교급별, 설립별 형평성 제고를 위한 노력이 필요하다. 특히 의무교육기관인 초등학교와 중학교 간 형평성이 미흡한 것으로 나타나고 있다. 학부모부담경비는 의무교육기관인 경우에는 비슷한 수준이 되어야 하겠지만, 공립과 사립 간에 차이가 나는 것은 해결할 필요가 있다.

현행 지방교육재정교부금 제도하에서는 일반지자체 교육투자 증가가 상당부분 교육재정교부금의 감축으로 상쇄되도록 되어 있어 전반적으로 지방의 자율적인 투자 확대를 유도하는 기능을 하지 못하는 한계를 가진다. 지방교육재정의 형평성을 훼손하지 않는 범위에서 적절한 방안을 모색할 필요가 있다.

라. 지방교육을 위한 자주적 과세권 부여

장기적으로는 지방교육세를 시·도교육청(교육감)이 관할하도록 하여 지방교육에 대한 자주적 과세권을 보장해야 한다. 지방교육재정의 자주성 확보를 위해 지방교육자치단체에 제한된 범위에서 실질적인 과세권을 부여하는 방안을 고려할 수 있다(임성일, 손희준, 2011). 즉, 일부 지역 밀착형 세목을 과세하여 지방교육자치단체가 자기재정 조달시스템을 갖도록 하는 것이다. 지방교육자치단체에게 과세권을 부여할 경우, 교육자치단체가 독자적으로 보유하는 새로운 세목을 도입하기보다 기존의 지방세 가운데 지역 밀착성이 높은 세목을 선정해서 제한적 과세권을 부여하는 방안이 합리적이다.[21)]

우리나라의 교육자치제도는 지출의 자율성만을 보장하고 있고, 세입에 대한 재량권, 즉 과세자주권은 없다. 지출에 대해서만 재량권을 행사하는 경우 재정운영의 효율성을 기대하기 어렵고, 재정규모가 지속적으로 확대되는 경향을 보인다. 지방자치단체장이 지출을 결정함에 있어 세금을 납부하는 납세자의 고통을 고려할 동기를 가지지 않기 때문이다(기획재정부, 2012: 11-17). 시·도교육청이 지방교육재원과 연계된 지방세 과목에 대해 과세권을 행사하지 못하는 상황에서, 지방자치단체는 지방교육세 등을 부과·징수하지만, 그 수입 중 일부가 지방교육자치단체로 전입되는 단계에 이르면 그것은 조세수입이 아니라 이전재정수입(전입금)으로만 간주된다. 지방교육자치단체에 과세권을 부여하는 것은 지방교육재정의 자주성 제고에도 도움이 되지만, 지역주민이 지역의 교육발전을 위해 세금을 낸다는 인식과 비용분담을 확실히 하는 측면에서

---

21) 이 경우 유력한 대상세목은 재산세와 지방소득세(균등할 주민세)이다. 이들은 지방공공서비스의 연계와 지역 밀착성 높은 세목들로 주민의식과 주민·비주민의 구분이 가능하고 필요한 세목들이다.

중요한 의미가 있다(임성일, 손희준, 2011). 교육청에 과세권이 없어 교육 정책 결정과정에서 납세자의 고통이 소홀히 취급되고 결과적으로 방만한 재정운영을 초래할 가능성도 높다(안종석, 2000).

따라서 지방교육자치단체의 과표 조정권이 일정한 범위에서 적극적으로 보장될 수 있는 제도적 장치가 강구되어야 한다. 현재 재산세와 주민세 균등분이 전체 지방세에서의 비중, 과표 및 탄력세율의 최대 적용범위가 제한적인 점을 감안할 때, 이러한 제한적 과세권의 행사에 따른 교육재정의 확충범위는 제한적일 수밖에 없으나, 지방교육자치단체가 스스로의 결정에 의해 교육재정의 일부분을 조절할 수 있고 핵심 지방공공재인 교육서비스와 주민 간의 정치적·경제적 관계가 밀착된다는 점에서 의미가 있다(임성일, 손희준, 2011).

미국의 경우, 지방교육을 관할하는 학교구(school district)가 과세결정권을 갖고 있다. 교육구는 교육운영비와 자본적 경비에 필요한 재원을 확보하기 위해 재산세를 징수할 때 일반적으로 주정부법에 의해 주민투표를 실시한다. 일부에서는 주법 혹은 교육위원회의 결정에 의하여 교육재정을 위한 재산세율을 정하기도 한다(Sergiovanni et al., 2009). 교육구의 교육재원은 주로 지역주민의 재산세, 주정부 보조금, 연방정부의 보조금 등으로 구성된다. 이 재원이 전체 교육재원의 93%를 차지하고, 나머지 7%는 세금이 아닌 등록금, 물품판매 수입, 급식서비스와 투자 이윤, 벌금, 대여수입 등으로 이루어진다. 참고로 2009년 기준 미국의 유·초·중등교육 재정을 재원별로 살펴보면, 주정부가 46.7%, 교육구가 43.7%, 연방정부가 9.6%를 분담하고 있다(우명숙, 박경호, 2011). 우리나라에서도 해방 직후 지방교육자치제도를 설계할 때 미국과 같이 과세권을 가진 교육구를 두도록 한 적이 있다.

지방교육세의 경우, 과세권은 시·도교육청이 관할하되, 그 징수는 일반자치단체에 위탁하고, 필요한 경우 징수비용을 지불할 수 있을 것이다. 참고로 1958년에 제정된 「교육세법」에서 정부는 교육세 징수를 서울특별시, 시, 읍, 면에 위탁할 수 있었다. 즉, 교육세 징수비용은 서울특별시, 시, 읍, 면의 부담으로 하되, 징수비용으로 정부는 납부된 세액의 일정 금액을 교육세를 징수한 서울특별시, 시, 읍, 면에 교부하도록 하였다(송기창 외, 1999).

마. 교육재정 부담 및 투자의 불균형 해소

교육재원의 수요는 대규모 교육정책사업이나 교육복지 등으로 인해 급격히 증가되어 왔다. 국가가 추진한 누리과정지원사업이나 교육청이 주도한 무상급식사업은 모두 교부금의 규모를 추가로 확보하지 않은 상태에서 시행했다. 이러한 대규모 정책사업을 시작하면서 추가재원을 확보하지 않았고, 결과적으로 국가와 교육청이 교부금 재원을 둘러싸고 심각한 갈등을 야기한 바 있다.

누리과정이나 초등 돌봄교실 등 국가시책사업의 추진을 위해서는 지방교육재정교부금의 확대 또는 중앙정부의 재정 지원이 수반되어야 한다. 시·도교육청의 열악한 지방교육재정 여건상 인건비, 시설비 등 고정적으로 집행해야 하는 의무적 지출예산이 전체 예산의 60~70%를 차지하는 상황에서 추가 재원 확보 없이 추가적인 재정의무를 부과하는 것은 교육 여건의 훼손을 초래한다.

누리과정의 급속한 확대, 무상급식, 각종 교육복지 및 보조사업의 증가로 인하여 투자가 위축되고 있는 교육 여건 및 환경 개선을 위한 투자 확대가 필요하다. 현재 지방교육재정의 중요한 위협요인이 되고 있는 경직적인 재정구조를 해소하기 위해서도 균형적인 투자가 필요한 실정이다.

바. 특별교부금 성격의 명확화 및 투명성 제고

특별교부금은 '특별한 재정적 수요'가 있을 때 교부하는 재원이다. 「지방교육재정교부금법 시행규칙」 [별표 1]은 국가시책사업 교부대상으로 12개 정책사업을 열거하고 있으나 이는 거의 모든 초·중등교육 사업을 포함하고 있기 때문에 사업을 명확히 규정하는 데 한계가 있다. 현행 법령에서 규정하는 국가시책사업은 사업의 목적과 내용이 불명확하고, 지역교육현안사업 또한 대상 사업의 성격이 특별한 교육 수요에 부합하는지에 대해 의문이 많다고 지적받고 있다(감사원, 2008; 국민권익위원회, 2010).

따라서 특별교부금으로 추진해야 할 국가시책사업을 명확하게 정의하고 범위를 규정할 필요가 있다. 국가시책사업 중 많은 사업이 보통교부금으로 추진되어야 하는 일상적 교육사업이라는 비판은 오랫동안 계속되어 오고 있다. 국가시책사업은 국가가 수행해야 하는 사업으로 한정해야 하는데, 이에 대한 정의는 국가사무와 지방사무를 구분하는 것에서부터 출발해야 한다.

지역교육현안사업은 「지방교육재정교부금법 시행규칙」에 의하면 보통교부금의 기준재정수요액의 산정방법으로 포착할 수 없는 특별한 지역교육현안 수요에 대해 지원하는 사업을 가리킨다. 지역교육현안 수요 교부대상으로 학교교육시설 신·증축 사업, 학교교육시설 개선 사업, 교육행정기관 및 교육지원기관 시설 관련 사업, 지역별·학교별 특색을 반영한 교육 사업, 그 밖에 교육부장관이 시·도교육청 지역교육현안사업으로 필요하다고 인정하는 사업을 포함한다. 이와 같은 시설 위주의 사업을 특별한 지역교육현안 수요라고 할 수 있는지에 대해 문제 제기가 있다(국민권익위원회, 2010). 향후 국가시책사업과 지역교육현안사업 모두 정의와 범위를 명확히 규정해야 한다.

국가시책사업 운용과 관련해 다양한 문제점이 비판받고 있다. 여기에는 국가사업 계획과 선정 과정에서 타당성과 공정성이 부족하다는 비판, 시·도교육청 대응투자 부담과 늦은 교부시기의 문제 등은 개선되어야 한다. 아울러 지역교육현안 사업의 운용상의 과제로 제기되는 교부시기 및 사업선정, 집행 및 사후 관리 미흡 등에 대한 개선 노력도 필요하다.

사. 지방교육발전을 위한 협력 및 책무성 강화[22]

교육은 지역사회의 중심 사무이므로 지역주민의 복리증진과 행복추구라는 큰 틀 속에서 교육의 역할과 기능을 보아야 한다. 교육과 관련된 업무는 시·도교육청과 지자체 간 연계·협력을 통해 이루어지고 책무성을 높일 수 있는 방안을 강구하는 것이 보다 바람직하다(김민희, 2011; 송기창, 남수경, 조석훈, 윤홍주, 2006). 교육청과 일반자치단체 간의 원활한 교육협력을 위하여 그동안 교육협력관제, 교육행정협의회, 교육지원조례, 교육특별보좌관제 등이 제도화되고 있다(이상훈, 2015). 앞으로 지역수준에서 협력적 거버넌스를 더욱 강화하여 공동으로 교육투자사업을 계획·실행하고, 지역주민과 학부모를 대상으로 공동 사업설명회, 사업성과발표회를 개최하고, 상시 홍보와 주민 의견 반영을 위해 협력사업 웹사이트를 공동 운영할 필요가 있다(김홍주 외, 2015).

시·도교육청 간 상호협력과 공동노력을 통해서 지방교육발전을 위해 노력할 필요도 있다. 이를 위해서는 각종 협의체의 기능과 역할을 확대·활성화하는 것이 중요하다. 특히 법정기구인 전국 시·도교육감협의회를 중심으로 지방교육 공동사무의 효율적이고 안정적인 수행, 지방교육정책 수립 및 집행의 합리성 및 타당성 제고, 지방교육발전을 위한 전문적 자치역량 강화를 도모하고, 국회(정치권), 언론 등을 대상으로

---

22) 송기창 등(2017)을 참고하였다.

지방교육자치 수호를 위해 노력해야 한다. 이를 위한 협의회 조직 확대, 전문성 확보, 재정 확충 등이 필요하다(나민주, 정재훈, 김용, 박수정, 이인희, 2013; 하봉운 외, 2016).

아. 유아교육지원 특별회계 개편과 누리과정 재원의 명료화[23)]

누리과정 재원을 둘러싼 갈등이 계속되고 있을 때, 교육부와 기획재정부는 교부금에 의한 누리과정 예산편성을 강제하기 위하여 여러 가지 압박수단(감사원 감사실시, 교육청 예산분석 결과 발표, 의무지출경비 지정 등)을 강구하였으나, 실효성이 없자 결국 유아교육지원 특별회계를 신설하였다. 유아교육지원 특별회계 신설은 교육부와 기획재정부가 전국 시·도교육감협의회의 주장을 수용한 결과로 볼 수 있으나, 한편으론 임기응변적으로 갈등을 봉합한 측면이 있다. 특별회계 신설은 교부금에 의한 어린이집 보육료 부담의 위법성 주장에 대한 대답을 회피한 측면도 있다.

따라서 유아교육지원 특별회계를 개편하여 누리과정 재원을 명료화해야 한다. 유아교육지원 특별회계의 세입을 명료화하여 유치원 교육비 지원은 교육세 수입으로, 어린이집 보육료 지원은 국가 일반회계 전입금으로 못 박을 필요가 있다. 또한 2019년 말로 되어 있는 유아교육지원 특별회계 설치 시한을 폐지하여야 한다.[24)]

---

23) 송기창 등(2017)을 참고하였다.
24) 2017년 12월 27일에 발표한 교육부의 '공공성 강화를 통한 유아교육 혁신방안'에서도 유아교육지원 특별회계에 관한 언급이 없으며, "2018년부터 어린이집 누리과정 지원금을 전액 국고로 지원(2조 587억 원)하여 그 간의 정부-시·도교육청 간 갈등을 해소할 계획"이라고만 하였다.

제6장
지방교육자치와 일반지방자치의 관계

송기창

1949년 「교육법」 제정 과정에서 핵심 쟁점은 지방교육자치제도와 학제를 어떻게 규정할 것인가에 있었다. 학제가 교육계 내부의 쟁점이었다면, 지방교육자치제도는 교육계 외부와 관련된 쟁점이었다. 일제 강점기부터 지방교육이 일반행정 관할이었기 때문에 지방교육을 일반행정으로부터 분리 · 독립시키는 일은 쉬운 일이 아니었다. 「교육법」을 심의하는 과정에서 당시 내무부 관계자들과 일반행정 경력을 가진 국회의원들의 거센 반발이 있었다.

미군정 말기에 제정 · 공포했던 교육자치 3법(「교육구회의 설치」 「교육구의 설치」 「공립학교재정경리」)의 선례와 교원단체 인사들 압력이 주효하여 교육자치제도를 규정한 「교육법」이 통과되기는 했지만, 일반행정으로부터 완전한 분리 · 독립을 이루지는 못했고, 부분적인 교육자치제도에 만족해야 했다. 부분적인 교육자치제도는 계속적인 폐지 요구와 폐지 시도에 시달렸고, 결국 1961년 5 · 16 군사정변을 계기로 2년간 폐지되었다가 1964년 3공화국 출범을 계기로 형식적인 교육자치제도가 부활되었다. 1991년 지방자치제가 본격 실시되면서 교육자치제 역시 새로운 전기를 맞이했으나, 일반자치와의 관계는 여전히 갈등과 대립 상태를 벗어나지 못하였다.

교육자치와 일반자치의 관계를 이어 주는 끈은 일반 지방자치단체장의 교육위원회 당연직 의장 제도, 지방의회에 의한 교육위원 추천 및 선출 제도, 지방의원의 교육상임위원 제도, 지방의회와 교육위원회 간 기능 분담, 지방자치단체 일반회계 전입금 제도, 지방자치단체 교육경비보조 제도, 지방교육협력관 제도 및 지방교육행정협의회 제도 등이 있다. 교육자치와 일반자치의 연계와 협력을 표방한 이상의 제도들은 정치적인 상황과 교육자치 구조의 변화에 따라 부침을 거듭해 왔다.

　이 장에서는 정부 수립 이후 1990년까지 교육자치와 일반자치의 관계를 간략히 정리한 후, 본격적인 지방자치와 지방교육자치가 실시된 1991년 이후 교육자치와 일반자치의 관계를 중심으로 제도적인 변화와 성과를 분석한 후, 향후 과제를 제안한다.

1. 교육자치와 일반자치 관계의 변천 과정

　정부 수립 이후 현재까지 교육자치와 일반자치의 관계를 분석하는 방법은 교육자치와 일반자치의 관계를 형성하는 제도를 중심으로 분석하는 방법과 특징적으로 관계의 변화를 겪은 시대를 중심으로 분석하는 방법이 있을 수 있다. 교육자치와 일반자치의 역사적인 흐름을 파악하는 데는 후자, 즉 시대구분에 따른 관계의 변화를 분석하는 것이 더 효과적이라고 본다. 따라서 이 절에서는 1991년 지방자치 실시 이전의 시기(1950~1990), 시·도의회에 의한 교육위원 선출 시기(1991~1998), 학운위 선거인단에 의한 교육위원·교육감 선출 시기(1998~2006), 교육감 주민직선 및 시·도의회 교육상임위원회 시기(2007~2014), 시·도교육위원회 폐지 시기(2014~)로 구분하여 양자 간 관계의 역사적인 흐름을 분석한다.

가. 1991년 지방자치 실시 이전의 시기(1950~1990)

1949년 말에 제정·공포된 「교육법」은 교육자치와 일반자치의 관계를 매우 복잡하게 규정하고 있었다. 먼저, 군지역에 교육구를 설치하고 의결기관으로 구교육위원회를 두도록 하면서 구교육위원회는 군수와 구내 각 읍·면의회에서 1인씩 선출한 위원으로 조직하되, 군수가 구교육위원회의 당연직 의장을 맡도록 하였다. 교육구는 제1차로 도지사, 제2차로 문교부장관의 지휘감독을 받도록 하되, 재정에 관한 사항은 내무부장관의 지휘감독을 받도록 하였다. 교육구에 두는 교육감은 구교육위원회의 추천으로 도지사와 문교부장관을 경유하여 대통령이 임명하도록 함으로써 역시 도지사의 영향하에 있었다.

합의제 집행기관이었던 시교육위원회 역시 제1차로 도지사, 제2차로 문교부장관의 지휘감독을 받도록 되어 있었다. 특별시 또는 시의 교육위원회는 시장(특별시장 포함)과, 시의회(특별시의회 포함)에서 선출한 10인의 위원으로 조직하도록 함으로써 일반자치 예속을 탈피하지 못했다. 특별시 또는 시의 교육위원회는 예산안을 편성하여 직접 시의회에 제출할 수 없었고, 먼저 시장에게 송치하고, 시장이 시의회에 제출하는 구조였다. 시교육위원회 의장은 교육구와 마찬가지로 시장이 당연직이었으며, 시교육감은 특별시 또는 시의 교육위원회의 추천으로 특별시교육위원회 교육감은 문교부장관을, 시교육위원회 교육감은 도지사와 문교부장관을 경유하여 대통령이 임명하도록 함으로써 특별시교육위원회 교육감을 제외한 시교육위원회 교육감은 일반자치의 영향권에 있었다. 심의기관이었던 도교육위원회는 도내 각 교육구 및 시교육위원회에서 1인씩 선출한 위원과 도지사가 선임한 3인의 위원으로 조직함으로써 역시 도지사의 영향권을 벗어나지 못했다. 다만, 도교육위원회 의장은 위원 중에서 호선하였다는 점이 구교육위원회 및 시교육위원회와 다를 뿐이다.

교육재정의 경우에는, 교육구 교육재정에 대한 지휘감독이 내무부장
관에게 있었다는 점, 교육구의 경우에는 교육위원회에 교육예산 의결권
이 있었지만 시나 도의 교육예산 의결권은 지방의회에 있었다는 점, 「지
방세법」에 의한 초등교육세(호별세 부가금, 특별부과금)의 징수권이 내무
부에 있었다는 점, 「교육법」에 국고보조금으로 규정된 중등교원 봉급
반액을 제외한 나머지 반액을 지방분여세(1958년부터는 지방재정조정교
부금)로서 국고에서 지원했다는 점 등이 교육자치와 일반자치의 연결고
리였고, 이들은 주로 교육자치의 발목을 잡는 역할을 했던 것으로 보
인다.

1958년 8월 「교육세법」 제정으로 초등교육세가 국세교육세와 지방
교육세로 전환되어 교육세를 둘러싼 내무부의 간섭에서 벗어날 수 있
었다. 기록에 의하면(고광득, 1958: 12-13), 문교부는 1953년부터 「교
육세법」을 제정하려고 노력하였으나, 부과징수권을 고수하려는 내
무부의 반대로 뜻을 이루지 못했던 것으로 나타난다. 그러나 1961년
5 · 16 군사정변 이후 교육자치가 폐지됨으로써 교육자치는 일반자치
에 의해 흡수 통합되는 결과를 가져왔다. 교육자치기관인 종전의 교육
구 및 시교육위원회를 폐지하고 지방의 교육 · 학예에 관한 행정사무
는 서울특별시장 · 시장 또는 군수가 담당하도록 한 것이다. 다만, 지
방자치단체의 교육 · 학예에 관한 경비는 당해 지방자치단체의 특별회
계로 하도록 함으로써 교육재정의 독립성 보장을 위한 장치를 두고 있
었고, 교육의 전문성과 지방교육의 특수성을 살리기 위하여 서울특별
시, 도, 시와 군에 교육 및 학예에 관한 의결기관으로서 교육위원회
(의장은 호선)를 두도록 하였으나, 교육위원회의 의결은 당해 지방의회
의 권한을 배제하지 아니한다고 규정함으로써 지방의회와 대등한 의
결기관은 아니었고, 심의기관 내지는 자문기관 역할을 했던 것으로 이
해된다.

1961년 교육자치가 폐지되기 전까지 내무부와 시 · 도지사회의, 지방

의회 등에 의해 적어도 네 차례의 교육자치 폐지운동이 일어났다(송기창, 1996a: 118-122). 교육자치제가 시행된 지 1년도 안 되었던 1953년 1, 5, 6월에 전국 도지사회의와 지방자치관계자 회의에 의해 잇따라 전개된 제1차 교육자치 폐지운동, 1955년 11월 전남도의회를 비롯한 지방의회에 의한 제2차 교육구 폐지운동, 1956년 10월 정부기구 간소화 차원에서 추진된 제3차 교육구 폐지운동, 그리고 1958년 7월에 교육세법안의 국회 상정을 앞두고 내무부에 의해 제안된 제4차 교육자치 폐지운동이 그것이다. 교육자치 폐지 주장의 요지는 종합행정의 원칙에 위배됨으로써 행정의 능률을 저해한다는 점, 새로운 행정기구 설치로 국가예산의 낭비가 심하다는 점, 교육자치제는 우리나라의 실정에 맞지 않는다는 점, 교육구청이 부패하였다는 점, 일부 교육감이 무능하고 행정력이 없다는 점 등이었다.

1963년 말 개정된「교육법」에 따라 1964년부터 형식적인 교육자치가 부활되었다. 교육·학예에 관한 행정사무의 집행기관으로서 서울특별시·부산시 및 도에 교육위원회를, 시 및 군에 교육장을 두도록 하였고, 지방교육에 관한 의결기관은 시·도의회 또는 시·군의회였고, 지방의회에서 선출하는 5인의 위원(선출직 교육위원)과 당해 지방자치단체의 장 및 교육감으로 교육위원회를 구성하도록 되어 있었으나, 지방자치가 실시되지 않음에 따라 시·군의회 기능은 시·도교육위원회가, 시·도의회 기능은 문교부장관이 대행하도록 하였다. 한편, 교육위원회의 사무를 처리하기 위하여 교육위원회에 교육감을 두도록 하였다. 교육감은 당해 교육위원회의 추천에 의하여 문교부장관의 제청으로 대통령이 임명하고, 교육장은 교육감의 제청으로 문교부장관을 경유하여 대통령이 임명하도록 되어 있었다.

형식상으로는 지방의 교육·학예에 관한 사항의 의결기능은 지방의회에 있었으나 지방의회가 구성되지 않아 실제는 시·도교육위원회와 문교부장관이 대행함으로써 교육자치와 일반자치의 연결고리는 시·

도지사가 시·도교육위원회 당연직 의장이었다는 점뿐이었다. 그런데 시·도지사가 교육위원회 당연직 의장을 맡고 있으면서도 교육위원회 의결사항에 대하여 거부권을 행사할 수 있도록 규정함으로써 자기모순적인 제도라는 비판을 받았다(김종철, 윤정일, 박종렬, 1985: 50).

한편, 1950년대에 계속적으로 문제가 되었던 내무부를 통해 시·도를 거쳐 지원되던 공립중등교원 봉급 반액을 둘러싼 갈등이 교육자치 부활 과정에서 제정된「지방교육교부세법」에 의해 해소되는 성과도 있었다. 시·도 일반자치단체를 통해 지원되던 공립중등교원 봉급 반액이 지방교육교부세 재원으로 전환됨에 따라 일반자치 재원으로부터 중등교육 재원의 분리를 이루게 된다. 그러나 서울과 부산의 경우 일반회계에서 각각 공립중등교원 봉급 전액과 반액을 교육비 특별회계로 전입하는 제도가 도입되어 연결고리가 완전히 끊어지지는 않았으며, 나중에 일반회계 전입금 제도는 점점 더 확대되어 교육자치와 일반자치의 연계·협력 고리로서 역할을 하게 된다.

형식적 교육자치 시기에도 교육자치와 일반자치의 관계가 원만했던 것은 아니다. 1963년 교육자치 부활과정에서 교육자치 부활을 반대하는 내무부와 교육자치를 부활시켜야 한다는 문교부 및 대한교련을 비롯한 교육계의 대립이 치열했다. 1981년「교육세법」제정 과정에서도 내무부는 교육자치의 폐지를 주장하면서 지방세원의 잠식을 이유로 재산세에 교육세를 부가하는 방안에 대하여 반대함으로써 금융·보험업자의 수익금액으로 대체되는 결과를 가져왔다.

요컨대 정부 수립 이후 1990년까지의 기간 중에서 1961년 5·16 군사정변 이전까지는 교육자치와 일반자치의 관계가 연계·협력 관계였다기보다는 갈등·대립 관계였다. 이는 교육자치라는 새로운 제도의 도입에 따라 일제 강점기까지만 해도 내무행정에서 관장하던 지방교육을 문교행정으로 넘겨준 데 대한 상실감 때문으로 보인다. 제도적으로는 여러 가지 연계·협력방법이 구비되어 있었으나, 대체적인 흐름은 갈등과 대립을 벗어나지 못했다. 교육자치 폐지 시기를 지나 형식적인 교육자치가 부활된 시기였던 1964년 이후에는 교육자치와 일반자치의 관계는 소원했던 것으로 분석된다.

나. 시·도의회에 의한 교육위원 선출 시기(1991~1998)

1991년 이전까지만 해도 지방자치단체의 교육·학예 사무의 관장기관의 설치와 그 조직 및 운영 등에 관한 사항은 「교육법」에서 규정하고 있었으나, 1991년 3월에 이를 떼어서 별도의 「지방교육자치에 관한 법률」을 제정하였다. 주요 내용은 다음과 같다.

지방자치단체의 교육·학예에 관한 사무는 특별시·직할시 및 도의 사무로 하고, 시·도의 교육·학예에 관한 중요사항을 심의·의결하기 위하여 시·도에 교육위원회를 두되, 교육위원회의 시·도별 교육위원 정수는 당해 시·도의 자치구 수 또는 지역교육청 수와 같게 하였다(다만, 7인 이하 시·도는 7인으로 함). 교육위원은 4년 임기로서 시·군·구의회에서 2인씩 추천한 자 중에서 시·도의회에서 무기명투표로 지역별로 1인씩 선출하도록 하였고, 교육위원의 자격은 시·도의회의원의 피선거권이 있는 자로서 정당의 당원이 아니어야 하며, 교육위원 정수의 2분의 1 이상은 교육 또는 교육행정 경력이 15년 이상 있거나 양 경력을 합하여 15년 이상 있는 자로 하였다. 교육위원회는 교육위원 중에서 무기명투표로 의장 및 부의장 각 1인을 선출하도록 하고, 의장 및 부의장의 임기는 각각 2년으로 하였다.

시·도의 교육·학예에 관한 사무의 집행기관으로 시·도에 임기 4년의 교육감을 두도록 하고, 교육감은 교육위원회에서 무기명투표에 의하여 재적위원 과반수의 찬성으로 선출하도록 하였다. 교육감의 자격은 시·도의회의원의 피선거권이 있고, 정당의 당원이 아니어야 하며, 교육경력 또는 교육전문직원 경력이 20년 이상 있거나 양 경력을 합하여 20년 이상 있는 자로 하였다. 교육감은 교육위원회 또는 지방의회의 의결사항 중 학생의 안전과 교육기관 등의 재산보호를 위하여 긴급하게 필요한 경우 선결처분을 할 수 있도록 하였고, 시·도교육감의 교육·학예에 관한 관장 사무의 일부를 분장하도록 하기 위하여 1개 또는 2개 이상의 시·군 및 자치구를 관할구역으로 하는 하급교육행정기관인 교육청을 두도록 하였다.

이 시기의 양자 관계는 교육위원회와 지방의회의 관계, 교육감과 지방자치단체장의 관계, 지방교육재정과 일반지방재정의 관계로 구분하여 분석하고자 한다(송기창, 1997: 7-15).

1) 교육위원회와 지방의회의 관계

교육위원회를 구성하고 있는 교육위원의 선출 과정을 보면, 교육위원은 시·군 및 자치구 의회가 복수로 추천한 자 중에서 당해 시·도의회가 무기명 투표로 선출(정수의 1/2 이상은 교육 또는 교육행정 경력 15년 이상인 자)하도록 되어 있었다. 교육위원회의 의결사항은 시·도의회에 제출할 조례안, 시·도의회에 제출할 예산안 및 결산, 시·도의회에 제출할 특별부과금·사용료·수수료·분담금 및 가입금의 부과와 징수에 관한 사항, 기금의 설치와 운용, 중요재산의 취득·처분, 공공시설의 설치·관리 및 처분, 법령과 조례에 규정된 것을 제외한 예산 외 의무부담이나 권리의 포기, 청원의 수리와 처리, 기타 법령과 시·도 조례에 의하여 그 권한에 속하는 사항 등이었다. 조례 제정권, 예·결산 의결권, 그리고 사용료·수수료 등의 부과·징수권은 시·도의회의 권한으로 되어 있었고, 교육위원회 의결사항은 시·도의회 분과위원회의 심의를 다시 거치기 때문에 오히려 분과위원회 수준보다도 낮은 분과위원회 전심기관(前審機關) 정도에 지나지 않는다는 비판을 받았다.

한편, 「지방교육자치에 관한 법률」 제24조의 「지방자치법」 준용규정에 의하여 교육위원회는 행정사무 감사 및 조사권을 부여받고 있으나, 「지방자치법 시행령」 제17조의3에 의하면, 「지방자치법」 제112조에 의하여 설치된 교육·과학 및 체육에 관한 기관의 감사 및 조사권은 시·도의회에 있으며, 편의상 교육위원회가 실시하고 지방의회에 보고로 갈음하게 되어 있다. 그러나 지방의회 본회의의 의결이 있는 경우 특정 사안에 대하여 감사 또는 조사를 할 수 있다고 단서를 붙이고 있어서 교육위원회의 감사 및 조사와 별도로, 시·도의회의 감사 및 조사를 받게 되어 이중적인 감사와 조사를 둘러싼 갈등이 있었다.

2) 교육감과 지방자치단체장의 관계

교육위원회와 지방의회의 관계와는 달리 시·도교육감은 시·도지사로부터 비교적 독립적인 지위를 보장받고 있었다. 교육감은 시·도의 교육·학예에 관한 대표권을 인정받고 있으며, 국가의 행정사무 중 시·도에 위임하여 시행하는 사무인 교육·학예에 관한 사무는 교육감에게 위임하여 행한다고 되어 있어서 시·도의 교육·학예에 관한 사무는 교육감이 시·도지사의 간섭 없이 독립적으로 집행할 수 있도록 되어 있었다.

교육감이 시·도지사와 관계를 맺고 있는 사항은 크게 두 가지였다. 하나는 교육감이 교육·학예에 관한 의안 중 주민의 재정적 부담이나 의무부과에 관한 조례안과 지방자치단체의 일반회계와 관련되는 사항을 교육위원회에 제출하고자 할 때는 미리 시·도지사와 협의하도록 한 것이며, 다른 하나는 교육감이 그 권한에 속하는 사무의 일부를 구·출장소 또는 읍·면·동의 장에게 위임할 경우 당해 지방자치단체장과 협의하도록 한 것이다. 요컨대 교육감은 시·도지사와 최소한의 관계만을 유지하고 있었음을 알 수 있다.

3) 지방교육재정과 일반지방재정의 관계

지방교육재정과 일반지방재정의 관계는 기본적으로는 분리를 원칙으로 하되, 연계를 확대하는 방향으로 정립되어 있었다. 「지방교육자치에 관한 법률」과 「지방교육재정교부금법」에 의하면, 의무교육 경비에 대한 확보 책임은 국가에 있으며, 의무교육 이외의 경비에 대한 확보 책임은 국가와 지방자치단체가 분담하도록 되어 있었다. 이러한 원칙을 바탕으로 하여 실제적으로 확보된 교육재정을 보면, 국가는 지방교육재정교부금과 지방교육양여금(교육세)을 확보하여 지방교육재정으로 지원하였으며, 지방자치단체(시·도)는 의무교육기관을 제외한 공립 각급학교 교원에 대한 봉급전입금(서울 전액, 부산 반액)과 담배소비세 전입금(1989년부터 1993년까지 특별시, 직할시 담배소비세액의 30%, 1994년부터 45%)을 부담하고 있었다.

5·31 교육개혁안에 의한 '교육재정 GNP 5% 확보정책'이 1996년부터 시행되면서 일반자치단체의 지방교육재정 책임은 확대되었다. 교육개혁위원회가 발표한 5·31 교육개혁안에 의하면, "1998년까지 교육재정 GNP 5%를 확보하여 공교육에의 투자를 확대하며, 사교육에의 수요를 학교로 흡수하여 과다한 사교육비 부담을 줄이고, 지방자치단체의 교육재정에의 책임과 기여를 강화하여 교육자치가 정착되도록 한다."(교육개혁위원회, 1995: 69)라고 되어 있었다.

이에 정부는 시·도세 전입금 제도(수입액 총액의 2.6%, 1996년부터 2000년까지)를 새로 도입함과 동시에 지방세원에 새로이 교육세를 부과하고(교육세 부과 대상에 담배소비세액의 40% 추가) 기존 교육세율을 인상하였으며(경주·마권세에 대한 교육세율을 20%에서 50%로 인상), 「학교용지 확보에 관한 특례법」을 제정하여 개발사업지역의 학교용지 확보에 필요한 소요경비의 1/2을 시·도 일반회계가 부담하도록 하였다.[1] 일반회계로부터 받는 전입금이 늘어남에 따라 시·도교육감은 일반회계 전입금으로 충당되는 세출예산을 편성할 때에 당해 지방자치단체의 장과 협의하도록 하고, 협의하에 편성된 세출예산을 교육위원회가 감액하고자 하는 경우에는 미리 당해 교육감 및 지방자치단체의 장과 협의하도록 하는 규정이 「지방교육재정교부금법」에 신설되었다.

시·군 및 지방자치단체인 구는 특별시장·광역시장 또는 도지사의 승인을 얻어 대통령령이 정하는 바에 따라 관할구역 안에 있는 고등학교 이하 각급 학교의 교육비 일부를 보조할 수 있도록 하는 규정이 「지방교육재정교부금법」에 신설되었고, 이에 따라 제정된 「시·군 및 자치구의 교육경비 보조에 관한 규정」에 의해 시·군·자치구의 경우에는 각급 학교에 교육재정을 직접 보조할 수 있는 길이 열렸다.

요컨대 교육자치와 일반자치의 관계에 있어서 교육재정의 경우에는 시·도세 전입금과 학교용지부담금이 추가되어 일반회계 전입금 제도가 확대되었고, 교육경비 보조 제도가 새로 도입되었으며, 교육세를 부가하는 지방세원이 추가 또는 인상됨으로써 일반회계 전입금으로 충당되는 세출예산 편성 시에 지방자치단체장과 협의하는 규정이 신설되어 교육자치에 대한 일반자치의 영향력은 확대된 것으로 평가할 수 있다.

---

1) 「학교용지 확보에 관한 특례법」은 1995년 12월 29일에 제정되었지만, 시행령이 1996년 11월 2일에 제정됨으로써 1997년부터 학교용지부담금을 징수할 수 있었다. 그러나 시행령에서 부담금 부과대상 및 부담주체를 시·도 조례에 위임한 결과, 시·도지사가 부담금 부과·징수에 따른 조례 제정을 기피하여 1997년에도 부담금 부과징수를 못하였다. 학교용지구입비 일반회계 부담분이 교육비특별회계로 전입되기 시작한 것은 법이 제정된 지 5년이 지난 후인 2001년이었다. 물론 1995년 말 제정된 「학교용지 확보에 관한 특례법」 제4조 제3항("학교용지의 확보에 소요되는 비용 및 학교용지의 공급가액은 학교용지의 조성·개발에 소요된 원가로 산정하되, 초등학교용 학교용지의 경우에는 「개발이익 환수에 관한 법률」의 규정에 의한 개발이익의 범위 안에서 조성원가의 100분의 70으로 할 수 있다.")에 따라 학교용지구입비가 절감된 효과는 있었던 것으로 보인다(송기창, 2015b).

다. 학운위 선거인단에 의한 교육위원 · 교육감 선출 시기
(1998~2006)

사회적으로 교육감 등 선출 관련 비리가 문제로 대두됨에 따라 이를 방지하기 위하여 1997년 12월에 「지방교육자치에 관한 법률」이 개정되었다. 교육감 및 교육위원을 학교운영위원회에서 선출한 자와 교육단체에서 추천한 교원으로 구성된 시 · 도별 선거인단에서 선출하도록 하였으며, 교육감의 경력요건을 5년으로 완화하였고, 교육감의 시 · 도교육기관 설치에 대한 교육부장관의 승인권을 폐지하였다.

교육감과 교육위원을 선거인단에서 선출함에 따라 지방의회의 권한이 약화되는 결과를 가져왔다. 기초의회는 교육위원 후보자를 추천하고, 광역의회는 교육위원을 선출하고, 교육위원회는 교육감을 선출하는 교육자치와 일반자치의 연결고리가 끊어진 것이다.

반면, 1995년 5 · 31 교육개혁안에 의한 교육재정 GNP 5% 확보 정책과 국민의 정부 대통령선거 공약이었던 교육재정 GNP 6% 확보 정책이 시행되는 과정에서 일반자치단체의 교육재정 부담은 계속 증가되었고, 교육재정에 관한 일반자치단체의 권한도 계속 확대되었다. 2001년부터 공립중등교원 봉급전입금 제도가 서울(전액)과 부산(반액)에서 다른 광역시와 경기도(10%)로 확대되었고, 종전에는 지방자치단체가 시 · 도세 총액의 2.6%를 교육비 특별회계에 전출하였으나 2001년부터 이를 3.6%로 인상하여 지방자치단체의 교육투자에 대한 책임을 제고하였다. 2001년부터 지방세분 교육세가 지방교육세로 개편하면서 경주 · 마권세의 지방교육세율을 50%에서 60%로, 담배소비세분 지방교육세율을 40%에서 50%로 인상하고, 지방교육세 수입액을 직접 교육비 특별회계 세입으로 이전하지 않고 일반회계 세입으로 계상한 후 교육비 특별회계로 전출하는 절차를 확립하고, 지방교육세 관련 법규정을 「교육세법」에서 「지방세법」으로 이전함으로써 지방교육세의 소관이 형식상으로는 교육부에서 행정자치부로 넘어갔다.

또한 2002년부터 단계적으로 중학교 의무교육이 실시됨에 따라「지방
교육자치에 관한 법률」제39조 제1항에 "다만, 중학교 의무교육에 관련
되는 경비는「지방교육재정교부금법」이 정하는 바에 의하여 그 일부를
지방자치단체로 하여금 부담하게 할 수 있다."는 규정을 추가함으로써
지방자치단체의 교육재정 책임을 늘렸다. 2004년 말 개정에서는 제39조
를 "① 의무교육에 종사하는 교원의 보수와 기타 의무교육에 관련되는
경비는「지방교육재정교부금법」이 정하는 바에 의하여 국가 및 지방자
치단체가 부담한다. ② 제1항의 규정에 의한 의무교육 외의 교육에 관련
되는 경비는「지방교육재정교부금법」이 정하는 바에 의하여 국가ㆍ지
방자치단체 및 학부모 등이 부담한다."로 개정하였다. 이에 따라 중학교
의무교육에 관련되는 경비의 일부를 지방자치단체에서 한시적으로 부
담하던 것을, 의무교육에 관련되는 경비를 교육비 특별회계의 재원 중
지방교육재정교부금과 시ㆍ도의 일반회계로부터의 전입금 등으로 충당
하도록 하여 의무교육에 관련되는 경비의 부담주체를 국가 및 지방자치
단체로 조정하였다. 중학교 의무교육에 따라 공립 중학교 교원 봉급을
누가 부담할 것인가를 둘러싸고 국가와 지방자치단체 간 갈등이 발생하
자 2005년부터 중등교원 봉급전입금 제도를 폐지하고 전입금 해당액을
시ㆍ도세 전입금에 합산하였다(서울특별시 10%, 광역시 및 경기도 5%).

한편, 2004년 말「지방교육재정교부금법 시행령」을 새로 제정하면서
제8조에 전입금의 협의에 관한 사항을 규정하였다. 즉,「지방교육재정
교부금법」제11조 제4항의 규정에 의하여 교육감은 당해 시ㆍ도교육위
원회에 예산안을 제출하기 전에 당해 지방자치단체의 장에게 전입금으
로 충당되는 세출예산안에 대하여 서면으로 협의를 요청하여야 하며,
당해 지방자치단체의 장은 협의요청을 받은 날부터 20일 이내에 그에
대한 의견을 회신하여야 한다고 규정하고, 세출예산의 편성 협의를 위
하여 시ㆍ도에 교육정책협의회를 둘 수 있으며, 교육정책협의회의 구성

및 운영에 관하여 필요한 사항은 시·도의 조례로 정한다고 되어 있다. 또한 교육감이 당해 시·도교육위원회 및 시·도의회에 예산안을 제출하는 때에는 당해 지방자치단체의 장의 의견을 첨부하여야 한다고 되어 있다.

이 기간 동안 교육감 및 교육위원 선출 과정에서 지방의회가 배제되었지만, 교육재정에서 일반자치단체의 책임과 부담이 커졌고, 일반회계 전입금의 세출예산 편성에 관한 협의 규정이 대통령령에서 구체화됨으로써 일반자치의 실질적인 영향력은 확대된 것으로 평가된다.

라. 교육감 주민직선 및 시·도의회 교육상임위원회 시기
(2007～2014)

2006년 말 「지방교육자치에 관한 법률」이 전부 개정됨에 따라, 시·도의 교육·학예에 관한 의안과 청원 등을 심사·의결하기 위한 교육위원회를 시·도의회 내 상임위원회로 전환하고, 학교운영위원들을 선거인단으로 하여 간선제로 선출되던 교육위원 및 교육감을 주민직선으로 선출하도록 하였다. 교육위원회는 시·도의회의원과 교육의원으로 구성하되, 교육의원이 과반수가 되도록 하였다. 그러나 부칙 제2조(교육위원회 및 교육위원에 대한 경과조치)의 규정에 의하여 종전의 규정에 따라 설치되어 있는 교육위원회 및 교육위원은 교육위원 임기만료일인 2010년 8월 31일까지 종전의 규정에 따르도록 하였고, 부칙 제3조(교육위원회에 관한 특례)에 따라 교육상임위원회는 2010년 7월 1일부터 설치하되, 2010년 8월 31일까지는 개정 법률에 따른 교육위원회의 권한 등에 관한 사항을 적용하지 아니하고, 「지방자치법」 제50조에 따라 시·도의회 내에 설치된 교육·학예에 관한 사무를 심사·의결하는 상임위원회로 간주하도록 하였다. 이 법에 따라 최초로 선출되는 교육의원은 2010년에 동시 실시되는 지방의회의원 선거 및 지방자치단체장의 선거와 동시선거로 선출하며, 임기는 2010년 7월 1일부터 개시하여 2014년 6월 30일로 만료된다고 규정하였다. 따라서 시·도의회 교육상임위원회가 실제로 존속한 기간은 2010년 9월 1일부터 2014년 6월 30일까지였다고 볼 수 있다.

또한 교육감과 시·도지사 사이에 지방교육 관련 업무협의를 활성화하기 위하여 '지방교육행정협의회'를 조례로 설치하도록 하고, 각 시·도교육감 상호 간의 교류와 협력을 증진하고 공동의 문제를 협의하기 위하여 전국적인 교육감 협의체를 설립할 수 있도록 하였다. 주민직선제로 전환되는 차기 교육감 선거를 2010년 실시되는 전국지방 동시선거와 통합 실시하기 위하여 교육감의 임기에 관한 경과조치 및 임기 및 선출에 관한 특례를 마련하는 한편, 이 법 시행 후 6개월 이내에 실시되는 교육감 선거를 「공직선거법」의 규정에 불구하고 별도의 일정에 따라 실시할 수 있도록 「공직선거법」의 적용에 관한 특례를 규정하였다.

교육위원회를 시·도의회 교육상임위원회로 전환함에 따라 적어도 의결기관에 한하여 교육자치와 일반자치는 통합된 모습이었다. 종래의 교육위원회가 이중 의결에 따른 행정력 낭비를 초래했다는 비판을 수용한 결과였으나, 교육의 자주성, 전문성, 정치적 중립성은 기대하기 어려운 상황이 되었다. 과도기적으로 교육의원을 따로 뽑아서 교육의 전문성과 정치적 중립성을 보완하고자 하였으나, 이 제도마저 2014년 6월 말로 폐지됨으로써 의결기관의 경우 교육자치와 일반자치의 통합이 완성되었다. 교육감과 시·도지사 사이에 지방교육 관련 업무협의를 활성화하기 위하여 조례에 의해 지방교육행정협의회를 설치할 수 있도록 규정함으로써 교육감과 시·도지사의 협력관계를 촉진하는 장치가 마련되었다.

한편, 교육재정의 경우 2006년 말 「지방교육재정교부금법」이 개정됨으로써 2007년부터 시·군 및 자치구와 마찬가지로, 시·도도 대통령령이 정하는 바에 따라 관할구역 안에 있는 고등학교 이하 각급 학교의 교육에 소요되는 경비의 일부를 보조할 수 있게 되었으며, 시·도는 관할 지역 내의 교육·학예의 진흥을 위하여 일반회계 법정전출금 외에 별도의 경비를 교육비특별회계로 전출할 수 있게 되었다. 이 법의 개정으로, 「시·군 및 자치구의 교육경비 보조에 관한 규정」이 「지방자치단체의 교육경비 보조에 관한 규정」으로 바뀌었고, 지방자치단체가 보조할 수 있는 사업의 범위에 학교의 교육시설개선사업, 환경개선사업 및 학교교육과정 운영의 지원에 관한 사업 등을 추가하였으며, 각급 학교의 장이 보조사업에 대하여 지방자치단체의 장에게 보고하는 사항을 줄이도록 개정되었다. 2005년 말 「지방세법」 개정에 의해 2009년부터 레저세(종전의 경주·마권세) 부가분 지방교육세의 세율이 60%에서 40%로 인하되었다.

마. 시·도교육위원회 폐지 시기(2014~)

2010년 2월 26일에 개정된 「지방교육자치에 관한 법률」은 교육위원회 설치 및 교육의원 선거에 관한 규정에 대하여 2014년 6월 30일까지 효력을 갖도록 규정함으로써 2014년 7월 1일부터 「지방교육자치에 관한 법률」에 의한 교육위원회는 완전 폐지되었다.

「지방교육자치에 관한 법률」에서 교육위원회를 규정하던 제2장이 삭제됨에 따라 교육위원회가 주민의 재정적 부담이나 의무부과에 관한 조례안이나 지방자치단체의 일반회계와 관련되는 사항을 의결하기 전에 미리 시·도지사의 의견을 듣도록 했던 규정(종전 법률 제11조 제3항)도 삭제되었다. 이러한 문제를 해결하기 위하여 2015년 6월 22일 개정된 「지방교육자치에 관한 법률」은 제29조의2(의안의 제출 등)에서 "교육감은 교육·학예에 관한 의안 중 주민의 재정적 부담이나 의무부과에 관한 조례안이나 지방자치단체의 일반회계와 관련되는 사항을 시·도의회에 제출하고자 할 때에는 미리 시·도지사와 협의하여야 한다."고 규정하였다.

한편, 개정 법률 제29조의3(시·도의회의 교육·학예에 관한 사무의 지원)에서는 2015년 12월 23일부터 "시·도의회의 교육·학예에 관한 사무를 처리하기 위하여 조례로 정하는 바에 따라 시·도의회의 사무처에 지원조직과 사무직원을 두되, 사무직원은 지방공무원으로 보하고, 시·도의회 의장의 추천에 따라 교육감이 임명한다."고 규정하여 교육위원회 폐지에 따라 같이 폐지된 시·도의회 사무처의 교육위원회 지원조직과 사무직원을 부활시켰다. 교육위원회의 위상이 변화됨에 따라 교육위원회 의사국에서 시·도의회 사무처의 교육위원회 지원조직으로 바뀌었고, 교육위원회가 폐지됨에 따라 시·도의회 사무처의 교육상임위원회 지원조직도 폐지되었으나, 시·도의회에 교육전문인력의 업무 지원이 없어짐에 따라 시·도의회가 교육관련 심의·의결에 어려움을 겪었고, 이를 보완하기 위하여 다시 시·도의회 사무처에 지원조직과 사무직원을 두도록 한 것이다.

대부분의 지방자치단체에서 일반회계 전입금의 상당부분을 3/4분기를 넘겨 전출하고 있어 교육행정기관의 재정운영에 상당한 차질을 빚는 문제를 해결하기 위하여 2016년 12월에 「지방교육재정교부금법」(법률 제14373호)이 개정되었다. 지방자치단체의 일반회계 전입금의 전출 시기 및 규모를 법률에 직접 규정함으로써 교육비 특별회계 예산 운영의 예측가능성을 제고하고 시·도교육행정기관의 교육재정 운영의 효율성 및 안정성을 도모하였다.

2016년 7월에 개정된 「지방교육재정교부금법 시행령」(대통령령 제27301호)은 일반회계 전입금으로 충당되는 세출예산의 편성 협의를 위하여 시·도에 교육정책협의회를 둘 수 있다는 규정을 개정하여 교육감이 지방자치단체 일반회계로부터의 전입금으로 충당되는 세출예산안과 관련한 전입금의 전입시기 등을 「지방교육자치에 관한 법률」에 따른 지방교육행정협의회를 통하여 지방자치단체의 장과 협의하도록 규정함으로써 교육정책협의회 기능을 지방교육행정협의회에 통합하였다.

2. 교육자치와 일반자치 관계의 현황

가. 시·도의회의 교육관련 기능

현재 시·도의회는 「지방교육자치에 관한 법률」에 의한 교육위원회가 폐지되고, 위원회의 설치를 규정한 「지방자치법」 제56조(① 지방의회는 조례로 정하는 바에 따라 위원회를 둘 수 있다. ② 위원회의 종류는 소관 의안과 청원 등을 심사·처리하는 상임위원회와 특정한 안건을 일시적으로 심사·처리하기 위한 특별위원회 두 가지로 한다. ③ 위원회의 위원은 본회의에서 선임한다)에 따라 교육관련 위원회를 두고 있다. 2016년까지는 교육관련 위원회의 명칭이 모두 '교육위원회'라서 교육위원회가 존속하는 것처럼 착각할 수도 있었으나, 2016년 7월에 광주광역시의회가 교육위원회를 '교육문화위원회'로 변경함으로써 조례 개정을 통해 언제든지 그 명칭을 바꿀 수 있다는 점을 보여 주었다. 대부분의 시·도의회가 교육위원회의 소관업무를 '시·도교육청 소관에 속하는 사항'으로 규정하고 있지만, 경북도의회는 '교육청 및 그 지도감독을 받는 사업소 소관에 속하는 사항', 경기도의회는 '경기도교육청 소관에 속하는 사항, 경기도교육연구원 소관에 속하는 사항', 광주광역시의회는 '광주광역시교육청 소관에 속하는 사항, 교육청 소속교육기관 및 하급교육행정기관 소관에 관한 사항, 문화관광체육실 소관에 속하는 사항'으로 규정하고 있다.

시·도교육위원회의 소관업무를 "시·도교육청 소관에 속하는 사항"으로 규정한 것은 「지방교육자치에 관한 법률」 제20조의 교육감 관장사무 17개 전부를 소관업무로 한다는 것으로, 종전에 교육위원회가 별도로 설치되어 있을 때와 비교하면, 교육위원회의 의결을 시·도의회 본회의의 의결로 본다는 제11조 제2항(2007년 이전 법률에서는 제8조 제2항)의 규정에 의하여 시·도의회의 통제에서 벗어나 있던 7개 사무(기금의 설치·운용에 관한 사항, 대통령령으로 정하는 중요재산의 취득·처분에 관한 사항, 대통령령으로 정하는 공공시설의 설치·관리 및 처분에 관한 사항, 법령과 조례에 규정된 것을 제외한 예산의 의무부담이나 권리의 포기에 관한 사항, 청원의 수리와 처리, 외국 지방자치단체와의 교류협력에 관한 사항, 기타 법령과 시·도 조례에 의하여 그 권한에 속하는 사항)도 시·도의회 본회의에서 다루어진다는 점에서 시·도의회의 통제가 강화된 것으로 볼 수 있다.

어떤 의미에서는, 시·도의회가 교육위원회를 완전 흡수 통합했기 때문에 의결기관의 경우에 굳이 교육자치와 일반자치의 관계를 논할 필요가 없게 되었다. 다만, 집행기관이 분리되어 있는 상황에서 시·도의회 사무처를 일반자치단체 사무직원만으로 운영하는 것에 문제의식을 가지고 2015년 12월 23일 이후로는 시·도교육청에서 시·도의회 교육위원회 지원인력을 파견하는 제도를 두기로 한 것은 시·도교육위원회를 폐지하는 과정에서 시·도교육청의 교육전문성을 인정하지 않고 성급하게 추진했음을 말해 주는 증거라 할 수 있다. 이는 집행기관이 분리되어 있는 상황에서 일반자치단체만의 시·도의회를 운영하는 데는 한계가 있음을 보여 주는 사례이기도 하다.

나. 시·도교육감과 시·도지사의 관계

1991년 지방자치가 실시된 이후로 시·도교육감과 시·도지사의 관계는 거의 독립적인 관계를 유지해 왔으나, 교육자치에 대한 일반자치의 영향력 확대는 의결기관만으로 한계가 있다는 인식하에 집행기관의 연계를 확대하는 노력이 계속되어 왔다. 교육자치와 일반자치의 집행기관 간의 연계 확대는 두 가지 방향으로 추진되어 왔다. 하나는 「지방교육재정교부금법」개정을 통해서 지방자치단체 일반회계 전입금을 확대·확충하는 동시에 일반회계 전입금으로 충당되는 세출예산에 대한 시·도지사의 영향력을 확대하는 것이다. 이는 후술하는 교육재정과 일반재정의 연계 확대 절에서 자세히 다루기로 한다. 다른 하나는 「지방교육자치에 관한 법률」개정을 통해서 시·도지사로 하여금 교육·학예에 관한 사무에 대한 영향력을 확대하는 것으로, 전자인 일반회계 전입금 확대 및 확충과 무관하지 않다.

시·도지사의 영향력 확대를 가져온 직접적인 계기는 2006년 말 「지방교육자치에 관한 법률」개정으로, 시·도교육위원회를 시·도의회 교육상임위원회로 개편함으로써 의결기관의 통합이 가시화되자 최종목표인 집행기관의 통합을 위한 첫 단계로 집행기관 간의 연계를 규정하는 법 개정을 하게 된 것이다. 그것은 교육감과 시·도지사 사이에 지방교육 관련 업무협의를 활성화하기 위하여 조례에 의해 '지방교육행정협의회'를 설치할 수 있도록 규정한 것이다.

다. 지방교육재정과 일반지방재정의 관계

지방자치단체 일반회계에서 교육비 특별회계로 전입하는 재원은 크게 법정재원과 비법정재원으로 구분할 수 있다. 법정재원의 근거법률은 세 가지로, 「지방교육재정교부금법」「지방세법」「학교용지 확보 등에 관한 특례법」이다. 「지방교육재정교부금법」제11조 제2항은 법정전입금에 대하여 다음과 같이 규정하고 있다.

「지방교육재정교부금법」제11조 제2항

② 공립학교의 설치·운영 및 교육환경 개선을 위하여 시·도는 다음 각 호의 금액을 각각 매 회계연도 일반회계 예산에 계상하여 교육비 특별회계로 전출하여야 한다. 추가경정 예산에 의하여 증감이 있는 경우에도 또한 같다.

1. 「지방세법」제151조에 따른 지방교육세에 해당하는 금액
2. 담배소비세의 100분의 45(도는 제외한다)
3. 서울특별시의 경우 특별시세 총액(「지방세기본법」제8조 제1항 제1호에 따른 보통세 중 주민세 재산분 및 종업원분, 같은 항 제2호에 따른

목적세 및 같은 법 제9조에 따른 특별시분 재산세에 해당하는 금액은 제외한다)의 100분의 10, 광역시 및 경기도의 경우 광역시세 또는 도세 총액(「지방세기본법」 제8조 제2항 제2호에 따른 목적세에 해당하는 금액은 제외한다)의 100분의 5, 그 밖의 도 및 특별자치도의 경우 도세 또는 특별자치도세 총액의 1천분의 36.

제3~4항에서 시·도지사는 제2항 각 호에 따른 세목의 월별 징수내역을 다음 달 말일까지 해당 시·도의 교육행정기관 장에게 통보하여야 하고, 시·도는 제2항 각 호에 따른 세목의 월별 징수액 중 같은 항에 따라 교육비 특별회계로 전출하여야 하는 금액의 100분의 90 이상을 다음 달 말일까지 교육비 특별회계로 전출하되, 전출하여야 하는 금액과 전출한 금액의 차액을 분기별로 정산하여 분기의 다음 달 말일(마지막 분기는 분기의 말일로 한다)까지 전출하여야 한다고 규정하고 있다.

제5~7항에서 예산액과 결산액의 차액으로 인한 전출금의 차액은 이를 늦어도 다음다음 연도의 예산에 계상하여 정산하여야 하고, 시·도의 교육행정기관의 장은 일반회계로부터의 전입금으로 충당되는 세출예산을 편성할 때에는 미리 해당 시·도지사와 협의하여야 하며, 시·도교육위원회는 일반회계로부터의 전입금으로 편성된 세출예산을 감액하려면 미리 해당 교육행정기관의 장 및 시·도지사와 협의하여야 한다고 규정하고 있다.

「지방세법」에 의한 법정전입금은 2014년부터 지방소비세가 확충됨에 따라 초래된 지방교육재정교부금의 감소분을 보전하는 교부금감소보전금으로, 「지방세법」 제71조 제3항에 "납입관리자는 제1항에 따라 납입된 지방소비세를 지역별 소비지출 및 제11조 제1항 제8호에 따른 취득세 감소분 등을 고려하여 대통령령으로 정하는 안분기준 및 안분방식에 따라 대통령령으로 정하는 기간 이내에 지방자치단체의 장 및 시·도교육감에게 납입하여야 한다."는 규정을 근거로 한다.

「지방세법 시행령」제75조(안분기준 및 안분방식)에 따르면, 법 제71조에 따라 납입된 지방소비세는 지역별 소비지출 등을 고려한 부분과 취득세, 지방교육세, 지방교부세 및 지방교육재정교부금 등(이하 '취득세등'이라 한다)의 보전에 충당하는 부분에 각각 11분의 5와 11분의 6의 비율로 구분하여 안분하고, 그 안분액은 다음 각 호의 계산식에 따라 산출하는 금액으로 한다. 다만, 제2호가목에 따라 산출한 해당 시·도의 안분액 합계액의 100분의 2에 해당하는 금액은 사회복지수요 등을 고려하여 행정안전부령으로 정하는 바에 따라 그 안분액을 달리 산출할 수 있다.

「학교용지 확보 등에 관한 특례법」에 의한 법정전입금은 제4조(학교용지의 확보 및 경비의 부담) 제4항에 "시·도가 학교용지를 확보하는 데에 드는 경비는 시·도의 일반회계와 교육비 특별회계에서 각각 2분의 1씩 부담한다."는 규정에 따른 것이다. 제6조(시·도 부담 경비의 재원)는 "시·도는 제4조에 따른 학교용지를 확보하기 위하여 시·도의 일반회계가 부담하는 경비를 다음 각 호의 재원으로 조달할 수 있다. 1. 개발사업이 시행되는 지역에서 부과·징수되는 지방세 중 대통령령으로 정하는 세액, 2.「개발이익 환수에 관한 법률」에 따라 개발사업지역에서 부과·징수한 개발부담금 중 대통령령으로 정하는 금액, 3. 제5조에 따라 부과·징수하는 학교용지부담금"으로 규정하고 있다.

일반자치단체의 교육재정 책임과 부담이 늘어남에 따라 시·도교육감이 시·도지사의 영향을 무시하기 어려운 상황이 되었다. 1996년부터 시·도세 2.6%를 일반회계에서 교육비 특별회계로 전출하는 제도를 도입한 이래, 일반회계 전입금 제도가 확대되면서 세출예산을 편성할 때 시·도교육감으로 하여금 시·도지사와 협의하도록 하는 규정이 법제화되었고, 2004년 말 제정된「지방교육재정교부금법 시행령」은 전입금에 관한 협의 규정을 매우 구체적으로 규정하였다. 즉, 교육감은 해당 시·도의회에 예산안을 제출하기 전에 해당 지방자치단체의 장에게 전입금으로 충당되는 세출예산안에 대하여 서면으로 협의를 요청하여야 하며, 해당 지방자치단체의 장은 협의요청을 받은 날부터 20일 이내에 그에 대한 의견을 회신하여야 하고, 세출예산의 편성 협의를 위하여 시·도에 '교육정책협의회'를 둘 수 있도록 하였다. 그러나 2016년 7월에 개정된「지방교육재정교부금법 시행령」에서는 교육정책협의회를 폐지하고 그 기능을 '지방교육행정협의회'가 담당하도록 하였다.

3. 교육자치와 일반자치 연계 · 협력의 성과

  교육자치와 일반자치의 연계·협력의 성과는 다양한 방식으로 분석할 수 있을 것이다. 교육의 가장 궁극적인 성과는 학생들의 학업성취도 향상이나 학생과 학부모의 교육만족도 증가, 교원의 전문성 향상이나 직무만족도 증가, 학교 안전 및 교육 여건의 개선, 대학진학률(일반계 고등학교의 경우) 또는 취업률(특성화고등학교의 경우) 증가 등으로 표현될 수 있을 것이나 이러한 성과들이 교육자치와 일반자치의 연계·협력에 의한 성과인지 다른 요인에 의한 성과인지 변별해 내기가 쉽지 않다는 문제가 있다.

  이인회 등(2011)은 교육자치와 일반자치의 연계·협력 추진체계를 다음 네 가지로 정리한 바 있다. 첫째, 교육협의체를 운영하는 방식으로 양 기관에서 책임 있는 자리에 있는 사람들이 함께 모여 교육관련 사무를 협의하여 처리할 수 있도록 협의체를 구성·운영하는 것, 둘째, 교육협력관제를 운영하는 것으로 양 기관 간 교육에 관한 의견을 조정하고 상호협력을 이끌어 내기 위하여 교육청 소속 공무원들이 교육협력관 또는 교육기획관이라는 이름으로 시·도청에 파견 근무하는 방식, 셋째, 교육지원을 위한 조례를 제정하여 지방자치단체가 교육협력사업의 근거를 마련하는 것, 넷째, 교육위원회가 일반의회 상임위원회의 하나로 통합되면서 시·도교육청에서 파견·전출하는 공무원과 사무직원으로 구성되는 교육위원회 지원조직을 설치하여 교육자치단체와 일반자치단체 간의 교육협력을 이끌어 내는 새로운 창구 역할을 담당하는 것 등이다. 여기에서 네 번째 교육위원회 지원조직은 교육상임위원회로서의 교육위원회가 폐지되면서 폐지되었으나, 2015년 6월 개정된 「지방교육자치에 관한 법률」에 의해 2015년 12월에 부활되었다. 이 절에서는 앞의 세 가지 추진체계별로 연계ㆍ협력의 성과를 분석하고자 한다.

가. 교육협의체 운영의 성과

2006년 말 「지방교육자치에 관한 법률」 개정으로, 교육감과 시ㆍ도지사 사이에 지방교육 관련 업무협의를 활성화하기 위하여 조례에 의해 '지방교육행정협의회'를 설치할 수 있도록 한 이래로, 모든 시ㆍ도교육청이 교육행정협의회 설치 조례를 제정하고 있다. 가장 먼저 조례를 제정한 시ㆍ도는 제주특별자치도로서 2007년 8월 6일에 제정하였으며, 가장 나중에 제정한 시ㆍ도는 충청북도로서 2015년 3월 27일에야 제정하였다. 충청남도는 교육행정협의회 설치 조례를 제정하지 않고 있다가 2015년 10월 30일에 제정하였다. 시ㆍ도교육청별 지방교육행정협의회 관련 조례 제정 현황은 〈표 6-1〉과 같다.

〈표 6-1〉 시ㆍ도교육청별 지방교육행정협의회 관련 조례 제정 현황

시ㆍ도명	조례명	제정연월일
서울특별시	서울특별시 교육행정협의회 설치ㆍ운영에 관한 조례	2007. 12. 20.
부산광역시	부산광역시 교육행정협의회 조례	2007. 10. 31.
대구광역시	대구광역시 교육행정협의회 설치ㆍ운영 조례	2012. 2. 29.
인천광역시	인천광역시 교육행정협의회 설치ㆍ운영 조례	2011. 7. 18.

(계속)

시·도명	조례명	제정연월일
광주광역시	광주광역시 교육행정협의회 설치·운영에 관한 조례	2010. 1. 1.
대전광역시	대전광역시 교육행정협의회 구성·운영 조례	2010. 11. 1.
울산광역시	울산광역시 교육행정협의회 조례	2010. 12. 31.
세종특별자치시	세종특별자치시 교육행정협의회 설치·운영에 관한 조례	2012. 11. 12.
경기도	경기도 교육행정협의회 설치·운영 조례	2011. 1. 10.
강원도	강원도 교육행정협의회 설치·운영에 관한 조례	2007. 12. 21.
충청북도	충청북도 교육행정협의회 구성·운영에 관한 조례	2015. 3. 27.
충청남도	충청남도 교육행정협의회 구성·운영 등에 관한 조례	2015. 10. 30.
전라북도	전라북도 교육행정협의회 구성·운영에 관한 조례	2007. 12. 31.
전라남도	전라남도 교육행정협의회 설치·운영에 관한 조례	2011. 12. 30.
경상북도	경상북도 교육행정협의회 조례	2008. 7. 14.
경상남도	경상남도 교육행정협의회 운영 조례	2008. 1. 10.
제주특별자치도	제주특별자치도 교육행정협의회 구성·운영에 관한 조례	2007. 8. 6.

출처: 국가법령정보센터(www.law.go.kr) 자치법규 검색자료.

　이인회 등(2011)의 연구에 의하면, 부산광역시는 2001년 5월부터 「교육행정협의회 규정」을 만들어 협의체를 운영해 왔으며, 서울은 2003년 12월부터 교육행정협의회를 설치하여 운영해 왔던 것으로 밝히고 있다. 충청남도의 경우에도 2007년 1월부터 교육발전협의회가 구성되어 운영해 오다가 2011년 3월에 「충청남도 교육발전협의회 설치 및 운영에 관한 조례」를 제정하였다. 조례를 제정한 충남을 제외하고 경북교육청은 교육규칙으로, 울산교육청은 훈령으로 교육발전협의회 규정을 가지고 있다. 한편, 충남교육청을 제외한 16개 교육청의 교육행정협의회 설치·운영에 관한 조례는 시·도교육청 소관 조례이며, 충남의 교육발전협의회 설치·운영 조례는 일반 도청 소관 조례라는 특징이 있다.

한편, 「지방교육재정교부금법」 제11조와 같은 법 시행령 제8조의 규정에 의하여 일반회계 전입금으로 충당되는 세출예산의 편성 협의를 위하여 시·도에 둘 수 있는 '교육정책협의회'는 지방자치단체로부터 호응을 받지 못한 것으로 나타났다. '교육정책협의회'의 구성 및 운영에 관하여 필요한 사항은 시·도의 조례로 정하도록 되어 있으나, '교육정책협의회'에 관한 조례를 제정한 광역 지방자치단체는 전라남도가 유일했다. 전라남도는 2011년 11월 11일에 「전라남도 교육정책협의회 설치·운영 조례」를 제정하였다. 경기도의 경우, 2011년 1월 10일 「경기도 교육정책협의회 설치·운영 조례」(경기도 조례 제4133호)를 제정하였으나, 2015년 8월 3일에 「경기도 교육지원 조례」(경기도 조례 제3470호, 2005. 12. 30. 제정)와 통합하여 「경기도 교육재정 지원 및 협력에 관한 조례」 (2015. 8. 3. 제정)를 제정하였으므로 명칭상으로 교육정책협의회 설치·운영 조례라고 보기 어렵다. 충청남도의 경우, 2011년 3월 30일에 「충청남도 교육발전협의회 설치 및 운영에 관한 조례」(충청남도 조례 제3595호)를 제정하면서 제12조(보칙)에 "이 조례 및 협의회는 「지방교육재정교부금법 시행령」 제8조 제2항과 제3항에 의한 조례 제정과 교육정책협의회의 구성 및 운영 사항이 포함된 것으로 본다."고 규정함으로써 '교육정책협의회' 구성 관련 조례를 제정한 것으로 볼 수 있다.[2] 교육정책협의회가 제대로 운영되지 않자, 2016년 7월부터 교육정책협의회 기능을 '지

---

2) 경상남도 교육청의 경우 「경상남도 교육정책자문위원회 교육규칙」을 개정한 「경상남도 교육정책협의회 운영 교육규칙」(경상남도교육규칙 제759호, 2015. 2. 23.)을 가지고 있으나 이는 「지방교육재정교부금법」 제11조에 의한 '교육정책협의회'와는 다르며, '교육정책자문위원회' 성격의 협의회로 볼 수 있다.

방교육행정협의회'가 대신하도록 「지방교육재정교부금법 시행령」이 개정되었다.

나. 교육협력관 제도의 운영

교육협력관 제도는 일반자치단체가 교육지원사업을 추진함에 있어서 교육시책사업의 총괄협의 및 조정, 교육지원사업의 계획 수립 및 집행의 지원, 일반자치단체와 교육자치단체 간 협력사업 발굴, 교육청 및 중앙정부 등 유관기관과의 협력관계 유지, 교육관련 사항에 대한 자문 등을 위하여 두기 시작하였다. 교육협력관은 대개 시 · 도교육청 소속의 교육행정 공무원 중에서 시 · 도청 교육지원 관련 부서로 파견된 사람을 말한다.

교육협력관 제도는 경기도에서 가장 먼저 시작되었다. 2005년 말 제정된 「경기도 교육지원 조례」 제15조(교육협력관의 상호파견)는 "① 도지사와 교육감은 교육협력지원사업의 원활한 추진을 위하여 필요하다고 인정하는 때에는 관계법령이 정하는 바에 따라 상호 소속 공무원(이하 '교육협력관'이라 한다)을 교육협력부서에 근무하게 할 수 있다. ② 교육협력관의 역할과 기능은 다음 각 호와 같다. 1. 교육협력지원사업의 계획수립 · 집행의 지원, 2. 교육청 및 중앙정부 등 유관기관과의 협력관계 유지, 3. 그 밖에 교육관련 사항에 대한 자문 등"으로 규정한 바 있다. 경기도는 2015년 8월에 「경기도 교육지원 조례」(경기도 조례 제3470호, 2005. 12. 30. 제정)와 「경기도 교육정책협의회 설치 · 운영 조례」(경기도 조례 제4133호, 2011. 1. 10. 제정)를 통합하여 「경기도 교육재정 지원 및 협력에 관한 조례」(2015. 8. 3. 제정)를 제정하여 운영하고 있다.

2006년 7월 19일에 「서울특별시 교육격차해소와 인재양성을 위한 교육지원 조례」(서울특별시 조례 제4405호)를 제정한 서울특별시의 경우에는 조례에 "시장은 교육지원계획 수립 및 집행, 시 및 교육청 협력사업 발굴 등 교육지원사업의 원활한 추진을 위하여 필요하다고 인정하는 때에는 관계법령이 정하는 바에 따라 교육감에게 그 소속 공무원(교육협력 관)의 파견을 요청할 수 있다."고 규정하고 있다(2017년 9월에 「서울특별시 교육경비 보조에 관한 조례」로 변경됨). 경상남도의 경우, 2008년 3월 13일 에 「경상남도 공교육 내실화 지원 조례」(경상남도 조례 제3295호)를 제정 하여 제16조(교육협력관의 파견 요청)에 "① 도지사는 교육지원사업의 원 활한 추진을 위하여 필요하다고 인정하는 때에는 관계법령이 정하는 바 에 따라 교육감에게 도교육청 소속 공무원을 교육협력관으로 파견을 요 청할 수 있다. ② 교육협력관의 역할과 기능은 다음 각 호와 같다. 1. 교 육지원기본계획 수립·집행의 지원, 2. 도교육청 및 중앙정부 등 유관기 관과의 협력관계 유지, 3. 그 밖에 교육관련 사항에 대한 자문 등"을 규 정하였다. 이 조례는 2011년 1월 6일 개정을 통해 「경상남도 교육지원 및 교육복지 활성화에 관한 조례」로 명칭을 바꾸었다.

「세종특별자치시 교육지원에 관한 조례」(세종특별자치시 조례 제19호, 2012. 7. 2. 제정)는 제8조(교육협력관의 파견요청)에서 "시장은 교육지원 사업의 원활한 추진을 위하여 관계법령이 정하는 바에 따라 교육감에 게 그 소속 공무원의 파견을 요청할 수 있으며, 파견된 공무원을 교육협 력관이라고 칭한다."고 규정하고 있으며, 「부산광역시 교육지원 조례」 (부산광역시 조례 제4690호, 2011. 11. 2. 제정), 「대전광역시 교육격차해소 및 우수인재양성을 위한 교육지원 조례」(대전광역시 조례 제3490호, 2007. 5. 11. 제정), 「충청북도 교육지원조례」(충청북도 조례 제2957호, 2006. 11. 17. 제정), 「전라남도 교육지원 조례」(전라남도 조례 제3206호, 2008. 7. 15. 제정) 등도 교육감에게 교육협력관 파견을 요청할 수 있다는 조항을 담 고 있다. 「대구광역시 교육격차해소를 위한 교육지원 조례」(대구광역시 조례 제4078호, 2009. 10. 12. 제정)와 「광주광역시 인재양성을 위한 교육 지원 조례」(광주광역시 조례 제4300호, 2013. 10. 1. 제정)의 경우에는 교육 협력관 파견요청 규정이 없는 점이 독특하다.

교육지원사업의 원활한 추진을 위하여 필요하다고 인정하는 경우에는 관계법령이 정하는 바에 따라 교육감에게 그 소속 공무원의 파견을 요청할 수 있다는 조항을 규정하고 있는 시·도별 교육지원 조례 제정 현황을 보면 〈표 6-2〉과 같다.

〈표 6-2〉 시·도별 교육지원 조례 제정 현황

시·도명	조례명	제정연월일	비고
서울특별시	서울특별시 교육격차해소와 인재양성을 위한 교육지원 조례 → 서울특별시 교육경비 보조에 관한 조례 (2017. 9. 21.)	2006. 7. 19.	–
부산광역시	부산광역시 교육지원 조례	2011. 11. 2.	–
대구광역시	대구광역시 교육격차해소를 위한 교육지원 조례	2009. 10. 12.	교육협력관 규정 없음
인천광역시	인천광역시 미래인재 양성을 위한 교육지원 조례	2007. 11. 5.	–
광주광역시	광주광역시 인재양성을 위한 교육지원 조례	2013. 10. 1.	교육협력관 규정 없음
대전광역시	대전광역시 교육격차해소 및 우수인재양성을 위한 교육지원 조례	2007. 5. 11.	–
울산광역시	울산광역시 교육지원 조례	2016. 12. 29.	–
세종특별자치시	세종특별자치시 교육지원에 관한 조례	2012. 7. 2.	–
경기도	경기도 교육지원 조례 → 경기도 교육재정 지원 및 협력에 관한 조례 (2015. 8. 3.)	2005. 12. 30.	–
강원도	강원도 교육격차해소 및 우수인재양성을 위한 교육지원 조례	2015. 11. 6.	–
충청북도	충청북도 교육지원 조례	2006. 11. 17.	–

(계속)

시·도명	조례명	제정연월일	비고
충청남도	충청남도교육청 교육복지운영·지원에 관한 조례	2016. 10. 20.	-
전라북도	전라북도 교육재정부담금 전출 조례	2015. 7. 3.	-
전라남도	전라남도 교육지원 조례	2008. 7. 15.	-
경상북도	경상북도 교육지원에 관한 조례	2016. 5. 26.	-
경상남도	경상남도 공교육 내실화 지원조례 → 경상남도 교육지원 및 교육복지 활성화에 관한 조례(2011. 1. 6.)	2008. 3. 13.	-
제주특별자치도	제주특별자치도 교육균형발전 지원 조례	2015. 3. 5.	-

출처: 국가법령정보센터(www.law.go.kr) 자치법규 검색자료.

다. 교육지원사업의 추진

〈표 6-2〉에서 제시한 시·도별 교육지원 조례는 교육협력관 파견에 관한 규정뿐만 아니라 일반지방재정에서 지방교육재정을 지원하는 규정을 포함하고 있다.「서울특별시 교육경비 보조에 관한 조례」(2017. 9. 21.)에 의하면, 시장은 교육사업의 보조에 관한 예산을 교육비 특별회계의 전출금 등으로 계상할 수 있고, 교육경비 보조금의 규모는 해당연도 본 예산의 세입 중「지방세기본법」제8조 제1항 제1호 각 목에 따른 보통세의 1000분의 6 이내의 금액으로 하며, 교육경비 보조금의 종류는 일반교육경비 보조금과 특별교육경비 보조금으로 하고, 특별교육경비 보조금의 재원은 교육경비 보조금 총액의 100분의 10 이내에 해당하는 금액으로 하되, 특별교육경비 보조금은 기본계획 수립 당시 예상치 못한 긴급하고 특별한 교육경비 보조 수요가 있는 경우에 유치원·학교 등의 교부신청을 받아 시장과 교육감이 협의하여 교부를 결정하고, 교

육경비보조금은 목적 및 조건을 지정하여 특정사업별로 교부한다고 되어 있다.

이 조례는 또한 보조하는 교육사업의 목적 및 효과 등을 고려하여 재정분담이 필요하다고 인정되는 경우에는 교육감 및 구청장에게 그 소요경비의 일부를 분담하게 할 수 있고, 이 경우 교육감 및 해당 구청장의 협의를 거쳐야 한다고 규정하고 있다. 교육경비 보조사업에 관한 사항을 심의하여 시장의 자문에 응하기 위하여 '서울특별시 교육경비 보조 심의위원회'를 둔다고 되어 있다.

다른 교육청의 교육지원 조례에서 규정한 교육지원사업이나 교육지원심의위원회 구성 등은 서울특별시와 비슷하다. 광역자치단체의 「교육지원에 관한 조례」와는 별도로 대부분의 기초자치단체는 「교육경비 보조에 관한 조례」를 제정하여 운영하고 있다(국가법령정보센터 홈페이지를 통해 검색한 결과 196개 기초자치단체가 교육경비 보조에 관한 조례를 가지고 있음, 2018. 4. 30. 기준).

표면적으로, 교육지원 조례는 "유치원과 각급 학교 등에 대한 지원을 통해 교육환경의 개선과 지역균형발전을 도모하는 한편, 인재양성을 위한 기반조성"(서울특별시), "「지방교육재정교부금법」 제11조에 따른 교육비 특별회계로의 전출에 관하여 필요한 사항과 경기도의 교육환경 개선을 통한 공교육 내실화와 창의 인재 양성 기반 구축"(경기도) 등으로 목적을 제시하고 있으나, 이면에는 「지방자치단체의 교육경비 보조에 관한 규정」 제정 이후, 선거를 의식한 지방자치단체장들이 앞을 다투어 교육경비 보조금 지원을 늘리는 현상이 나타나자 이를 일정수준에서 억제하려는 목적도 있었다는 점을 주목할 필요가 있다.

서울특별시의 경우, 교육보조금의 규모는 해당연도 본예산의 세입 중 「지방세기본법」 제8조 제1항 제1호 각 목에 따른 보통세의 1000분의 6 이내의 금액으로 한다고 되어 있고, 대구광역시는 당해연도 본예산의 세입 중 「지방세기본법」 제7조에 따라 부과되는 취득세의 1000분의 15 이내의 금액, 세종특별자치시는 당해연도 일반회계의 시세 수입액(본예산 기준, 세외수입 제외)의 5퍼센트 범위, 경상남도는 다음 연도 본예산 세입 중 취득세 합산액의 1000분의 5 이내의 금액 등으로 교육지원 규모를 제한하고 있다. 그러나 부산광역시, 인천광역시, 대전광역시, 경기도, 충청북도, 전라남도 등은 지원규모를 제한하지 않고 재정상황 등을 고려하여 지원할 수 있도록 규정하고 있다.

2010년 교육감 선거 이후 무상급식이 확산되면서 급식지원 조례도 활발하게 제정되었다. 엄밀하게 말하면, 학교급식 식재료 지원을 위한 조례는 2003년 10월 20일에 전라남도에서 처음으로 「전라남도 학교급식 식재료 사용 및 지원에 관한 조례」를 제정한 이후 '식재료 지원' 또는 '급식비 지원' 등의 명칭으로 조례가 제정되었으나, 2010년 교육감 선거 이후에는 '친환경 학교급식 지원' 또는 '무상급식 지원' 등의 명칭으로 개정된 것이다. 그러나 전라남도의 경우 친환경 무상급식 조례를 제정한 이후에도 「전라남도 학교급식 식재료 사용 및 지원에 관한 조례」를 존치하고 있는 것이 특징이다.

〈표 6-3〉 시·도별 학교급식 지원 조례 제정 현황

시·도명	조례명	제정연월일
서울특별시	서울특별시 학교급식 지원에 관한 조례 → 서울특별시 친환경 무상급식 등 지원에 관한 조례(2011. 1. 6.)	2005. 3. 10.
부산광역시	부산광역시 학교급식 지원 조례	2005. 10. 19.
대구광역시	대구광역시 학교급식 식품비 지원에 관한 조례 → 대구광역시 학교급식경비 지원에 관한 조례(2010. 12. 20.) → 대구광역시 친환경 학교급식 등 지원에 관한 조례(2012. 10. 2.)	2005. 3. 10.

(계속)

시 · 도명	조례명	제정연월일
인천광역시	인천광역시 학교급식 지원에 관한 조례 → 인천광역시 친환경 무상급식 지원에 관한 조례(2011. 11. 17.)	2004. 5. 10.
광주광역시	광주광역시 학교급식비 지원 조례 → 광주광역시 친환경 무상학교급식 지원 조례(2011. 1. 1.)	2004. 2. 28.
대전광역시	대전광역시 학교급식 식품비 지원에 관한 조례 → 대전광역시 학교급식 지원에 관한 조례(2009. 10. 9.)	2004. 3. 5.
울산광역시	울산광역시 학교급식 지원에 관한 조례	2005. 8. 11.
세종특별자치시	세종특별자치시 학교급식 지원에 관한 조례	2012. 7. 2.
경기도	경기도 학교급식 지원 조례	2004. 10. 20.
강원도	강원도 학교급식 식재료 사용 및 지원에 관한 조례안 → 강원도 친환경 학교급식 등 지원에 관한 조례(2012. 8. 3.)	2004. 7. 8.
충청북도	충청북도 학교급식 지원 등에 관한 조례 → 충청북도 학교무상급식 등 지원에 관한 조례(2011. 2. 11.)	2005. 7. 5.
충청남도	충청남도 학교급식 식품비 지원에 관한 조례 → 충청남도 학교급식 지원에 관한 조례(2008. 12. 24.) → 충청남도 친환경 학교급식 등 지원에 관한 조례(2012. 4. 10.)	2004. 11. 10.
전라북도	전라북도 학교급식 지원에 관한 조례 → 전라북도 학교 친환경 무상급식 지원에 관한 조례(2011. 3. 4.)	2007. 6. 22.
전라남도	전라남도 학교급식 식재료 사용 및 지원에 관한 조례	2003. 10. 20.
전라남도	전라남도 보편적 복지 실현을 위한 무상 학교급식 등의 지원에 관한 조례	2011. 7. 5.

(계속)

시·도명	조례명	제정연월일
경상북도	경상북도 학교급식 식재료 사용 및 지원에 관한 조례 → 경상북도 친환경 학교급식 지원 조례 (2013. 11. 11.)	2004. 4. 1.
경상남도	경상남도 학교급식 지원 조례	2008. 1. 10.
제주특별자치도	제주특별자치도 친환경 우리 농산물 학교급식 사용에 관한 지원 조례(2004. 7. 21.)＋제주특별자치도 무상학교급식 등 지원에 관한 조례(2010. 10. 13.) → 제주특별자치도 친환경 우리 농산물·무상급식 지원에 관한 조례(2012. 3. 21.)	2004. 7. 21.

출처: 국가법령정보센터(www.law.go.kr) 자치법규 검색자료.

한편, 「학교용지 확보에 관한 특례법」(법률 제6219호, 2000. 1. 28. 일부 개정) 제5조(부담금의 부과·징수) 제3항은 "제1항의 규정에 의한 부담금의 부과·징수의 방법·절차 등에 관하여 필요한 사항은 대통령령으로 정하고, 제2항의 규정에 의한 공고의 방법·절차 등에 관하여 필요한 사항은 해당 시·도의 조례로 정한다."고 되어 있어서 시·도 조례의 제정이 학교용지부담금 징수의 선결과제였으나, 시·도별로 조례 제정 시기가 천차만별이었다.

2017년 3월에 「학교용지 확보 등에 관한 특례법」(2017. 9. 22. 시행, 법률 제14604호, 2017. 3. 21. 일부개정)이 개정되면서 제5조의4(학교용지부담금 특별회계의 설치)가 신설됨에 따라 대부분의 시·도가 학교용지부담금 부과·징수 조례를 학교용지부담금 부과·징수 및 특별회계 설치 조례로 변경하였다. 특례법 개정 이전부터 특별회계를 설치하고 있던 시·도는 인천, 세종, 경기, 강원, 충북, 충남, 경북 등이었고, 제주는 특별회계 설치 조례를 별도로 가지고 있었다. 2018년 4월 현재 학교용지부담금 특별회계로 변경하지 않은 시·도는 서울특별시밖에 없다.

〈표 6-4〉는 시 · 도별 학교용지부담금 부과 · 징수에 관한 조례 제정 현황이다.

〈표 6-4〉 시 · 도별 학교용지부담금 부과 · 징수 조례 제정 현황

시 · 도명	조례명	제정연월일
서울특별시	서울특별시 학교용지부담금 징수 등에 관한 조례	2001. 11. 10.
부산광역시	부산광역시 학교용지부담금 부과 · 징수 조례 → 부산광역시 학교용지부담금 부과 · 징수 및 특별회계 설치 조례(2017. 12. 2.)	2002. 7. 11.
대구광역시	대구광역시 학교용지부담금 부과 · 징수 및 사용에 관한 조례 → 대구광역시 학교용지부담금 부과 · 징수 및 특별회계 설치 조례(2017. 5. 10.)	2002. 1. 10.
인천광역시	인천광역시 학교용지부담금 부과 · 징수 및 특별회계 설치 조례	2001. 7. 30.
광주광역시	광주광역시 학교용지부담금 부과징수 및 사용에 관한 조례 → 광주광역시 학교용지부담금 부과 · 징수 및 특별회계 설치 조례(2017. 3. 1.)	2002. 10. 1.
대전광역시	대전광역시 학교용지부담금 부과 · 징수 및 사용에 관한 조례 → 대전광역시 학교용지부담금 부과 · 징수 및 특별회계 설치 조례(2002. 12. 30.)	2001. 6. 19.
울산광역시	울산광역시 학교용지부담금 등에 관한 조례(특별회계를 규정한 2017. 12. 7. 개정)	2001. 9. 29.
세종특별자치시	세종특별자치시 학교용지부담금 부과 · 징수 및 특별회계 설치 조례	2012. 7. 2.
경기도	경기도 학교용지부담금 부과 · 징수 및 특별회계 설치 조례	2001. 3. 5.
강원도	강원도 학교용지부담금 부과징수 및 특별회계 설치 조례	2001. 11. 14.

(계속)

시·도명	조례명	제정연월일
충청북도	충청북도 학교용지부담금 부과·징수 및 사용에 관한 조례(기존 조례에 특별회계 규정 포함)	2003. 8. 29.
충청남도	충청남도 학교용지부담금 부과·징수 및 특별회계 설치 조례	2003. 10. 20.
전라북도	전라북도 학교용지부담금 부과·징수 및 사용에 관한 조례 → 전라북도 학교용지부담금 부과·징수 및 특별회계 설치 조례(2017. 11. 17.)	2003. 5. 16.
전라남도	전라남도 학교용지부담금 부과징수 및 사용에 관한 조례 → 전라남도 학교용지부담금 부과·징수 및 특별회계 설치 조례(2017. 3. 16.)	2001. 5. 26.
경상북도	경상북도 학교용지부담금 부과징수 및 특별회계 설치 조례	2009. 6. 11.
경상남도	경상남도 학교용지부담금 부과징수 및 사용에 관한 조례(특별회계를 규정한 2017. 9. 28. 개정)	2001. 11. 1.
제주특별자치도	제주특별자치도 학교용지부담금 부과·징수 조례(2008. 11. 19.), 제주특별자치도 학교용지부담금 특별회계 설치 및 운용 조례(2017. 9. 27.)	2008. 11. 19.

출처: 국가법령정보센터(www.law.go.kr) 자치법규 검색자료.

〈표 6-5〉는 일반지방자치단체 일반회계로부터 받은 전입금의 연도별 실적을 나타낸 것이다. 교육협력관 제도가 없거나 교육지원 조례가 없다고 하여 일반자치단체가 일반회계 전입금이나 교육경비 보조금을 지원하지 않는 것은 아니다. 전입금과 보조금은 「지방교육재정교부금법」이나 「지방자치단체의 교육경비 보조에 관한 규정」에 따라 주어지기 때문이다.

《표 6-5》 2001년 이후 일반자치단체로부터 받은 전입금 실적　　　　(단위: 백만 원)

연도	지방자치단체 일반회계 전입금						비법정 전입금 (B)	교육경비 보조금 (학교회계) (C)	합계 (A+B+C)
	법정전입금								
	시 · 도세	지방 교육세	담배 소비세	학교용지 구입비	교원 봉급	소계 (A)			
2001	539,638	3,218,955	477,904	0	463,015	4,699,512	39,989	66,240	4,805,741
2002	613,568	3,798,985	529,774	0	510,271	5,452,598	119,624	100,393	5,672,615
2003	741,720	4,132,362	443,124	0	602,525	5,919,731	263,292	152,372	6,335,395
2004	734,264	4,128,297	488,778	182,549	679,208	6,213,096	134,540	198,487	6,546,123
2005	1,118,070	3,927,398	598,434	1,756	177,293	5,822,951	159,196	251,545	6,233,692
2006	1,421,298	4,152,811	541,371	158,820	1,265	6,275,565	182,694	455,136	6,913,395
2007	1,547,153	4,531,372	544,314	299,905	0	6,922,744	281,671	637,710	7,842,125
2008	1,695,057	4,945,824	569,605	360,858	0	7,571,344	408,110	834,781	8,814,235
2009	1,552,296	4,744,082	580,376	325,934	0	7,202,688	452,181	853,448	8,508,317
2010	1,562,690	4,835,203	556,383	432,190	0	7,386,466	444,572	717,266	8,548,304
2011	1,661,771	5,202,231	574,557	396,414	0	7,834,973	687,300	883,393	9,405,666
2012	1,819,819	5,445,792	536,664	347,913	0	8,150,188	920,228	989,777	10,060,193
2013	1,869,865	5,385,703	525,090	470,010	교부금감 소보전금	8,250,668	923,630	1,043,099	10,217,397
2014	2,112,401	5,581,479	551,428	414,262	790,452	9,450,022	766,086	1,313,303	11,529,411
2015	2,293,608	6,190,238	518,496	425,015	755,672	10,183,029	819,216	1,306,187	12,308,432
2016	2,573,559	6,406,113	596,437	590,919	843,124	11,010,152	893,395	1,247,399	13,150,946

주: 학교용지구입비는 2001년부터 부담했으나, 2003년까지 비법정전입금에 포함된 것으로 보인다(교육
　부 내부자료에 의하면, 2003년까지 부담실적은 2001년 20,180백만 원, 2002년 57,521백만 원, 2003년
　111,002백만 원). 2015년부터 신설된 교육급여전입금은 지방교육재정알리미에서 2015년에는 비법
　정전입금으로, 2016년에는 법정전입금으로 분류하고 있으나, 2016년 교육급여전입금 27,335백만 원
　을 편의상 2015년과 같이 비법정전입금에 합산한다.

출처: 교육부(2000); 교육부(2014); 송기창 외(2012).

「지방교육재정교부금법」 제11조는 지방자치단체 일반회계로부터 교육비 특별회계로 전입하는 법정전입금이 규정되어 있는데, 법정전입금 전입시기에 관한 규정이 미비하여 법정전입금이 연도 말에나 전입되는 상황이 반복됨에 따라 이를 개선하는 측면에서 시·도별로 교육재정부담금 전출 조례가 제정되었다. 시기적으로는 제주특별자치도의 「제주특별자치도 교육비특별회계 전출에 관한 조례」가 가장 먼저 제정되었지만(2008. 6. 4.), 구체성이 떨어져 실효를 거두지 못했고, 실효성 있는 조례가 제정된 것은 서울특별시가 처음이었다.

〈표 6-6〉 시·도별 교육재정부담금 전출 조례 제정 현황

시·도명	조례명	제정연월일
서울특별시	서울특별시 교육재정부담금의 전출에 관한 조례	2012. 2. 2.
부산광역시	부산광역시 교육재정부담금의 전출에 관한 조례	2013. 7. 10.
대구광역시	대구광역시 교육재정부담금의 전출에 관한 조례	2015. 4. 10.
인천광역시	인천광역시 교육재정부담금의 전출에 관한 조례	2013. 2. 21.
광주광역시	광주광역시 교육재정부담금의 전출에 관한 조례	2013. 2. 15.
대전광역시	대전광역시 교육재정부담금 전출 조례	2014. 3. 7.
울산광역시	울산광역시 교육지원 조례	2016. 12. 29.
세종특별자치시	세종특별자치시 교육재정부담금의 전출에 관한 조례	2014. 12. 22.
경기도	경기도 교육재정 지원 및 협력에 관한 조례	2015. 8. 3.
강원도	강원도 교육재정부담금 전출 조례	2015. 8. 7.
충청북도	충청북도 교육지원 조례	2006. 11. 17.
충청남도	충청남도교육청 교육복지운영·지원에 관한 조례	2016. 10. 20.
전라북도	전라북도 교육재정부담금 전출 조례	2015. 7. 3.
전라남도	전라남도 교육지원 조례	2008. 7. 15.
경상북도	경상북도 교육재정부담금의 전출에 관한 조례	2013. 11. 11.

(계속)

시 · 도명	조례명	제정연월일
경상남도	경상남도 교육재정부담금 전출 조례	2015. 10. 29.
제주특별 자치도	제주특별자치도 교육비 특별회계 전출에 관한 조례	2008. 6. 4.

출처: 국가법령정보센터(www.law.go.kr) 자치법규 검색자료.

　서울특별시의「서울특별시 교육재정부담금의 전출에 관한 조례」
(2012. 2. 2. 제정)에 의하면, 조례의 목적은 "「지방교육재정교부금법」제
11조 제2항 및 제3항에 따라 서울특별시 교육재정부담금의 전출시기 등
을 구체적으로 규정함으로써 교육재정의 원활한 적기 투자와 건전하고
안정적인 재원운영을 통해 교육발전을 도모"하는 데 있으며, "서울특별
시장은 법 제11조 제2항에 따라 매월 징수된 세액을 세목별 징수내역
과 함께 징수된 세액의 100분의 90 이상을 다음 달 말일까지 전출하여
야 하며, 반기별로는 징수된 세액을 정산하여 전출하여야 한다. 다만,
서울특별시 재정의 긴급을 필요로 하는 경우 등 특별한 재정상황인 경
우에는 서울특별시교육청과 합의를 거쳐 반기별 정산규모를 조정할 수
있다."고 규정하고 있으며, "예산액과 결산액의 차액으로 전출금 차액이
발생하는 경우에는 늦어도 다음 다음 연도의 예산에 계상하여 정산하여
야 한다. 다만, 서울특별시 재정상황을 고려하여 재원범위 내에서 다음
연도 추가경정예산에 계상하여 정산할 수 있다."고 되어 있다.

　서울특별시에 이어서 조례를 제정한 광주광역시, 대전광역시, 세종특
별자치시, 강원도, 전라북도는 징수된 세액의 90%를 다음 달 말일까지
전출하도록 하여 서울특별시와 대동소이하고, 부산광역시는 "매월 징수
된 세액의 100분의 80 이상을 다음 달 말일까지 전출하여야 한다.", 대
구광역시는 "매월 징수된 세액의 100분의 70 이상을 다음 달 말일까지
전출하여야 한다.", 인천광역시는 "징수된 세액 중 100분의 70 이상을
매 분기별로 전출하되, 반기별로는 징수된 세액 대비 전출대상 전액을

정산한다.", 경상북도는 "분기 말일이 속한 전월(前月)까지 도 금고에 납입된 세액을 세목별 내역과 함께 매분기 말일까지 전출하여야 한다."고 규정하고 있어서 시·도별로 약간의 차이가 있다.

제주특별자치도의 경우에는 2008년 제정 당시에 "제주특별자치도는 공립학교의 설치·운영 및 교육환경 개선을 위하여 제주특별자치도세 총액(「지방세법」 제6조 제2항 및 제4항에 따른 목적세에 해당하는 금액을 제외한다)의 1천분의 36에 해당하는 금액을 매 회계연도 일반회계 예산에 계상하여 제주특별자치도 교육비 특별회계로 전출하여야 한다. 추가경정예산에 의하여 증감이 있는 경우에도 또한 같다."고 규정하여 「지방교육재정교부금법」 제11조 제2항을 옮겨 놓은 것과 다름이 없었으나, 2015년 7월 8일 개정에서, 제3조(전출시기)를 신설하여 "제주특별자치도지사는 제2조 및 「지방교육재정교부금법」 제11조 제2항에 따라 징수된 세액을 세목별 징수내역과 함께 징수된 세액의 100분의 90 이상을 다음 달 말일까지 전출하여야 하며, 반기별로 징수된 세액을 정산하여 전출하여야 한다. 다만, 도 재정의 긴급을 필요로 하는 경우 등 특별한 재정상황인 경우에는 도교육청과 협의를 거쳐 반기별 정산규모를 조정할 수 있다."고 규정함으로써 서울특별시 조례의 규정을 그대로 인용하였다.

경기도의 경우에는 교육재정부담금 전출 조례는 제정되어 있지 않지만, 앞에서 언급했던 「경기도 교육재정 지원 및 협력에 관한 조례」(2015. 8. 3.)를 제정하면서 제7조(도지사의 책무) 제2항에 "도지사는 제2조 제1호의 규정에 따라 도가 부담하는 지방교육재정을 다음 각 호에 따라 교육비 특별회계로 전출하여야 한다. 1. 매월 도금고 입금액은 100분의 90 이상을 익월 말까지 전출(다만, 12월 1일부터 12월 20일까지의 도금고 입금액의 전액을 12월 31일까지 전출), 2. 제1호의 1월 내지 6월의 미전출금은 7월 말까지 전출하고, 7월 내지 11월의 미전출금은 12월 말까지 전출하여야 한다."고 규정하고, 제3항에서 "예산액과 결산액의 차액으로 전출금 차액이 발생하는 경우에는 늦어도 다음 다음 연도의 예산에 계상하여 정산하여야 한다. 다만, 도 재정상황을 고려하여 재원범위에서 다음 연도 추가경정예산에 계상하여 정산할 수 있다."고 서울특별시와 비슷한 내용을 규정하고 있으나, 미전출금 정산 규정을 두고 있어서 서울특별시보다 진일보한 조례로 평가된다.

지방자치단체에 따라 교육재정부담금 전출 조례의 제정여부가 다르고, 조례가 제정되었다 해도 교육재정의 적기 전입이 제대로 이루어지지 않자, 2016년 12월에 개정된 「지방교육재정교부금법」에서 지방자치단체의 일반회계 전입금의 전출시기 및 규모를 법률에 직접 규정함으로써 실효성을 높였다.

4. 교육자치와 일반자치 연계·협력의 과제

앞 절에서 교육자치와 일반자치의 연계·협력에 따른 성과를 간략히 제시하였으나, 현재로서는 성과를 평가한 자료나 선행연구가 부족하여 연계·협력의 구체적인 성과를 제시하는 데 한계가 있다. 이 절에서는 교육자치와 일반자치의 연계·협력의 성과를 분석하는 과정에서 나타난 문제를 중심으로 해결해야 할 과제를 제시하고자 한다.

교육자치와 일반자치의 연계·협력의 성과를 분석하면서 가장 큰 문제로 대두된 주제는 양자 간의 연계·협력이 통합의 전 단계인가 하는 것이었다. 교육위원회의 경우 연계·협력 확대를 주장하는 자들이 연계·협력 방안이라고 제시했던 교육상임위원회 제도는 4년을 시행한 후에 완전 통합 수순으로 이어졌다. 연계·협력 확대가 진행되는 가운데 2013년 5월 28일 「지방분권촉진에 관한 특별법」과 「지방행정체제개편에 관한 특별법」을 통합하여 제정된 「지방분권 및 지방행정체제개편에 관한 특별법」(제11829호)은 제12조(특별지방행정기관의 정비 등) 제2항에서 "국가는 교육자치와 지방자치의 통합을 위하여 노력하여야 한다."고 규정함으로써 통합론자들이 주장해 왔던 연계·협력이 통합을 위한 수순이었음을 드러냈다. 폐지되기 전의 「지방분권촉진에 관한 특별법」 제11조(특별지방행정기관의 정비 등) 제2항 "국가는 지방교육에 대한 지방자치단체의 권한과 책임을 강화하고, 지방교육에 대한 주민참여를 확대하는 등 교육자치제도의 개선방안을 마련하여야 한다."는 규정[3]과 비교하면 한 단계 더 나갔음을 알 수 있다. 또한 같은 법 제12조 제4항에서는 "교육자치와 자치경찰 제도의 실시에 관하여는 따로 법률로 정한다."고 규정하여 「지방교육자치에 관한 법률」이 「지방분권 및 지방행정 체제개편에 관한 특별법」의 하위법률인 것처럼 만들었다.

최근까지 유행처럼 제정되고 있는 「교육지원 조례」도 연계·협력의 수단이 아니라 통합의 전 단계로 인식해야 할 것인지의 문제가 있다. 대부분의 「교육지원 조례」는 시·도교육청의 사무범위를 침범하는 지원 사업을 규정하고 있기 때문이다. 대부분의 시·도가 교육시설개선사업 및 환경개선사업 지원에 머무르지 않고 교육격차 해소사업과 교육과정 운영 지원 및 우수인재 양성사업으로 지원사업의 범위를 확대하고 있다. 기초자치단체 교육지원 조례의 경우 교육청 사업을 침해하는 정도가 더욱 심한 경우도 나타나고 있다. 지역 교육력 제고와 교육격차 해소에 머무르지 않고 학생 학습능력 신장 등을 위한 교육과정 운영 지원사업이 확대되고 있기 때문이다.

연계·협력이 늘어나면서 시·도교육청에 대하여 교육비 전입금 지원에 따른 권한을 요구하는 사례, 시·도의회 교육예산심의 과정에서

---

3) 2004년 1월 16일 제정될 당시의 「지방분권특별법」 제10조 제2항은 "국가는 지방교육에 대한 지방자치단체의 권한과 책임을 강화하고, 지방교육에 대한 주민참여를 확대하는 등 교육자치제도를 개선하여야 한다."고 하였으나 2008년 2월 29일에 「지방분권촉진에 관한 특별법」으로 개정하면서 제11조 제2항에 종전의 '개선하여야 한다.'를 '~개선방안을 마련하여야 한다.'로 구체화하였다.

전입금 지원에 대한 대가, 즉 지역구에 대한 교육투자를 요구하는 사례, 교육경비 보조금 지원 조건으로 교육청에 대응투자를 요구하는 사례 등의 문제도 나타나고 있다. 비법정전입금 및 교육경비 보조금의 대응투자를 요구하는 것은 교육경비 보조금의 지역별 격차로 나타날 수 있는 학교재정의 빈익빈부익부를 더욱 확대시키는 결과를 초래한다. 인건비성 교육경비 보조금사업을 시행하다가 보조금사업에 의해 임용된 비정규직이 무기계약직으로 전환된 상황에서 사업이 중단될 경우, 비정규직 임용주체를 둘러싼 문제도 야기하고 있다.

한편, 연계·협력 확대의 수단으로 지방교육재정교부금과 지방교부세의 통합을 주장하는 경우도 나타나고 있다. 대외적으로 내세우는 통합의 근거는 중복투자 방지와 지방교육재정 효율화를 추진하고, 지방자치단체장의 지방교육에 대한 영향력을 강화하는 것 등이다. 그러나 이면에는 교부금과 교부세의 통합을 통해 교육자치와 일반자치의 통합을 유도한다는 목적이 있는 것으로 보이며, 학생 수 감소를 내세워 내국세 지방 교부율을 감축하려는 의도도 있는 것으로 분석된다. 또한 교부금과 교부세 통합을 통해서 국가는 지방교육재정 확보 책임에서 벗어나려는 의도도 있는 것으로 보인다. 그러나 교부금과 교부세가 통합되면, 시·도지사의 교육재정에 대한 영향력 확대로 교육투자의 정치적 중립성이 훼손될 가능성이 크며, 최소한의 교육투자 보장이 어려워지고, 교육투자의 지역 간 격차가 심화될 가능성이 있으며, 교육재정의 일반재정 전용 및 동반 부실화 가능성이 예상된다.

연계·협력이 통합의 전 단계라면 교육자치의 수호를 위해서 더 이상 연계·협력이 확대되는 것은 바람직하지 않으며, 연계·협력이 통합의 전 단계가 아니라면 현재 진행되고 있는 연계·협력사업은 조정될 필요가 있다. 이를 위해서는 지방교육행정협의회와 교육경비 보조 심의위원회 등으로 복잡하게 얽혀 있는 교육협력 관련 협의회 설치·운영 조례와 교육지원 조례를 대폭 정비할 필요가 있다.

제7장
지방교육자치의
발전방안

나민주

지방교육자치제도는 교육의 자주성 및 전문성과 지방교육의 특수성을 살리고, 궁극적으로는 지방교육의 발전을 도모하는 데 목적이 있다. 지방교육자치제도는 교육자치라는 영역적(기능적) 자치와 지방자치라는 지역적(지리적) 자치가 결합된 형태로 중앙−지방관계, 지방−지방관계의 두 차원이 포함되어 있다. 지방교육자치가 본격적으로 시작된 지 20여 년이 지났지만 지방교육자치는 여전히 제도적으로 불안정한 상황이다. 교육감과 교육의원에 대한 선출방식, 교육위원회의 성격과 위상은 지방선거를 전후하여 4~5년마다 법률 개정을 통해 변경되어 왔고, 독립형 교육위원회마저 폐지되었다. 일반지방자치와 교육자치의 통합을 추진하려는 끊임없는 시도로 지방교육자치제가 안착되지 못하고 있다.

　지방교육자치제도, 지방교육 거버넌스는 국가별로, 그 나라의 정치체제에 따라 매우 다양하고 독특한 형태로 발전하여 왔다. 우리나라의 사회문화적 · 정치적 특수성에서 발달해 온 지방교육자치제가 뿌리내리고 성장하기 위해서는 그동안 제도가 어떻게 운영되어 왔는지, 그 성과와 쟁점은 무엇인지를 정리할 필요가 있다. 이 장에서는 먼저 학부모와 학교와 교육청에 근무하는 교원 및 직원을 대상으로 실시한 설문조사[1] 결과를 바탕으로 성과와 쟁점을 정리하고, 최근의 환경변화를 살펴본 뒤 지방교육자치의 발전방향과 과제를 탐색하기로 한다.

1. 지방교육자치의 성과에 관한 인식

지방교육자치제를 통해서 실현하려는 가치, 그리고 궁극적인 목표는 교육의 전문성, 정치적 중립성, 자주성의 실현, 지방분권의 강화, 주민참여의 증대, 교육관련 공약 및 정책에 대한 관심 증가, 주민의견의 정책 반영, 지역 실정에 적합한 정책의제의 발굴 및 실행, 교육재정의 안정적 확보, 지방교육행정의 책무성 강화 등이다(나민주 외, 2016).

학부모, 교직원, 교육청 직원 등 지방교육의 주요 집단들은 그동안 지방교육자치제가 운영되면서 이러한 여러 가지 가치와 목표들이 대부분 달성되고 있는 것으로 평가하였다([그림 7-1] 참조). 가장 높게 평가되는 성과는 교육관련 공약 및 정책에 대한 관심 증가(3.70)이다. 다음으로는 교육행정에 대한 주민참여 증대(3.62), 주민 의견의 정책 반영 증가(3.61)의 순이다. 교육재정의 안정적 확보 기여(3.05), 교육의 정치적 중립성 실현 기여(3.26), 중앙정부에서 지방정부로 교육행정권한 분권화(3.30)는 상대적으로 낮게 평가되었다. 교육관련 공약이나 정책에 대한

---

1) 설문조사는 2015년 12월부터 2016년 1월 중에 온라인 조사로 실시되었다. 응답자는 학부모 319명, 학교소속 교직원 472명(교원 399명, 행정직 73명), 시·도교육청 소속직원 73명이다. 온라인 조사대상은 시·도별, 집단별 규모를 고려하여 초·중·고 학교를 먼저 무선표집하였고, 개인응답자는 기관 및 학교별로 5명을 임의표집하도록 요청하였다. 교원에는 교장, 교감, 교사가, 시·도교육청 소속 직원에는 전문직과, 주무관, 사무관 이상 직급자 등이 골고루 포함되어 있다(나민주 외, 2016: 264-269).

지역사회의 관심이 증가하고, 교육행정에 대한 주민참여가 늘어나고, 주민들의 의사수렴과 정책 반영도 확대되고 있다는 것은 지방교육자치 제도의 본질 측면에서 매우 중요한 성과라 할 수 있다.[2] 지역 실정에 적합한 정책의제 발굴 및 실행(3.56)에 대해서도 상당한 성과가 있는 것으로 평가되고 있어서 앞으로 지역주민의 관심과 참여가 더욱 증대되면서 지역적 특성과 요구를 기반으로 한 지역교육발전을 위한 노력이 더욱 확산될 것으로 기대된다. 지방교육자치제가 교육행정의 책무성 강화에 기여(3.54)하고 있다는 평가도 고무적이다. 앞으로 지방교육자치제도가 성숙되기 위해서는 교육재정의 안정적 확보, 교육의 전문성, 정치적 중립성, 자주성과 같은 요소를 더욱 강화할 필요가 있다.

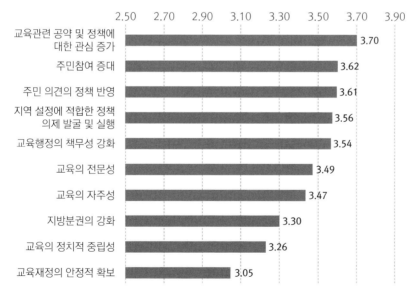

[그림 7-1] 지방교육자치의 성과에 관한 인식(전체)

---

2) 참고로 일반지방자치의 성과에 관한 설문조사에서도 행정서비스의 향상(24.6%)과 주민의 주인의식 함양(22.9%)이 높게 평가되었다(육동일, 2017: 36).

다음으로 집단별로 의견을 분석해 보면, 학부모들은 교육관련 공약 및
정책에 대한 관심 증가(3.75), 주민참여 증대(3.64), 지역 실정에 적합한
정책의제 발굴 및 실행(3.54)을 높게 평가하고 있고, 교육재정의 안정적
확보(3.28), 교육의 정치적 중립성 실현 기여(3.42), 주민 의견의 정책 반
영 증가(3.46)를 상대적으로 낮게 평가하고 있다([그림 7-2] 참조). 대체
로 전체적인 경향과 비슷한 평가이나, 학부모의 관점에서 볼 때 주민 의
견을 수렴하여 정책에 반영하기 위한 노력이 더욱 강화될 필요가 있다.

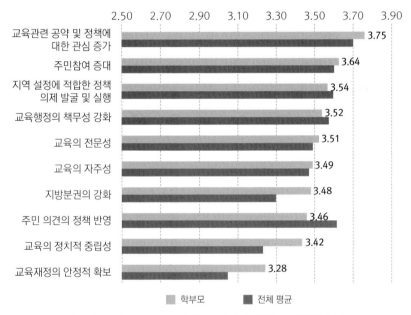

[그림 7-2] 지방교육자치의 성과에 관한 인식(학부모)

교직원들은 교육관련 공약 및 정책에 대한 관심 증가(3.62), 주민 의견
의 정책 반영(3.60), 지역 실정에 적합한 정책의제 발굴 및 실행(3.57)을
높게 평가하고 있고, 교육재정의 안정적 확보(3.10), 교육의 정치적 중립
성 실현 기여(3.23), 교육의 전문성 실현 기여(3.38)를 상대적으로 낮게
평가하고 있다([그림 7-3] 참조). 역시 대체로 전체적인 경향과 비슷한 평

가이나, 교직원의 관점에서 볼 때 교육의 전문성과 정치적 중립성 실현을 위한 노력이 더욱 강화될 필요가 있다.

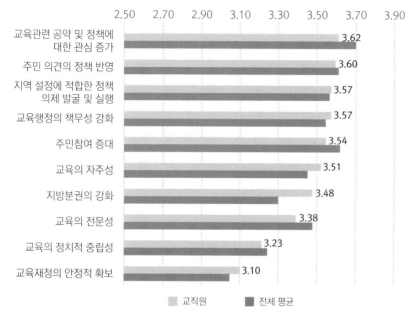

[그림 7-3] 지방교육자치의 성과에 관한 인식(교직원)

마지막으로 교육청 직원들은 주민 의견의 정책 반영(3.78), 교육관련 공약 및 정책에 대한 관심 증가(3.74), 주민 참여 증대(3.68)를 높게 평가하고 있고, 교육재정의 안정적 확보(2.77), 지방분권의 강화(2.94), 교육의 정치적 중립성 실현 기여(3.12)를 상대적으로 낮게 평가하고 있다([그림 7-4] 참조). 전반적으로는 전체적인 경향과 비슷한 평가이나, 교육재정의 안정적 확보와 지방분권의 강화에 대해서는 다른 집단과 달리 다소 부정적 평가를 내리고 있다. 교육청 직원의 관점에서 볼 때는 교육재정의 안정적 확보와 지방정부로의 교육행정권한 분권화가 지방교육자치제 발전을 위한 시급한 과제이다.

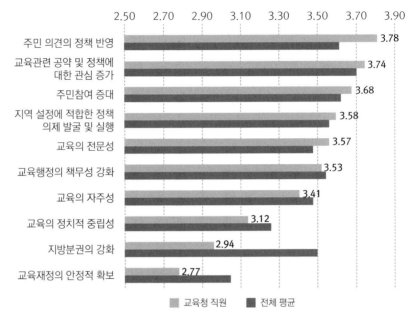

[그림 7-4] 지방교육자치의 성과에 관한 인식(교육청 직원)

2. 지방교육자치의 쟁점에 관한 인식

그동안 지방교육자치제를 둘러싸고 많은 논의가 있었는데, 때로는 논쟁이 일어나기도 했었다. 최근 몇 년 동안에는 교육감 선출방식, 교육감 입후보 자격으로서 정당가입 금지, 교육(행정)경력 강화, 교육의원 별도 선출, 교육감-교육부 및 교육감-시·도지사 사이의 정책상 이견(갈등) 등이 쟁점으로 부각되어 왔다. 설문조사에서는 각 사항에 대한 주장을 제시하고, 그 주장에 어느 정도로 동의하는지를 조사하였다([그림 7-5] 참조).

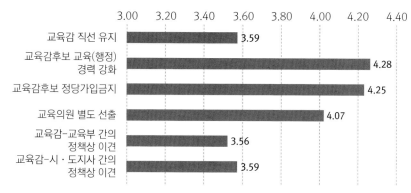

[그림 7-5] 지방교육자치의 쟁점에 관한 인식(전체)

가장 큰 쟁점의 하나인 교육감 선출방식과 관련하여 "교육감을 주민들의 직접 선거를 통해 선출하는 현행 제도는 유지되어야 한다."는 주장에 대해서 학부모, 교직원, 교육청 직원 등 지방교육의 주요 집단들이 동의(3.59)하였다. 특히 학부모(3.88)의 동의 정도가 높았다([그림 7-6] 참조).[3]

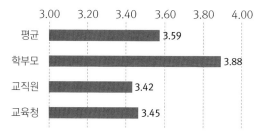

[그림 7-6] 교육감 주민직선 유지에 관한 동의 정도(집단별)

---

3) 참고로 일반 주민을 대상으로 한 설문조사에서도 교육감 직선제에 대해서 현행 그대로 유지(33.2%)가 가장 높았다(육동일, 2017: 48). 교육자치제와 지방자치제의 통합에 대해서는 통합(33.7%), 분리(19.4%), 현 제도 유지(9.6%), 현 제도 중심 연계 · 협력(25.0%)으로 현행(분리 포함) 의견이 54.0%로서 다수였다(육동일, 2017: 49).

다음으로 "교육감의 교육전문성을 확보하기 위해 교육감 선거 입후 자에게 요구하는 교육(행정)경력을 강화해야 한다(현행 3년)."에 대해서 는 여러 쟁점에 관한 주장 가운데 가장 동의 정도(4.28)가 높았다. 특히 교직원(4.36)의 동의 정도가 높았고, 학부모(4.26)의 동의 정도도 높았다 ([그림 7-7] 참조).

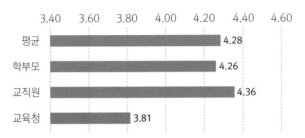

[그림 7-7] 교육감후보 교육(행정)경력 강화에 관한 동의 정도(집단별)

"교육감의 정치적 중립성을 보장하기 위해 교육감 선거 입후자들에게 요구하는 정당가입금지를 강화해야 한다(현행 1년)."는 주장에 대해서도 동의 정도(4.25)가 높았다. 특히 교직원(4.28)의 동의 정도가 높았다([그 림 7-8] 참조).

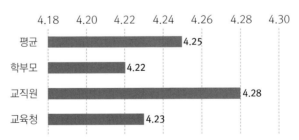

[그림 7-8] 교육감후보 정당가입금지 강화에 관한 동의 정도(집단별)

"시·도의회의 상임위원회 중의 하나인 교육위원회 의원들의 교육에 관한 전문성을 강화하기 위해 일정 수준의 교육경력을 갖춘 교육의원을 별도로 선출해야 한다."는 주장에 대해서도 동의 정도(4.07)가 높은 편이다. 특히 학부모(4.11)의 동의 정도가 높았고, 교직원(4.10)의 동의 정도도 높다([그림 7-9] 참조).

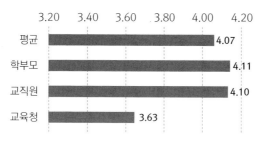

[그림 7-9] 교육의원 별도 선출에 관한 동의 정도(집단별)

"시·도교육감과 교육부 사이에 정책상의 이견이 표출되는 것은 지방분권화 과정에서 나타나는 자연스런 현상이다."는 주장에 대해서 지방교육에 관련된 주요 집단들은 대체로 동의(3.56)하고 있다([그림 7-10] 참조).

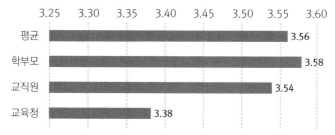

[그림 7-10] 시·도교육감과 교육부 간의 정책상 이견에 대한 동의 정도(집단별)

"시·도교육감과 시·도지사 사이에 정책상의 이견이 표출되는 것은 지방분권화 과정에서 나타나는 자연스런 현상이다."는 주장에 대해서 지방교육에 관련된 주요 집단들은 대체로 동의(3.56)하고 있다. 학부모(3.59)와 교직원(3.59)의 동의 정도는 동일하게 높다([그림 7-11] 참조).

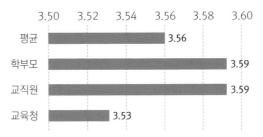

[그림 7-11] 시·도교육감과 시·도지사 간의 정책상 이견에 대한 동의 정도
(집단별)

　　다음으로 지방교육자치의 발전을 위한 기본방향으로 권한 이양 확대,
조직운영 효율성 향상, 책무성 강화, 재정운영의 자율성 증대, 기초단위
교육자치 실시 등을 제시하고, 그 중요도와 실현가능도에 관해 설문조
사를 실시한 결과, 각 기본방향의 중요도에 대한 평가에서는 시·도교
육청의 책무성 강화(4.23)가 가장 높고, 다음은 지방교육재정 확보 권한
확대(4.13), 시·도교육청 조직운영의 효율성 향상(4.12)의 순이었다. 한
편, 실현가능도에 대한 평가에서는 시·도교육청의 책무성 강화(3.66)가
가장 높고, 기초단위 교육자치 실시(3.01)가 가장 낮게 평가되었다([그림
7-12] 참조).

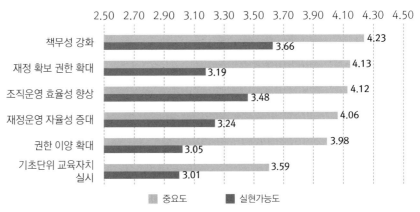

[그림 7-12] 지방교육자치의 방향에 관한 평가(전체)

집단별로 분석한 결과, 학부모의 경우 지방교육자치 기본방향의 중요도 평가에서는 시 · 도교육청의 책무성 강화(4.08)가 가장 높고, 다음은 지방교육재정 확보 권한 확대(4.05), 시 · 도교육청 조직운영의 효율성 향상(3.96)의 순이었다. 실현가능도에 대한 평가에서도 시 · 도교육청의 책무성 강화(3.47)가 가장 높고, 권한 이양 확대(3.05)가 가장 낮게 평가되었다([그림 7-13] 참조).

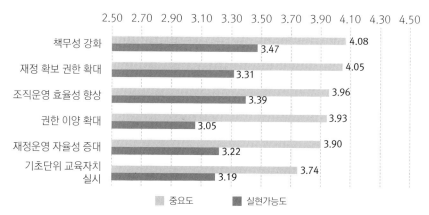

[그림 7-13] 지방교육자치의 방향에 관한 평가(학부모)

교직원의 경우, 지방교육자치 기본방향의 중요도에 대한 평가에서는 시 · 도교육청의 책무성 강화(4.29)가 가장 높고, 다음은 시 · 도교육청 조직운영 효율성 향상(4.18), 지방교육재정 확보 권한 확대(4.13)의 순이었다. 실현가능도에 대한 평가에서는 시 · 도교육청의 책무성 강화(3.74)가 가장 높고, 기초단위 교육자치 실시(2.98)가 가장 낮게 평가되었다([그림 7-14] 참조).

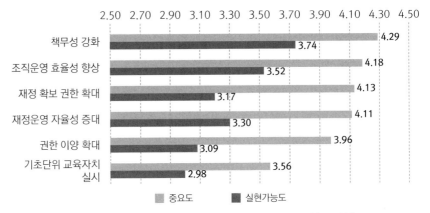

[그림 7-14] 지방교육자치의 방향에 관한 평가(교직원)

　　교육청 직원의 경우, 지방교육자치 기본방향의 중요도에 대한 평가에서는 시·도교육청의 책무성 강화(4.45)가 가장 높고, 다음은 지방교육재정 확보 권한 확대(4.43), 시·도교육청 조직운영 효율성 향상(4.41)의 순이었다. 실현가능도에 대한 평가에서는 시·도교육청의 책무성 강화(3.88)가 가장 높고, 기초단위 교육자치 실시(2.36)가 가장 낮게 평가되었다([그림 7-15] 참조).

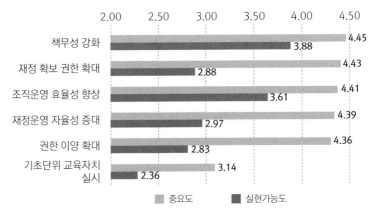

[그림 7-15] 지방교육자치의 방향에 관한 평가(교육청 직원)

중요도와 실현가능도를 조합하여 개선 우선순위를 분석한 결과, 중요
도와 실현가능도가 모두 높은 것은 시·도교육청의 책무성 강화였고,
다음은 시·도교육청 조직운영 효율성 향상이었다. 지방교육자치단체
의 지방교육재정 확보 권한 확대, 지방교육재정 운영 자율성 증대는 중
요도에 비해서 상대적으로 실현가능도는 낮게 평가되었고, 기초단위 교
육자치 실시, 권한 이양 확대는 중요도와 실현가능도가 모두 상대적으
로 낮게 평가되었다([그림 7-16] 참조).

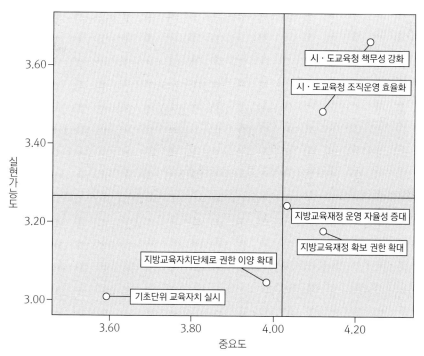

[그림 7-16] 지방교육자치의 방향: 중요도와 실현가능도

3. 지방교육자치를 둘러싼 최근의 환경 변화

새 정부가 들어서면서 지방분권과 교육자치를 강화하기 위한 정책적

노력이 확대되고 있다. 문재인 정부는 5대 국정목표 중 하나로 '고르게 발전하는 지역'을, 그리고 실천전략의 하나로 민주주의 실현을 위한 자치분권을 채택하고 획기적인 자치분권 추진과 주민참여의 실질화, 지방재정 자립을 위한 재정분권, 교육민주주의 회복을 위한 교육자치 강화를 국정과제로 선정하였다. 교육부와 시·도교육감협의회에서도 공동으로 교육자치정책협의회를 구성하여 지방교육자치 및 학교 자율성 확대 로드맵을 마련하고, 시·도교육청이 주도적으로 지역교육정책을 수립하고, 교육부는 교육현장의 자율적 활동과 역량 강화를 지원하는 것을 목표로 단계적 추진전략을 수립하고, 구체적인 시행방안을 마련하고 있다([그림 7-17] 참조).

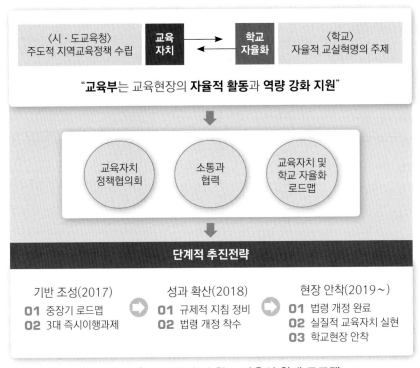

[그림 7-17] 교육자치 및 학교 자율성 확대 로드맵

출처: 교육부 보도자료(2017. 8. 28.).

지방자치권의 내용은 국가에 따라 다양하나 기본적으로 자치입법권, 자치조직권, 자치재정권, 자치사법권을 포함한다. 지방분권은 정치적 분권, 행정적 분권, 재정적 분권의 세 가지 측면에서 구현된다. 일반적으로 지방교육자치는 교육의 분권화와 함께 논의되고 있는데, 분권은 분산, 위임, 권한 이양의 유형으로 나누어 볼 수 있다. 또한 분권화는 그 범위와 대상에 따라 몇 가지로 유형화해 볼 수 있다(윤홍주, 2003: 175-176).

분산(deconcentration)은 중앙부처가 통제권을 유지하면서 지방자치단체에 중앙정부의 기능과 의사결정권을 나누어 주는 것이다. 권한의 분산은 중요한 권한의 이전 없이 하급기관으로 업무만 이관되고, 하급기관의 재량권에 대한 제약이 크다. 권한의 위임(delegation)은 중앙정부의 간접통제하에 있는 조직에 의사결정 권한과 관리 권한을 이전하는 것이다. 권한을 위임받은 기관의 행위에 대한 책임은 중앙정부에 있다. 권한의 이양(devolution)은 지방자치단체가 중앙정부로부터 법적 · 재정적으로 자율적이고 독립적인 형태로 전환되는 것이다. 지금 논의되고 있는 교육분권은 지방자치단체가 중앙정부로부터 법적 · 재정적으로 자율적이고 독립적인 형태로 전환하는 권한의 이양으로 볼 수 있다.

현 정부 들어서는 「헌법」 개정 논의와 더불어 연방제 수준의 지방자치도 언급되고 있다. 중앙과 지방과의 관계에 관해서는 다양한 정부관계 유형론이 제시되어 왔다. Wright(1988)는 연방제 국가에서의 정부 간 관계론을 조정권위 모형(연방=주>지방), 포함권위 모형(연방>주>지방), 중복권위 모형(연방=주=지방)으로 나누어 설명하였다. 조정권위 모형은 연방정부와 주정부의 관계에 초점을 맞추는 것으로 두 주체 간 독립 · 대등한 관계를 갖는다. 다만, 지방정부는 주정부에 종속되는 관계이다. 포함권위 모형은 연방정부가 주정부를, 주정부가 지방정부를 내포하는 관계로서 정부 간 관계가 종속적이다. 중복권위 모형은 연방정부, 주정부, 지방정부가 각자 독자적인 영역을 가진 독립된 실체로 존재하고 동시에 상호협력하는 관계이다([그림 7-18] 참조). 이와 유사하게 단일 국

가의 경우 다음 [그림 7-19]와 같이 지방정부가 중앙정부에 종속되는 대
리인 모형, 두 정부가 독립되는 동반자 모형, 상대적 자율의 지배인 모형
으로 나누어 볼 수 있다(Elcock, 1994).

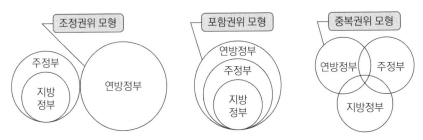

[그림 7-18] 연방제 국가의 정부 간 관계의 이론적 모형

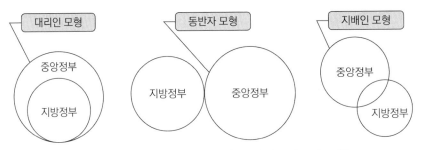

[그림 7-19] 단일 국가의 정부 간 관계의 이론적 모형

한 국가의 지방분권 수준은 정치, 경제, 행정, 사회문화 측면에서 다양
한 요인들의 영향을 받는다(김동건, 원윤희, 2012: 623). 정치적 측면에서
는 민주주의에 대한 요구 정도가, 경제적 측면에서는 지역의 규모, 재정
능력, 경제발전 정도가, 행정적 측면에서는 지방자치의 역사와 경험이,
그리고 사회문화적 측면에서는 국민 의식수준과 가치관이 지방분권 수
준의 결정요인으로 언급되고 있으며, 지방의 자치역량 또한 분권화에
영향을 주고 있다.

지방자치와 지방분권의 필요성은 학자들마다 약간의 차이는 있지만,

주민선호 및 수요에 대한 대응, 정보 비대칭, 프로그램의 경쟁과 혁신, 정치경제적 이유 등에서 찾을 수 있다(하능식, 이선영, 2016: 11-12). 지방 자치단체별로 수많은 정책문제에 대한 최선의 답을 찾아가는 과정에서 새로운 정책이 시도되고, 다른 지역에서도 성공적인 경험의 공유·확산 이 가능하다. 분권체제에서 지역주민들은 정부지출 프로그램이 요구하 는 추가적 조세부담에 대해 좀 더 명백하게 인식하게 되어 효율적인 정 책수행이 가능해진다. 중앙집권에서처럼 자기 지역에 무조건 더 많은 공공사업이 수행되기를 요구하는 현상이 줄고, 꼭 필요한 사업만을 요 구하게 된다(이준구, 2004: 621). 지방정부는 주민과 가까이 있어 책무성 이 높고 분권화될수록 조세의 가격기능 발휘가 용이하여 정치적 책무성 이 강화된다.

그러나 지방분권화는 효율성과 형평성, 책무성 측면에서 단점이 있다 (Rosen & Gayer, 2011: 638-641; 전상경, 2011: 57-60). 효율성 측면에서는 지방공공재의 외부성, 공공재 공급상 규모의 경제, 조세체계 및 조세행 정의 비효율성을 초래할 수 있다. 형평성 측면에서는 분권화로 지역 간 격차가 확대될 수 있다. 지역 간 이동이 활발해지면 부유한 지역으로 가 난한 사람들의 이동이 증가하면서 재분배 비용과 재정부담이 증가할 수 있다. 책무성 측면에서는 분권화될수록 책임선이 흐려질 수 있다. 분권 화될수록 부정부패를 통한 이득창출 규모가 작아져서 분권화가 바람직 한 측면이 있으나, 부정부패의 발생가능성은 분권화될수록 오히려 높아 질 수도 있다.

지방분권에 관한 연구는 1950년대부터 꾸준히, 그리고 활발하게 이 루어져 왔는데, 1세대와 2세대 연구로 구분할 수 있다(장재홍 외, 2012: 460-470). 제1세대 연구는 Musgrave(1959), Tiebout(1956), Oates(1972), Brennan과 Buchanan(1980) 등에 의해서 발전되었는데, 지방분권의 중 요성을 강조하였다. 1990년대부터 대두된 제2세대 분권이론은 지방정 부의 역량을 고려하지 않은 중앙정부의 일방적 분권화 개혁이며, 많은 혼란과 재정적 위기가 초래된 사례 등을 기반으로 지방분권에 대한 새로운 인식과 연구가 수행되었다.

지방분권 이론은 공공부문의 수직적 구조를 다루는 것으로, 제1세대 이론가들은 시장실패의 교정, 공평한 소득분배 실현, 물가안정과 완전 고용의 거시경제 안정 등의 측면에서 정부의 적극적이고 긍정적인 역할을 강조하였다. 정부기관과 정부관료는 '공익의 관리자'로, 지방정부는 지역주민의 이익과 후생 개선을 추구하는 것으로 가정한다. 지방정부는 해당 지역주민의 수요를 충족하기 위한 지방공공재를 효율적으로 제공할 수 있다. 따라서 지방분권은 지역맞춤형 지방공공재의 공급이 가능하므로 중앙정부에 의한 획일적 공급보다 사회후생을 증대시킬 수 있다(하능식, 이선영, 2016: 12-13).

제2세대 분권론에서는 지방분권의 필요성과 더불어 지방정부의 왜곡된 전략적 행위, 재정 제도 내 유인체계 문제, 중앙-지방 간 잘못된 관계 등으로 재정분권이 이득보다는 손실이 더 클 수도 있다는 부정적 인식도 포함하고 있다(장재홍 외, 2012: 466). 제2세대 이론은 1990년대 이후 남미 국가들에서 지방정부가 재정책임성이 결여된 채 왜곡된 전략적 행위를 하고, 지방세출의 과도한 증대, 지방채무 증가가 나타나고, 그로 인해 국자재정 위기, 경제위기가 초래된 현상을 배경으로 한다.

제1세대 이론이 지방 정치가 및 관료를 사회후생을 극대화하는 사회계획가로 간주하는 데 비해 제2세대 이론은 공공선택(public choice), 연성예산제약(soft budget constraint)과 같은 논의를 바탕으로 지방 정치가나 관료를 개인의 이기심에 의해 사익극대화를 추구하는 집단으로 가정한다. 중앙과 지방 간 책임의 불명확성, 정부 간 이전재원에 대한 의존성 등으로 인해 지방분권이 잘 작동할 수 있는 사회제도적 환경이 갖추어지지 않은 국가에서는 지방분권이 바람직한 결과를 가져오기 어렵다(장재홍 외, 2012: 466-470). 특히 지방정부의 이전재원 비중이 높을 경우, 향후 지방재정 위기상황이 발생할 때 중앙정부의 이전재원으로 극복이 가능하다는 지방정부의 기대심리가 작동하여 지방정부 재정건전성이 더욱 위협받을 수 있다(하능식, 이선영, 2016: 12-14). 제2세대 이론가들은 지방분권의 장점과 필요성을 인정하면서도 분권화 추진의 여건, 그리고 추진과정 측면에서 나타날 수 있는 문제점에 대한 보완을 강조하고 있다(장재홍 외, 2012: 470).

4. 지방교육자치의 발전방향

　지방교육자치제가 실시되면서 지역의 학부모 및 주민들이 교육관련 공약 및 정책에 대한 관심이 증대되고, 주민참여가 증대되었으며, 실제로 주민 의견이 정책에 반영되는 성과가 나타나고 있어서 주민자치, 주민통제의 측면에서 이 제도의 가장 중요한 목적이 달성되고 있는 것으로 볼 수 있다. 지역 실정에 적합한 정책의제가 발굴되어 실행되고 있고, 교육행정의 책무성이 강화되고 있다는 점 역시 지역 실정에 적합한 교육 실시라는 중요한 목적이 실현되고 있다는 점에서 고무적이다.

　그러나 상대적으로 교육재정의 안정적 확보, 교육의 정치적 중립성, 그리고 지방분권의 강화에 대한 체감 수준이 낮은 것은 기능적 자치 측면에서 지방교육자치제도를 더욱 보완·강화할 필요성을 제기하고 있다. 한편으로 지방교육자치를 둘러싼 최근의 환경변화를 감안할 때, 지방의 권한 확대와 더불어 책임성 증대방안을 모색할 필요가 있다. 지방의 교육 및 복지 수요의 증가에 부응하여 지방분권을 확대하되, 분권화의 순기능과 역기능에 대한 종합적인 고려가 필요하다. 또한 역기능 및 부작용 방지를 위해서는 책임성과 건전성 강화를 위한 방안이 필요하다(이승종 편, 2012: 223). 향후 지방교육자치의 발전방향을 정리하면 다음과 같다.

　첫째, 지방교육자치 강화 및 교육분권을 지속적이고 적극적으로 추진

해야 한다. 새 정부의 인식대로 과거 고도성장기에는 중앙집권적 국가
운영방식이 효과적인 측면이 있었으나, 이제는 중앙집권적 방식으로는
성장동력을 만들어 낼 수 없는 시대이고, 자치와 분권이 새로운 국가 성
장동력이라 할 수 있다. 문재인 정부에서는 풀뿌리 민주주의, 지방분권
을 국정운영의 기본방침으로 하고 있다. 국가발전을 위한 전략, 현 정부
의 정책방향을 반영하는 측면에서도 지방교육자치 및 분권방안을 구체
화하여 실현할 필요가 있다.

  중앙과 지방의 사무, 권한과 책임이 명확하게 구분되지 않아 야기되
었던 갈등을 해소하기 위해 관련법령을 개정하거나 새로운 법령을 제안
해야 한다. 그동안 사무와 권한에 관한 법령 정비 필요성에 관한 연구는
꾸준히 진행되어 왔고, 중앙과 지방 간 갈등의 주요 원인으로 분석되어
왔다(김용일, 김용, 2016; 김용일, 김용, 임지형, 2015; 김흥주, 황준성, 임소현,
임동진, 2013). 교육감은 교육 및 학예에 관한 사항을 관장하고 있으나 과
도하게 많은 기관 위임사무 때문에 지방교육자치의 본질을 침해받고 있
다(하봉운 외, 2016: 226-231). 중앙과 지방의 사무 및 권한, 책임을 명확
하게 구분하되, 일괄이양 수준에서 지방교육자치를 강화하기 위해서는
새로운 교육분권 방안을 마련할 필요가 있다(나민주, 하봉운, 장덕호, 이덕
난, 이수경, 2018).

  둘째, 학교교육 및 지방발전을 위한 상호협력적 관계 설정이 필요하
다. 지방자치, 지방분권 그 자체가 선이나 궁극적 목적이 될 수는 없다.
지방자치 지상주의나 분권만능주의적 접근을 지양할 필요가 있다. 지방
교육자치와 분권화의 궁극적인 목적은 학교교육, 지방교육의 발전에 있
다. 중앙 → 지방 → 단위학교로의 권한 이양 자체가 지방교육자치나 교
육지방분권의 본질은 아니다. 학교 자율성 강화를 통해 지역주민을 위
한 교육의 다양성을 제고하고, 교육기본권을 보장하는 것을 지방교육자
치의 기본방향으로 설정해야 한다.

  이를 위해서는 중앙과 지방, 즉 교육부와 시·도교육청 간의 합리적인

권한 관계 설정이 필요하다. 극단적인 상하관계나 무조건적인 독립관계가 아닌 국가권력을 전제로 한 지역교육력 극대화라는 하나의 목적하에 협력적 관계를 지향할 필요가 있다([그림 7-20] 참조). 중앙과 지방의 권한 이양을 통해 단위학교가 지역과 학교의 상황에 맞는 교육혁신을 설계·실행할 수 있는 자율역량을 배양하도록 지원하는 것이 바람직하다. 교육부와 시·도교육청이 상호협력하여 지방교육을 발전시키기 위해서는 교육부와 시·도교육감협의회의 협의체를 법제화하여 정례적으로 협의회를 개최하고, 실무부서 차원에서도 교육부와 시·도교육청 간에 다양한 의사소통체제를 구축·운영할 필요가 있다(김홍주 외, 2013: 215-217).

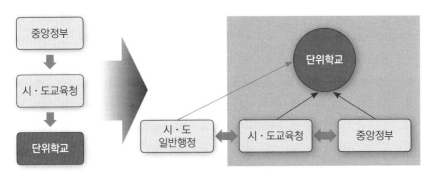

[그림 7-20] 중앙과 지방 관계 재설정(상하대립 → 상호협력)

셋째, 교육의 공공성 강화와 책무성 제고가 수반되어야 한다. 지방교육발전을 위해서는 교육받을 권리, 교육기회균등 보장을 위한 공공성 강화와 중앙 및 지방의 책무성 제고가 필요하다. 지방교육 전반에 관한 지방분권이 확대되고, 조직운영이나 재정운용에서 자율성이 높아지면서 각 주체별 책무성 제고 방안도 동시에 모색되어야 할 것이다. 중앙정부는 사무이양, 규제완화 등 지방교육 행정역량을 높일 수 있는 영역을 적극 발굴하고 이양하는 노력, 국민의 교육기본권 보장을 위한 제도 마련, 교육문제 해결을 위한 타 부처와의 협력 등 중재적 역할을 담당해야 한다(나민주, 하봉운, 김민희, 이덕난, 이수경, 2017). 시·도교육청(교육감)

은 교육적 의사결정의 자주성과 전문성 확보 장치를 마련해야 하고, 단위학교(학교장)는 학교운영 비전 및 실행체계 수립, 단위학교 조직, 교육과정, 인사, 시설, 재무관리 영역 책무성 강화, 구성원 만족도 등 학교 성과 향상을 위한 노력을 기울여야 한다. 그 외 사회 구성원들의 인식 제고가 필요하며 상호 신뢰를 바탕으로 교육적 특수성을 이해하고 지원하려는 노력이 필요하다.

넷째, 지방교육자치, 분권화가 실효를 거두기 위해서는 단순한 분권, 권한 이양이 아니라 자주사무권, 자주조직권, 자주재정권, 자주인사권을 모두 포함한 총체적 분권이 필요하다. 현재 지방교육행정 조직 및 인력은 시·도교육청별로 약간씩 차이가 있으나, 전반적으로 일반지방자치에 비해 조직규모가 영세하다. 현재 광역 단위 교육자치는 과대 규모로 인적·물적 자원의 통합적 관리와 효율적 운영이 곤란한 상황이다. 단기적으로 교육지원청이 지도감독, 현장지원, 정책기능, 자원관리 등을 균형 있게 담당하여 지역교육발전의 구심체 역할을 하도록 유도할 수 있다. 장기적으로는 교육자치 실시구역을 광역과 기초의 중간 수준에서 적정화하여 중범위 교육자치제를 실시하고, 학교의 자율성을 최대한 확대하는 방안도 검토할 필요가 있다.

지방교육자치제도는 교육자치라는 기능적 자치와 지방자치라는 지역적 자치가 결합된 것이다. 지방교육자치를 지방자치의 일부로 보는 시각에 대해서는 지방교육자치의 헌법적 본질에 대한 헌법재판소의 판결을 통해 여러 차례 지적되었지만[4] 그동안 일반자치와 교육자치 통합 논

---

4) 예컨대, "지방교육자치제는 주민참여의 원리, 지방분권의 원리, 일반행정으로부터 독립과 전문적 관리의 원칙 등을 기본원리로 한다."(헌법재판소 2002. 3. 28. 2000헌마283) "지방교육자치제도는 의무교육 제도와 더불어 교육의 자주성, 전문성, 정치적 중립성을 지도원리로 하여 국민의 교육을 받을 권리를 뒷받침하기 위한,「헌법」상의 교육기본권에 부수되는 제도 보장이다."(헌법재판소 1991. 2. 11. 90헌가27)

의과정에서 교육계의 의견은 무시되었을 뿐만 아니라 참여마저 봉쇄되어 왔고(관련위원회 구성 등), 통합론자 주도로 일방적 정책결정이 이루어지는 등 기본적인 시각의 문제는 여전히 해결되지 않고 있다. 교육자치와 일반자치의 연계와 협력은 양자의 독자성과 상호존중이 전제될 때 가능한 것으로 일방적인 흡수 통합 주장은 지방자치발전이나 지방교육발전에 커다란 논란과 혼돈을 야기할 수 있다. 새 정부가 들어서 대통령 소속 지방자치발전위원회가 구성되었으나, 여전히 지방분권 분과위 소관과제로 교육자치와 지방자치의 통합이 남아 있다. 무엇보다도 「지방자치분권 및 지방행정체제개편에 관한 특별법」[5] 제12조 제2항 교육자치를 일반자치에 통합하려는 조항을 조속히 삭제해야 하고(하봉운 외, 2016: 232), 교육자치와 일반자치를 통합하려는 소모적인 시도를 지양해야 할 것이다.

다섯째, 지방교육자치역량 강화를 위해 적극 노력해야 한다. 지역 특색 및 수요를 반영한 장기발전계획 수립을 위한 교육청의 기획역량, 단위학교의 교육과정 운영 지원 역량 등을 제고할 필요가 있다. 그동안 교원중심, 학교중심으로 인적자원관리가 논의되어 왔으나, 앞으로는 지방교육자치역량의 제고 차원에서 그 대상의 확대가 필요하다. 예컨대, 교육전문직, 교육행정직원, 교육감과 교육위원의 지방교육자치역량 개발을 위한 지원과 교육·연수가 확대되어야 한다. 정책담당자, 공무원 등이 중앙집권적 사고를 탈피하여 자치의식을 강화하는 것도 중요하다.

---

[5] 「지방자치분권 및 지방행정체제개편에 관한 특별법」은 명칭은 조금씩 변화되기도 하였지만, 정부가 바뀔 때마다 5년 한시 기간으로, 명칭만 조금씩 변경하여 특별법으로 유지되고 있다. 대부분 인수위 시절부터 특별법안이 준비되어 대통령 취임 후 내각이 구성되면 국무회의를 거쳐 대개 2~3개월 후 곧바로 국회에 상정되기 때문에 교육계가 미처 알아차리기도 전에 통과되는 경우가 많았다(김용일, 김용, 2016).

중앙 및 지방의 공직자들이 지방자치의식이 결여되어 반지방자치적 내지 중앙집권적 사고에 치우쳐 있다면 법규 및 정책의 해석 · 적용과정에서 지방자치와 재정분권을 실질적으로 실현해 가기 어려울 것이다.

그동안 지방교육발전을 위한 논의가 법 · 제도 개선, 기관 역할 재정립, 재정 및 지원의 확대, 연계 · 협력 강화에 중점을 두었다면, 지금부터는 사람과 역량(지도자 포함), 문화와 풍토를 개선하기 위해 노력할 필요가 있다([그림 7-21] 참조).

지방교육발전을 위한 지금까지의 노력: 반성적 고찰

- 법 · 제도 개선: 교육자치제도, 학교자율화, 교육감, 교육위원회 등
- 기관 역할 재정립: 교육청, 교육지원청, 단위학교 등
- 지원, 재정의 확대: 교부금, 전입금, 보조금, 자체재원 등
- 연계 · 협력 강화: 광역단체, 기초단체, 각종 협의체, 전문기관 등

지방교육발전의 핵심요건

- 법 · 제도 개선: 교육자치제도, 학교자율화, 교육감, 교육위원회 등
- 기관 역할 재정립: 교육청, 교육지원청, 단위학교 등
- 지원, 재정의 확대: 교부금, 전입금, 보조금, 자체재원 등
- 연계 · 협력 강화: 광역단체, 기초단체, 각종 협의체, 전문기관 등
- 사람과 역량, 지도자
- 문화와 풍토

경쟁하는 관점들
관료적 접근(**Bureaucratic approaches**) 명령 · 지시 + 통제 · 감독 + 평가
합리적 접근(**Rational approaches**) R&DD, 하향식(Top-down)
문화적 접근(**Cultural approaches**) 학교공동체(School community), 역량 개발(Capacity-building)

[그림 7-21] 지방교육자치 발전을 위한 요건

교육분권이 확대되면 시 · 도교육청 간 상호협력과 공동노력을 통해서 지방교육발전을 위해 노력할 필요가 있다. 이를 위해서는 각종 협의체의 기능과 역할을 확대 · 활성화하는 것이 중요하다. 특히 법정기구인 전국 시 · 도교육감협의회를 중심으로 지방교육 공동사무의 효율적이고

안정적인 수행, 지방교육정책 수립 및 집행의 합리성 및 타당성 제고, 지방교육발전을 위한 전문적 자치역량 강화를 도모하고, 국회(정치권), 언론 등을 대상으로 지방교육자치 수호를 위해 노력해야 한다. 이를 위한 협의회 조직 확대, 전문성 확보, 재정 확충 등이 필요하다(나민주, 정재훈, 김용, 박수정, 이인회, 2013; 하봉운 외, 2016). 또 한국지방교육행정연구원(가칭)과 같은 전문기관 설립도 필요하다. 지방교육행정분야 정책 연구 및 조사, 자료 및 행정정보 관리, 각종 평가 및 컨설팅, 공동사업 추진 지원 등을 담당하는 전문기관을 설립할 필요가 있다.

5. 지방교육자치의 발전을 위한 과제

앞의 각 장에서 제시한 발전과제와 이 장에서 살펴본 지방교육자치의 성과와 방향에 관한 평가와 의견 등을 종합하면, 앞으로 지방교육자치의 발전을 위해서는 다음과 같은 세부과제를 적극 추진할 필요가 있다.

첫째, 교육감 및 교육위원회 제도와 관련해서는 지방교육자치에 관한 중요한 사안은 지방자치발전위원회와 같은 대통령소속 특별위원회에서 다루기보다는 국회의 상임위원회(교문위 포함)에서 논의되어야 한다. 교육감 선거비용에 대해서는 선관위에 의한 선거공영제를 확대할 필요가 있다. 한편 교육위원회는 지방교육행정기관에 대한 전문적 견제기구로서 그 기능을 발휘할 수 있어야 한다. 또 주민들의 숙의(熟議) 민주주의의 장이 되어야 한다. 이러한 측면에서 지방의원만으로 구성된 현재의 지방의회 상임위원회로서의 교육위원회의 활동에 대해 비판적 논의가 필요하다. 교육부장관 및 시·도지사와 교육감 사이의 역할 분담 재설정 작업이 필요하며, 상호협력 증진 방안을 마련하기 위한 노력도 필요하다.

둘째, 지방교육행정기관의 측면에서는 지방교육행정기관의 책무성과 효율성을 향상시켜야 한다. 지역사회의 교육과 복지에 대한 수요, 이를 위한 지방교육행정 수요 증가에 대응하기 위해서는 지방교육행정기관의 효율성을 향상시키기 위한 노력이 지속되어야 한다. 교육청과 교육지원청은 학교에 대한 행정통제보다는 실질적 지원기능을 강화하고, 시·도교육청 내부 및 외부의 주기적인 조직 분석·진단과 컨설팅을 활성화하여 시·도교육청의 조직, 인력, 자원 관리의 효율성을 높여야 한다. 시·도교육청 평가의 경우 책무성 제고에 긍정적으로 작용할 수 있도록 시·도교육청의 자율성을 보다 존중하여 지역의 특수사업과 자율적 시책을 반영하는 방향으로 발전해야 한다. 시·도교육청 평가가 획일적 사업을 통한 줄 세우기로 변모한다면, 주민의 통제권을 강화하여 지역의 상황에 걸맞은 정책을 개발·시행하고 이를 통해 주민들에게 책임 있는 행정을 하겠다는 지방교육자치의 본래 취지를 손상시킬 수 있다.

셋째, 지방교육재정의 측면에서는 지방교육재정 운용의 자율성을 증대해야 한다. 증가하는 교육행정 수요에 대응하기 위해서는 지방교육행정기관이 각 지역의 실정에 맞게 지방교육재정을 자율적으로 운용할 수 있는 여지가 증대되고, 그 결과에 대해서 책임지는 체제가 강화되어야 한다. 지나치게 복잡한 기준재정수요액 측정항목과 빈번한 보통교부금 배분규칙의 개정으로 지방교육재정의 자율성이 제한되고 있다. 보통교부금 기준재정수요액 측정항목을 대폭 축소하여야 한다.

지방교육자치단체의 지방교육재정 확충 노력이 있어야 한다. 누리과정 도입 및 확대, 고교무상교육 도입 논의, 취약계층 학생 수 증가 등 지속적으로 증가하는 교육재정소요를 감안할 때, 새로 도입되는 사업에 균형을 맞출 수 있도록 필요재원을 새롭게 추가하기 위한 노력이 지속되어야 한다. 지방교육재정의 안정성을 높이기 위해서는 지방교육재정교부금의 법정교부율 상향 조정을 적극적으로 검토할 필요가 있다. 또한 교육재정의 확보를 위해 각 지방정부에서도 자발적인 교육재정 지원을 확대하고, 사학법인재산의 전문적 공동관리 운영체제 마련, 시설 활

용 및 공유재산 관리, 유휴자금의 효율적 관리 등을 통한 세입증대 노력
이 필요하다.

　마지막으로, 지방교육에 관한 기능 배분과 협력 체제의 측면에서는 지
방교육행정기관의 운영을 개선하고 중앙정부와 지방교육행정기관 간의
권한 갈등을 해소하기 위해서는 업무 영역에 따른 기관위임보다는 포괄
적·일괄적으로 교육행정권한이 이양될 수 있도록 하는 체계적인 입법
이 필요하다. 과거 자율학교의 지정 문제나 교과서 문제를 둘러싼 갈등
관계에서도 나타나듯이 중앙정부와 지방교육행정기관 사이에 권한 관
계가 명확하게 규정·합의되지 않고 남아 있는 영역이 존재한다. 이러
한 불명료한 권한 배분은 중앙정부와의 갈등을 불러일으킬 수 있으며
궁극적으로는 지방교육자치기구의 책임 있는 정책 개발 및 운영에 장애
가 된다. 지방교육행정기관이 주민이 체감할 수 있는 정책을 발굴하여
책임감 있게 시행하기 위해서는 중앙정부로부터 충분한 권한이 이양되
어야 한다. 지방교육행정기관의 권한과 책임을 명확히 하고 보다 많은
실질적 권한이 지방으로 이양되는 방향으로 지방분권이 확대되어야 한
다. 또한 교육자치와 일반자치의 연계·협력을 향상시키기 위해서는 교
육자치와 일반자치의 연계·협력이 통합의 전 단계로 추진되어서는 안
된다.

 참고문헌

감사원(2008). 교육과학기술부 특별교부금 운용실태 보고서.

강인수, 김성기(2005). 교육감 선출제도 개선 방안 연구. 교육행정학연구, 23(2), 261-280.

강홍준(2014). 17개 시·도교육감의 주요 공약 분석과 향후 전망. 충북: 한국교육개발원.

경향신문(2010. 12. 2). 학교장 권한 강화 교육자치에 어긋난다. http://news.khan. co.kr/kh_news/khan_art_view.html?artid=201012022108315&code= 990101에서 인출.

고광득(1958). 교육세법의 구상. 문교월보, 제40호.

고장완(2004). 교육재정정책이 교육재정의 공정성에 미치는 영향. 미국 미주리주의 교육재정 개혁 사례를 중심으로. 교육재정경제연구, 13(2), 49-79.

고전(2003). 교육위원 선출 방법의 적합성 분석. 교육행정학연구, 21(4), 45-68.

고전(2004). 지방자치와 교육자치의 발전·연계 방안. 경기논단, 6(2), 7-30.

고전(2007). 지방교육자치에 관한 법률 관련 헌법소원 분석. 교육법학연구, 19(2), 1-25.

고전(2010a). 교육감 선거제도의 규범적 타당성 및 사실적 실효성 진단 연구. 교육법학연구, 22(2), 1-22.

고전(2010b). 지방교육자치제도 개정에 관한 논의. 지방자치법연구, 10(2), 65-90.

고전(2011). 교육감 선출제도 개선을 위한 입법 방안. 서울: 국회입법조사처.

고전(2014a). 2014 교육감 주민직선 결과 및 쟁점 분석. 교육법학연구, 26(3),

1-25.

고전(2014b). 교육의원 일몰제의 규범적 타당성 진단 연구. 교육법학연구, 26(2), 1-25.

고전(2014c). 한국의 지방교육행정 개혁 동향과 시사점. 동아시아의 지방교육행정 개혁 사례와 시사점. 국제학술대회 자료집(2014. 8. 30).

고전(2015). 한국의 지방교육자치 헌법정신과 제도원리는 수정되어야 하는 가?-지방자치발전위원회의 교육자치와 지방자치 통합 계획 논평-. 광복 70년, 지속가능한 사회를 위한 교육의 재설계. 한국교육학회 연차학술대회 교육행정분과자료집(2015. 8. 28), 1-19.

고전(2018). 한국 교육행정・교육자치제 원리에 대한 저술사적 논의. 교육행정학연구, 36(2).

고전, 김성기, 하봉운, 신지수(2010). 학교 자율운영 지원을 위한 지방교육행정체제 개선방안. 서울: 한국교육정책연구소.

고전, 김이경(2003). 지방교육자치제도 진단 연구(TR2003-8). 충북: 한국교육개발원.

고전, 음선필, 이덕난, 정재훈(2013). 교육감 선거제도 개선 방안 분석. 충북: 한국지방교육연구소.

공은배(2008). 지방교육재정제도 발전방안 연구. 충북: 한국교육개발원.

공은배, 김용남, 엄문영, 이선호(2013). 지방교육재정 확충을 위한 연구. 충북: 한국교육개발원.

공은배, 송기창, 우명숙, 천세영, 한유경(2006). 교육재정 운영상황 종합 진단 연구: 4대 재정개혁 과제를 중심으로. 충북: 한국교육개발원

교육개혁위원회(1995). 세계화・정보화 시대를 주도하는 新교육체제 수립을 위한 교육개혁방안. 제2차 대통령 보고서.

교육과학기술부(2008). 시・도교육청의 기능 내부자료.

교육부(2000). 법정전입금 내부자료.

교육부(2014). 전국 17개 시・도교육청 채무 잔액.

교육부(2015a). 2015년(2014년 실적) 시·도교육청평가 결과 발표.

교육부(2015b). 2014 회계연도 교육비특별회계 세입·세출 예산분석 결과.

교육부(2015c). 지방교육재정 효율화 방안.

교육부(2015d). 2015년 지방교육행정기관 조직분석 및 진단 추진계획.

교육부(2017). 교육자치와 학교자율화를 위한 첫걸음 내딛다.

교육부 보도자료(2017. 8. 28.). 교육자치와 학교자율화를 위한 첫걸음 내딛
　　다. http://www.moe.go.kr/boardCnts/view.do?boardID=294&boardSeq
　　=71895&lev=0&searchType=S&statusYN=C&page=1&s=moe&m=
　　0503&opType=N에서 인출.

교육부, 한국교육개발원(1990). 교육통계연보. 충북: 한국교육개발원.

교육부, 한국교육개발원(2000). 교육통계연보. 충북: 한국교육개발원.

교육부, 한국교육개발원(2010). 교육통계연보. 충북: 한국교육개발원.

교육부, 한국교육개발원(2015). 교육통계연보. 충북: 한국교육개발원.

구자억, 정규열(2012). 시·도교육청 평가 정책의 성과와 과제. 충북: 한국교
　　육개발원.

국민권익위원회(2010). 교육과학기술부 특별교부금 부패영향평가 개선 권고안.

국회 예산정책처(2011). 2011~2015년 국가재정운용계획 분석.

국회 예산정책처(2013). 2014년 세입예산안 분석 및 중기 총수입 전망.

국회 예산정책처(2013. 7a). 조세의 이해와 쟁점 I: 소득세.

국회 예산정책처(2013. 7b). 조세의 이해와 쟁점 III: 부가가치세.

국회 예산정책처(2017. 12a). 2018년도 예산안 위원회별 분석: 교육문화체육
　　관광위원회소관.

국회 예산정책처(2017. 12b). 한눈에 보는 대한민국 재정 2018.

국회 입법조사처(2012). 교육지원청 개편 정책의 쟁점 및 개선방안.

권영창(2005). 교육자치와 지방자치 관계의 발전 방안. 교육문화연구, 11, 79-
　　106.

기획재정부(2012). 2012~2016년 국가재정운용계획: 교육분야.

기획재정부(2013). 국가재정운용계획.

김경환, 김홍균(1998). 지방교육재정 지원제도의 평가와 개선방안. 교육재정 경제연구, 7(1), 85-111.

김경회, 박수정(2012). 학교자율화에 대한 교육감과 학교장의 인식 분석. 지 방행정연구, 26(1), 249-270.

김경희, 김완수, 최인봉, 상경아, 김희경, 신진아, 김성훈(2011a). 2010년 국가 수준 학업성취도 평가 분석 결과: 중학교. 충북: 한국교육과정평가원.

김경희, 김완수, 최인봉, 상경아, 김희경, 신진아, 김성훈(2011b). 2010년 국가 수준 학업성취도 평가 분석 결과: 고등학교. 충북: 한국교육과정평가원.

김경희, 신진아, 박인용, 임은영, 구남욱, 한정아, 김성훈(2013a). 2012년 국가 수준 학업성취도 평가 결과: 중학교 학업성취도 변화 추이. 충북: 한국교 육과정평가원.

김경희, 신진아, 박인용, 임은영, 구남욱, 한정아, 김성훈(2013b). 2012년 국가 수준 학업성취도 평가 결과: 고등학교 학업성취도 변화 추이. 충북: 한국 교육과정평가원.

김경희, 최인봉, 김완수, 송미영, 신진아, 박인용, 김종훈, 김성훈(2012a). 2011년 국가수준 학업성취도 평가 결과: 중학교 학업성취도 변화 추이 분 석. 충북: 한국교육과정평가원.

김경희, 최인봉, 김완수, 송미영, 신진아, 박인용, 김종훈, 김성훈(2012b). 2011년 국가수준 학업성취도 평가 결과: 고등학교 학업성취도 변화 추이 분석. 충북: 한국교육과정평가원.

김규태(2002). 교육감의 책무성에 관한 법적 고찰. 교육행정학연구, 20(1), 1- 19.

김규태(2004). 교육감의 책무성 제고를 위한 체제 구축 방향. 한국교육, 31(2), 27-46.

김남순(1995). 지방교육자치제도의 발전적 개선 방향. 교육행정학연구, 13(4), 95-124.

김동건, 원윤희(2012). 현대 재정학(제6판). 서울: 박영사.

김민희(2011). 교육지원청 기능 개편 현황과 쟁점. 대한교육법학회 제66차 연차학술대회 발표자료집, 17-37.

김민희(2012). 교육복지재정의 방향과 과제. 한국교육재정 구조개혁: 방향과 과제. 2012년도 한국교육재정경제학회 연차학술대회 자료집, 49-104.

김병주(2014). 지방교육재정의 실태 및 수요증대 요인과 대책(이슈페이퍼). 충북: 한국교육개발원.

김병주, 김동훈, 김민희, 나민주, 문무경, 오범호, 우명숙, 이정미(2011). 교육재정 정책 현안 진단 및 Agenda 발굴 연구. 충북: 한국교육개발원.

김병주, 김민희, 정성수(2010). 지방교육재정 운영 합리화 방안 연구. 충북: 한국교육개발원.

김병주, 김성기, 오범호(2010). 유치원 재무회계규칙 도입방안 연구. 서울: 육아정책연구소.

김병주, 조형숙(2011). 만5세 공통교육과정 도입을 위한 법적·재정적 가능성 검토. 충북: 한국교육개발원.

김성숙, 송미영, 최인봉, 김희경, 김성훈, 박서홍, 김진화(2010a). 2009년 국가수준 학업성취도 평가 전수분석 결과: 초등학교 6학년. 충북: 한국교육과정평가원.

김성숙, 송미영, 최인봉, 김희경, 김성훈, 박서홍, 김진화(2010b). 2009년 국가수준 학업성취도 평가 전수분석 결과: 중학교 3학년. 충북: 한국교육과정평가원.

김성숙, 송미영, 최인봉, 김희경, 김성훈, 박서홍, 김진화(2010c). 2009년 국가수준 학업성취도 평가 전수분석 결과: 고등학교 1학년. 충북: 한국교육과정평가원.

김수진, 김완수, 박인용, 서민희, 한정아, 김미희, 민선홍, 이보람, 손준녕(2016a). 2015년 중학교 국가수준 학업성취도 평가 결과(ORM2016-32-1). 한국교육과정평가원.

김수진, 김완수, 박인용, 서민희, 한정아, 김미희, 민선홍, 이보람, 손준녕(2016b). 2015년 고등학교 국가수준 학업성취도 평가 결과(ORM2016-32-2). 한국교육과정평가원.

김신복(1991). 교육자치와 지방자치의 연계성. 행정논총, 29(2), 2078-2100.

김신복(2001). 21세기 지방(교육)자치제 전망 및 대응전략: 본질구현과 연계 강화를 중심으로. 교육행정학연구, 19(3), 257-280.

김왕복(1996). 지방교육재정 배분 방식의 변천. 교육재정경제연구, 5(2), 483-514.

김용(2013). 지방의회 통합형 교육위원회의 활동 및 그 특징 분석. 교육행정학연구, 31(3), 175-203.

김용, 이차영, 고전(2013). 지방교육자치 활성화 방안 연구. 경기: 경기도교육청.

김용일(1995). 미군정기 '교육자치3법'의 정치학. 교육문제연구, 7, 141-160.

김용일(2009). 지방교육자치의 현실과 이상. 경기: 문음사.

김용일(2010). 교육의원 선거 관련 법률 개정 과정 분석 연구. 교육행정학연구, 28(4), 187-207.

김용일, 김용(2016). 교육부장관과 교육감의 사무와 권한 관계 기본법령의 현황과 개정 방안. 세종: 전국시도교육감협의회.

김용일, 김용, 임지형(2015). 교육부장관과 교육감의 사무와 권한에 관한 기본법 제정 연구. 서울: 서울특별시교육청 교육연구정보원.

김재웅(2010). 지방교육행정의 교육기획: 쟁점과 과제. 미래사회의 변화와 교육기획. 한국교육행정학회 제38차 연차 학술대회 자료집.

김재훈(2012). 지방교육재정협력에 관한 연구: 문제점 분석 및 개선방안을 중심으로. 한국지방재정학회 춘계학술대회 자료집, 2012(2), 1-32.

김재훈(2013). 중복관할권모형에 입각한 지방교육재정협력의 문제점과 개선방안에 관한 연구. 사회과학연구, 52(2), 121-162.

김종철(1963). 원리면에서 고찰한 우리나라 교육자치제의 문제점. 중국어문학논집, 14, 82-93.

김종철, 윤정일, 박종렬(1985). 교육자치제 개선방안. 정책연구, 제43집. 서울: 대한교육연합회.

김지하(2014). 국가재정운용계획의 지방교육재정교부금 추계 오류. 충북: 한국교육개발원.

김진욱, 강만조, 김재학, 이상호, 김관영, 천세학, 홍의진(2013). 학교시설 재건축·리모델링 판단기준 및 시설예산 효율적 투자방안 연구. 서울: 서울과학기술대학교.

김찬기, 김이수(2012). 지방교육자치이념의 구현에 관한 탐색적 연구: 전라북도 정책이해관계자들의 인식을 중심으로. 한국자치행정학보, 26(2), 165-192.

김태수(2003). 일반자치와 교육자치와의 관계 및 그 정립방안의 검토. 한국사회와 행정연구, 14(2), 137-159.

김태완(2008). 한국교육의 거버넌스. 한국교육 60년-성취와 과제-. 충북: 한국교육과정평가원.

김형근, 노기호, 조석훈, 김성기(2011). 대학교육 규제의 유형과 개선방안. 한국대학교육협의회 연구보고서.

김형기(2008). 교육청과 지방자치단체간 교육협력 활성화 방안에 관한 연구. 전북대학교 대학원 석사학위논문.

김혜숙, 김종성, 장덕호, 조석훈, 홍준현(2011). 지방교육자치제도 개선방안 연구: 교육감 및 교육위원회 위원 선출제도를 중심으로. 충북: 한국교육개발원.

김홍주(2001). 교육위원회의 위상 정립과 일반자치와의 연계. 교육행정학연구, 19(2), 239-263.

김홍주(2004). 기초단위 교육자치 도입 방안 고찰. 한국지방자치학회보, 16(1), 163-183.

김홍주, 고전, 김이경(2008). 지방교육분권 성과 분석 연구(RR2008-10). 충북: 한국교육개발원.

김흥주, 김순남, 나민주, 하봉운, 강민수(2015). 일반행정과의 협력적 교육거버넌스 구축 및 활성화방안 연구. 충북: 한국교육개발원.

김흥주, 황준성, 임소현, 임동진(2013). 중앙과 지방 간 교육정책 갈등 해소 방안 연구. 충북: 한국교육개발원.

나민주 외(2016). 지방교육자치의 성과와 과제. 충북: 한국지방교육연구소.

나민주, 박소영(2013). 자율학교 성과분석 연구: 혁신학교모형을 중심으로. 한국교육개발원 수탁연구(CR2013-10).

나민주, 윤홍주, 김민희, 오세희, 김숙이, 이영섭, 하정윤, 박준규(2013). 총액인건비제 시행에 따른 조직 분석·진단 방안 연구. 충북: 한국지방교육연구소, 1-238.

나민주, 정재훈, 김용, 박수정, 이인회(2013). 전국 시·도교육감협의회 발전방안 연구. 충북: 한국지방교육연구소.

나민주, 하봉운, 김민희, 이덕난, 이수경(2017). 교육자치 및 분권의 성과와 향후 과제. 충북: 한국지방교육연구소.

나민주, 하봉운, 장덕호, 이덕난, 이수경(2018). 지방교육자치 강화를 위한 권한 및 사무 배분 방안 연구. 충북: 한국지방교육연구소.

남궁지영, 우명숙(2010). 한국교육개발원 교육여론조사(KEDI POLL 2010). 충북: 한국교육개발원.

남궁지영, 우명숙(2012). 한국교육개발원 교육여론조사(KEDI POLL 2012). 충북: 한국교육개발원.

남수경(2007). 지방교육재정 교부금제도의 형평성 평가. 교육재정경제연구, 16(1), 31-56.

노종희(2002). 지방교육자치제 운영의 개선방안. 교육행정학연구, 20(2), 55-76.

대한민국 정부(2013a). 2014년도 예산안 개요.

대한민국 정부(2013b). 2014년도 예산안.

류시조(2015). 지방교육자치에 관한 법률·헌법·지방자치법 간의 체계 및 관계. 교육자치와 지방자치의 연계·통합. 대한교육법학회 83차 학술대회 자료집(2015. 5. 29.), 51-65.

문무경(2008). 저소득층 유아 지원, 교육복지마스터 플랜. 충북: 한국교육개발원.

문화일보(2015. 5. 15.). 정치세력의 이념적 욕심, 교실 문 앞에선 내려놔야. http://www.munhwa.com/news/view.html?no=2015051501032912050001 에서 인출.

민부자, 홍후조(2011). 교육과정의 효과적인 운영을 위한 학교·학급 규모에 관한 시론적 연구. 아시아교육연구, 12(2), 1-24.

박성철, 오병욱(2009). 노후학교시설 개축 판별모델 개발. 충북: 한국교육개발원.

박수정(2011). 교육감 선거 관련 신문사설에 대한 네트워크 텍스트 분석. 교육정치학연구, 18(2), 183-203.

박수정(2012). 지방교육자치의 연구 성과와 과제. 교육연구논총, 33(1), 119-139.

박수정, 김용(2009). 지방교육행정협의회의 현황과 발전 과제. 교육행정학연구, 27(4), 353-378.

박수정, 김용, 이인회, 박지영(2009). 교육행정과 일반행정의 협력체제 연구. 충북: 한국지방교육연구소, 3-121.

박수정, 박선주(2013). 지방교육 거버넌스의 특성: 교육감 관련 신문 사설을 중심으로. 교육정치학연구, 20(2), 129-155.

박수정, 박선주, 박진영(2011). 지방교육자치 연구경향 분석(1991~2010). 교육행정학연구, 29(2), 261-288.

박수정, 최영출(2010). 교육지원청 기능의 우선순위에 대한 AHP 분석. 교육행정학연구, 28(4), 281-300.

박종만(2006). 지방교육행정기관과 지방자치단체의 협력강화를 위한 연계 활성화 모색: 교육협력관제도 운영 및 시·도를 중심으로. 한국교원대학교

대학원 석사학위논문.

반상진(1998). 교육재정의 공평성 평가 연구. 교육행정학연구, 16(1), 199-231.

반상진(2011). 교육재정 정책의 쟁점과 과제: 정의(justice)의 관점에서. 한국
    교육행정학회 학술대회 자료집.

백현기(1958). 교육행정학. 서울: 을유문화사

백혜선(2014). 제주특별자치도의회 교육위원회 구성·운영에 관한 실증 연
    구. 제주대학교 대학원 박사학위논문.

서문희(2012). 유아교육 및 보육재정의 방향과 과제. 한국교육재정 구조개혁:
    방향과 과제. 2012년도 한국교육재정경제학회 연차학술대회 자료집, 13-48.

서영인(2007). 시·도교육청과 시·도청간 연계협력체제 분석. 교육정치학연
    구, 14(2), 55-74.

서울대학교교육연구소 편(1998). 교육학대백과사전. 강원: 하우.

서울특별시의회(2014). 제8대 서울특별시의회 의정백서.

성수자(2011). 지방교육 거버넌스 구축 방안에 관한 연구: 교육자치와 지방자
    치의 연계성 확보를 중심으로. 대전대학교 대학원 박사학위논문.

송기창(1994). 지방교육재정의 안정성 평가연구. 교육재정경제연구, 3(1), 161-
    204.

송기창(1996a). 교육자치와 일반지방자치의 역사적 관계 고찰. 교육행정학연
    구, 14(4), 104-153.

송기창(1996b). 지방교육자치와 교육재정 배분. 지방교육경영, 1(1), 17-34.

송기창(1997). 교육자치와 일반지방자치의 발전적 관계 정립방안 연구. 서울:
    성곡학술문화재단.

송기창(2001). 교육재정관계법령의 구조적 문제점 분석 연구. 교육재정경제연
    구, 10(2), 81-107.

송기창(2004). 지방교육자치와 지방자치의 통합 논리에 대한 비판적 고찰. 교
    육행정학연구, 22(4), 231-262.

송기창(2005). 지방교육자치제도의 개선 방향. 올바른 지방교육자치제도 확립

을 위한 공청회 자료집.

송기창(2006a). 교육위원 제도의 쟁점과 과제. 교육행정학연구, 24(4), 187-210.

송기창(2006b). 지방교육재정교부금의 운영성과와 개정방향. 교육재정경제연구, 15(2), 119-152.

송기창(2007). 참여정부의 지방교육자치 구조개편에 대한 평가. 교육행정학연구, 25(2), 235-255.

송기창(2008a). 지방교육재정 안정화 방안 연구. 경기: 경기도교육청.

송기창(2008b). 국가 교육재원 배분과정의 효율화 방안. 교육재정경제연구, 17(1), 179-205.

송기창(2008c). 지방교육자치제의 발전을 위한 과제. 교육정치학연구, 15(1), 33-55.

송기창(2009). 현행 교육감 직선제에 대한 평가와 개선과제(OR2009-4). 충북: 한국교육개발원.

송기창(2010a). 지방교육재정의 구조와 변천과정. 지방교육재정 효율화를 위한 교과부-시·도교육청 예산담당관 워크숍 자료집, 5-31.

송기창(2010b). 지방교육자치 구조의 변화와 지방교육재정의 과제. 지방자치와 교육자치의 교육재정·경제학. 한국교육재정경제학회 연차학술대회 자료집, 73-93.

송기창(2011). 지방교육채 발행 및 상환제도 개선방안. 교육재정경제연구, 20(3), 27-47.

송기창(2013). 이명박정부의 지방교육재정정책 평가연구. 교육재정경제연구, 22(1), 1-27.

송기창(2015a). 지방교육자치제에 대한 역사적 고찰과 미래 방향 모색. 교육행정학연구, 33(2), 105-127.

송기창(2015b). 학교재정에 대한 5·31 교육개혁의 성과와 과제. 한국교육행정학회 2015년 춘계학술대회 발표논문.

송기창(2016). 지방교육재정교부금에 의한 누리과정 지원의 문제점과 개선대책. 교육재정경제연구, 25(1), 1-28.

송기창(2017). 지방교육재정의 변화추이 분석에 따른 문재인정부의 정책 과제. 교육재정경제연구, 26(4), 57-92.

송기창, 김민희, 김용남, 김지하, 나민주, 박소영, 우명숙, 윤홍주, 이선호(2012). 2012 교육재정백서. 충북: 한국교육개발원.

송기창, 김병주, 나민주, 조석훈(1999). 교육재정백서. 서울: 교육재정백서 연구위원회.

송기창, 남수경, 조석훈, 윤홍주(2006). 2006 교육재정백서. 세종: 교육인적자원부.

송기창, 박소영(2011). 2010년 교육감 및 교육의원 선거의 기호효과에 관한 연구. 교육행정학연구, 29(2), 239-260.

송기창 외(2017). 2017 교육재정백서. 충북: 한국교육개발원

송기창, 윤정일(1997). 교육재정정책론. 서울: 양서원.

송기창, 윤홍주(2011). 2000~2010년 지방교육재정 변동추이 분석. 충북: 한국교육개발원.

송기창, 윤홍주, 오범호(2010). 지방교육재정 변동추이 분석 및 분석지표 개발 연구. 세종: 교육과학기술부.

송종길, 홍성철, 오경수(2014. 8.). 제6회 전국 동시지방선거 공직후보자 TV 토론 평가 및 효과 연구. 중앙선거방송토론위원회 중앙선거관리위원회 홈페이지 탑재자료.

송종일(2011). 교육청과 지방자치단체의 교육에 관한 협력 방안 연구. 한국교원대학교 대학원 석사학위논문.

시기자, 신진아, 박인용, 구남욱, 김완수, 구슬기(2014a). 2013년 국가수준 학업성취도 평가 결과: 중학교 학업성취도 변화 추이. 충북: 한국교육과정평가원.

시기자, 신진아, 박인용, 구남욱, 김완수, 구슬기(2014b). 2013년 국가수준 학

업성취도 평가 결과: 고등학교 학업성취도 변화 추이. 충북: 한국교육과
정평가원.

신현석(2014). 교육자치와 일반자치의 관계 분석 및 미래 방향. 교육행정학연
구, 32(2), 27-59.

신현석, 이은구(1997). 지방수준에서의 'GOVERNANCE' 문제와 교육. 교육정
치학연구, 4(1), 43-71.

안종석(2000). 지방자치환경의 변화에 따른 지방재정조정제도의 개편방안.
서울: 한국조세연구원.

안종석(2008). 지방교부세 배분방식 개편에 관한 연구. 서울: 한국조세연구원.

어효진, 이수영(2015). 지방교육협력의 제도, 자원, 과정이 교육성과에 미치
는 영향에 관한 연구. 한국행정학보, 49(1), 145-163.

엄문영, 김민희, 오범호, 이선호, 김혜자(2014). 교육복지투자 방향 재설정을
위한 탐색적 연구. 교육재정 경제연구, 24(3), 39-64.

오세희(2012). 2012 제4호 교육행정의 지역화에 따른 시·도교육청의 역할.
충북: 한국교육개발원.

오연천(1992). 한국조세론. 서울: 박영사

옹정근(1993). 한국교육자치제의 발전과정 연구. 단국대학교 대학원 박사학
위논문.

우명숙(2006). 지방교육재정교부금법 개정을 둘러싼 주요 쟁점. 교육행정학연
구, 24(1), 247-266.

우명숙(2014). 지방교육재정교부금의 배분 현실과 법령 개정 방향.

우명숙, 박경호(2011). 해외 선진국의 유·초·중등교육 재정지원제도 분석
에 관한 연구: 미국편. 충북: 한국교육개발원.

육동일(2012). 지방자치와 교육자치의 연계를 위한 교육감 선거제도 개선에
관한 연구. 한국지방자치연구, 14(2), 129-159.

육동일(2017). 한국지방자치의 성과평가와 발전과제에 관한 실증적 연구. 한
국지방자치 학회보, 29(1), 29-55.

윤정일(2004). 교육재정학원론. 서울: 세영사.

윤정일, 송기창, 김병주, 나민주(2015). 신교육재정학. 서울: 학지사.

윤정일, 송기창, 조동섭, 김병주(1996). 한국교육정책의 탐구. 서울: 교육과학사.

윤정일, 송기창, 조동섭, 김병주(2008). 교육행정학원론(5판). 서울: 학지사.

윤홍주(2003). 지방교육자치제의 구현조건으로서 교육재정분권화의 논리와 과제. 교육행정학연구, 21(3), 169-190.

윤홍주(2008). 지방교육재정교부금 인건비 배분의 변화와 개선방안 탐색. 교육재정경제연구, 17(3), 143-170.

윤홍주(2012). 지방교육재정 보통교부금제도의 성과와 과제. 교육재정경제연구, 21(3), 145-171.

음선필, 고전, 임재홍, 오동석, 하봉운, 임현(2011). 지방교육자치시대의 교육감 선출과 권한에 관한 연구. 서울: 홍익대학교 법학연구소.

이규환(2001). 한국지방행정론: 이론과 실제(수정판). 경기: 법문사.

이기우(2001). 지방교육행정기관과 일반행정기관의 관계에 대한 비판적 검토. 한국지방자치학회보, 13(2), 67-81.

이기우(2014a). 교육감의 위상과 선임방식의 개선. 한국지방행정연구원. 지방자치 Focus 71(2014. 3.), 1-19.

이기우(2014b). 지방행정기관과 지방교육행정기관의 관계에 관한 토론 요지. 한국 교육자치제도에 대한 성찰과 미래 방향 탐색. 2014년 한국교육행정학회 제170차 춘계학술대회(2014. 4. 26).

이상철, 주철안, 윤은미(2013). 시·도교육위원회 소속 의원의 의정 활동 분석-부산광역시의회 교육위원회 의원을 중심으로-. 교육행정학연구, 31(3), 1-24.

이상훈(2015). 교육청과 지방자치단체와의 교육협력 방안 연구. 한국교원대학교 대학원 석사학위논문.

이순세(2003). 교육자치·일반자치 연계시스템 구축을 통한 교육자치 발전방안. 성신여자대학교 대학원 박사학위논문.

이순세(2004). 교육경쟁력 강화를 위한 연계시스템 구축 방안. 교육연구, 39, 461-491.

이승종 편(2012). 지방자치의 쟁점. 서울: 박영사.

이영희, 이명균(2010). 지방의회 의정활동 평가: 성남시 광주시 하남시를 중심으로. 한국정책과학회보, 14(2), 179-209.

이원희(2014). 지방재정과 지방교육재정의 적정 역할분담 방안: 지방일반재정과 지방교육 재정간 협력과 조정방안. 지방재정, 2014(6), 58-75.

이인호, 배주경, 김성혜(2015). 2014년 국가수준 학업성취도 평가 결과분석: 영어. 충북: 한국교육과정평가원.

이인호, 이상일, 김승현(2015). 2014년 국가수준 학업성취도 평가 결과분석: 국어. 충북: 한국교육과정평가원.

이인호, 조윤동, 이광상(2015). 2014년 국가수준 학업성취도 평가 결과분석: 수학. 충북: 한국교육과정평가원.

이인회, 하봉운, 이혜정, 김숙이, 김석, 하태완, 홍석우(2011). 교육자치와 일반자치단체간 협력 강화 방안 연구. 충북: 한국지방교육연구소.

이일용(2011). 지방교육자치와 일반자치의 연계협력 활성화 방안. 한국교육문제연구, 29(2), 59-81.

이일용, 김정희, 양성관(2010). 교육자치와 일반자치의 수직적·수평적 연계의 문제점과 개선방안. 한국교육정치학회 학술대회 논문집, 41-99.

이종수(2009). 행정학사전(제2판). 서울: 대영문화사.

이종재(2010). 한국 지방교육의 진단과 발전과제. 한국지방교육연구센터 창립 2주년 기념 학술대회 자료집(2010. 5. 7.), 9-34.

이준구(2004). 재정학(제3판). 서울: 다산출판사.

이차영(1997). 지방교육 자치제도의 기본원리와 운영구조-주장의 끝과 이론의 시작. 교육정치학연구, 4(1), 119-156.

이혜숙, 박은철, 김찬동, 조혜진(2008). 지방교육행정과 일반행정의 관계 정립 방안 연구. 서울연구원 정책과제연구보고서, 1-126.

이혜정, 이인회(2012). 교육자치와 일반자치간의 교육협력 발전방안 모색-
    우수 교육협력사업을 중심으로. 교육연구논총, 33(2), 57-79.

이호성(1953). 교육자치제와 그 운영. 서울: 한국교육문화협회.

임성일, 손희준(2011). 지방교육재정제도의 개선방안: 지방재정과 지방교육
    재정간의 관계 재정립. 지방행정연구, 25(3), 59-92.

임연기(2010). 지방교육행정체제의 발전방향에 대한 교육행정 전문가의 인식
    분석. 교육행정학연구, 28(4), 139-162.

장덕호, 정영수, 이일용, 주동범, 하동운, 양성관, 김정희, 정성수(2010). 민선
    교육감시대의 지방교육자치 발전을 위한 과제(OR2010-6). 충북: 한국교
    육개발원.

장재홍, 송하율, 김찬준, 김동수, 변창욱, 서정해, 정준호(2012). 한국 지역정책
    의 새로운 도전. 세종: 산업연구원.

전상경(2011). 현대 지방재정론(제3판). 서울: 박영사.

정영수, 김민희, 반상진, 박상완, 양성관(2009). 지방발전을 위한 교육의 과제
    와 발전방향. 충북: 한국지방교육연구센터 · 지역발전위원회.

정영수, 이차영, 이수정, 이옥화, 김숙이, 정재훈 (2012). 공교육 내실화를 위
    한 자율역량 신장체제 구축(RB2012-1). 충북: 한국지방교육연구소.

정영수, 표시열, 김인희, 이인회, 박수정(2009). 중앙과 지방정부의 교육에 관
    한 권한 배분 및 법제화 방안. 교육행정학연구, 27(1), 1-23.

정태수(1992). 미 군정기「교육자치3법」의 초안자와 입법의도 및 추진과정.
    교육법학연구, 3(4), 71-106.

조동섭(2010). 교육자치와 지방자치의 연계 협력 방안 탐색. 교육행정학연구,
    28(4), 43-61.

조석훈(2010). 교육 부문에서 국가와 지방자치단체 관계 분석. 교육행정학연
    구, 28(3), 1-26.

조선일보(2014. 4. 7.). 시험 · 숙제 · 종이 없는 '미래 학교' 2016년 개교. http://
    news.chosun.com/site/data/html_dir/2014/04/07/2014040700030.html

에서 인출.

조성일, 신재흡(2005). 한국 교육행정발달사 탐구. 서울: 집문당.

조은영(2012). 출산·보육지원 재정수요 추계와 정책과제(경제현안분석 제 72호). 국회 예산정책처.

주삼환, 천세영, 김택균, 신봉섭, 이석열, 김용남, 이미라, 이선호, 정일화, 김미정, 조성만(2015). 교육행정 및 교육경영(제5판). 서울: 학지사.

중앙선거관리위원회(2014). 제6회 전국동시지방선거 투표율 분석(2014. 6. 4.).

중앙일보(2010. 12. 3.). 학업평가 거부한 교육청 예산 덜 준다. http://news. joins.com/article/4742729에서 인출.

중앙일보(2014. 8. 14.). 한국교총, 교육감직선제 위헌소송 제기. http://news. joins.com/article/15533245에서 인출.

지충남, 선봉규(2013). 통합형 교육위원회의 의정활동에 대한 평가. 지방정부연구, 17(1), 233-263.

천세영(2009). 유아교육 및 교육복지를 위한 지방교육재정의 역할 검토: 현 정부의 교육재정 관련 정책 중간 점검. 2009년도 한국교육재정경제학회 학술대회 자료집.

천세영, 이선호(2002). 포뮬러 펀딩에 기초한 학교비 배분 모형 연구. 교육재정경제연구, 11(2), 149-173.

최영출, 김민희(2012). 지역교육청 효율성 분석 및 체제 개편 방안. 지방정부연구, 16(1), 195-223.

최영출, 김민희, 박수정, 오세희(2011). 지방교육자치제도 개선 방안: 교육감 선출제도를 중심으로. 세종: 교육과학기술부.

최준렬(2009). 지방교육재정 특별교부금의 운영 실태와 개선방안. 교육재정경제연구, 18(2), 137-165.

추창훈(2017). 로컬 에듀. 서울: 에듀니티.

하능식, 이선영(2016). 재정분권 수준의 평가와 정책적 시사점. 서울: 한국지방세연구원.

하봉운(2009). 지방자치단체 교육경비보조의 전략적 확보 방안. **교육법학연구**, 21(1), 231-254.

하봉운 외(2016). 교육분야 국가 및 자치사무에 관한 연구. 경기: 경기도교육청.

한겨레(2015. 5. 26.). 러닝메이트? 최악될 수 있다! http://h21.hani.co.kr/arti/cover/cover_general/39576.html에서 인출.

한국경제신문(2014. 4. 6.). 불어난 무상급식, 줄어든 시설투자, 아이들 '식중독 비상벨' http://www.hankyung.com/news/app/newsview.php?aid=2014040631141에서 인출.

한국교육개발원(2011). 2011 지방교육재정분석 종합보고서.

한국교육개발원(2012). 2012 지방교육재정분석 종합보고서.

한국교육개발원(2013). 한국교육개발원 교육여론조사(KEDI POLL 2013, RR2013-35).

한국교육개발원(2014a). 교육세 폐지시 지방교육재정교부금 전망 추계. 지방교육재정연구센터 내부자료.

한국교육개발원(2014b). 지방소비세율 인상에 따른 지방교육재정 규모 변화 추정. 지방교육재정연구센터 내부자료.

한국교육개발원(2014c). 6·4 전국 동시 지방선거 시·도교육감 당선자의 주요 공약 현황. 한국교육개발원 교육정책네트워크실 교육정책포럼(통권 252, 2014. 6. 10.), 36-37.

한국교육개발원(2014d). 한국교육개발원 교육여론조사(KEDI POLL 2014, RR2014-24).

한국교육개발원(2016). 간추린 교육통계.

한국교육개발원(2017). 2017 지방교육재정분석 종합보고서.

한국은행(2014). 경제전망보고서.

황준성(2011). 교육지원청의 기능 개편 안정화 방안 연구. 충북: 한국교육개발원.

황준성(2012). 이명박 정부 5년간의 지방교육행정체제 개편의 현황 및 과제.

충북: 한국교육개발원.

황준성(2015). 중앙과 지방의 교육행정권한 배분에 관한 연구. 교육법학연구, 27(1), 245-269.

황준성, 김성기, 조옥경, 유기웅, 박주형(2012). 지역교육청 조직·기능 개편 우수사례 및 요구 분석 연구. 충북: 한국교육개발원.

황준성, 현주, 김성기, 장덕호(2011). 교육지원청의 기능 개편 안정화 방안 연구. 충북: 한국교육개발원.

Best, J. (1989). Road Warriors' on Hair-Trigger Highways. *Sociological Inquiry, 61*, 327-345.

Borich, G. D. (1980). A Need Assessment Model for Conducting Follow-up Studies. *Journal of Teacher Education, 31*(3), 39-42.

Brennan, G., & Buchanan, J. M. (1980). *The Power to Tax: Analytical Foundations of a Fiscal Constitution*. Cambridge: Cambridge University Press.

Elcock, H. J. (1994). *Local Government: Policy and Management in Local Authorities* (3rd ed.). Abingdon: Routledge.

Musgrave, R. A. (1959). *The Theory of Public Finance*. New York: McGraw-Hill.

Oates, W. E. (1972). *Fiscal Federalism*. New York: Brace Joanovich.

OECD (2013). Education at a Glance 2012: OECD Indicators.

Rosen, H. S., & Gayer, T. (2011). *Public Finance* (9th ed.). 이영, 전영준, 이철인, 김진역 편역. Rosen의 재정학. 서울: 한국 맥그로힐. (원저는 2009년에 출판)

Sergiovanni, T. J., Kelleher, P., McCarthy, M. M., & Fowler, F. C. (2009). *Educational Governance and Administration* (6th ed.). London: Pearson.

Tiebout, C. M. (1956). A Pure Theory of Local Expenditure. *Journal of*

Political Economy, 64(5), 416-424.

Wright, D. S. (1988). *Understanding Intergovernmental Relations* (3rd ed.). Pacific Grove, CA: Brooks-Cole.

佐藤学(2003).「学び」から逃走する子どもだち. ブックレット. 손우정, 김미란 역. 배움으로부터 도주하는 아이들. 서울: 북코리아. (원저는 2000년에 출판)

국가법령정보센터 http://www.law.go.kr

통계청 물가상승률 http://www.index.go.kr/potal/stts/idxMain/selectPoSttsIdxSearch.do?idx_cd=4027

한국교육개발원 교육통계서비스 http://cesi.kedi.re.kr/index.jsp

 찾아보기

저자 소개

나민주(Rah, Minjoo)
서울대학교 대학원 교육학과(교육학박사)
현 충북대학교 사범대학 교육학과 교수
　　한국지방교육연구소 소장
　　충북대학교 교육혁신연구원 원장

고전(Ko, Jeon)
연세대학교 대학원 교육학과(교육학박사)
전 일본 동경대학 연구조교수(JSPS)
　　대한교육법학회 회장
현 제주대학교 교육대학 교수

김병주(Kim, Byoungjoo)
서울대학교 대학원 교육학과(교육학박사)
전 영남대학교 사범대학장 및 교육대학원장
현 영남대학교 사범대학 교육학과 교수
　　한국교육재정경제학회 회장

김성기(Kim, Sungki)
서울대학교 대학원 교육학과(교육학박사)
현 협성대학교 교양교직학부 교수
　　대한교육법학회 부회장

김용(Kim, Yong)
서울대학교 대학원 교육학과(교육학박사)
전 일본 동경대학 대학원 객원교수
현 청주교육대학교 초등교육과 교수

박수정(Park, Soojung)
서울대학교 대학원 교육학과(교육학박사)
현 충남대학교 사범대학 교육학과 교수
　　충남대학교 교육연구소 소장

송기창(Song, Kichang)
서울대학교 대학원 교육학과(교육학박사)
전 숙명여자대학교 교육대학원장
　　한국교육재정경제학회 회장
현 숙명여자대학교 교육학부 교수

한국 지방교육자치론

Local Education Autonomy in Korea

2018년 6월 20일 1판 1쇄 인쇄
2018년 6월 25일 1판 1쇄 발행

지은이 • 나민주 · 고전 · 김병주 · 김성기 · 김용 · 박수정 · 송기창
펴낸이 • 김진환
펴낸곳 • (주) **학지사**

　　　　　04031 서울특별시 마포구 양화로 15길 20 마인드월드빌딩
대표전화 • 02)330-5114　　팩스 • 02)324-2345
등록번호 • 제313-2006-000265호

홈페이지 • http://www.hakjisa.co.kr
페이스북 • https://www.facebook.com/hakjisabook

ISBN 978-89-997-1570-9　93370

정가 18,000원

이 도서의 국립중앙도서관 출판시도서목록(CIP)은 서지정보유통지원
시스템 홈페이지(http://seoji.nl.go.kr)와 국가자료공동목록시스템
(http://www.nl.go.kr/kolisnet)에서 이용하실 수 있습니다.
(CIP 제어번호: CIP2018017695)

교육문화출판미디어그룹 **학지사**

심리검사연구소 **인싸이트** www.inpsyt.co.kr
원격교육연수원 **카운피아** www.counpia.com
학술논문서비스 **뉴논문** www.newnonmun.com
간호보건의학출판 **정담미디어** www.jdmpub.com